일본 제국은 왜 실패하였는가?

SHIPPAI NO HONSHITSU
by TOBE Ryoichi / TERAMOTO Yoshiya / KAMATA Shinichi /
SUGINOO Yoshio / MURAI Tomohide / NONAKA Ikujiro

일본 제국은 왜 실패하였는가?

초판1쇄 발행 | 2009년 6월 8일
초판5쇄 발행 | 2024년 2월 15일

지은이 | 노나카 이쿠지로, 스기노오 요시오, 데라모토 요시야,
         가마타 신이치, 도베 료이치, 무라이 도모히데
감수자 | 이승빈
옮긴이 | 박철현

발행처 | 주영사
발행인 | 이은종
등록번호 | 제379-3530000251002006000005호
등록일 | 2006년 7월 4일(최초 등록일 2006년 3월 7일)
주소 | 경기도 성남시 수정구 산성대로 437번길 7
전화 | 031-626-3466
팩스 | 0505-300-2087
홈페이지 | http://juyoungsa.net
이메일 | juyoungsa@gmail.com

ISBN 978-89-959217-7-7 03320

* 잘못된 책은 바꾸어 드립니다.
* 책값은 표지에 있습니다.

일본 제국은 왜 실패하였는가?
태평양 전쟁에서 배우는 조직경영

지은이
노나카 이쿠지로
스기노오 요시오
데라모토 요시야
가마타 신이치
도베 료이치
무라이 도모히데

감수자
이승빈

옮긴이
박철현

주영사

일러두기
1. 이 책에 나오는 외국 지명과 인명 표기는 국립국어원의 〈외래어표기법〉을 따랐다.
2. 제2장에 나오는 지역의 위치는 409쪽의 태평양전쟁도에 표시되어 있다.

1980년 가을, 우리는 이 책의 발행 계기가 되었던 연구회를 처음 열었다. 전쟁사를 가르치던 스기노오가 전쟁사 연구에 사회과학 방법론을 도입하면 보다 과학적인 전쟁사 분석이 가능하리라고 생각했고, 이를 방위대학교 동료인 노나카와 가마타 2명에게 제의하면서 모임이 시작되었다.

그러나 처음의 주제는 지금과 많이 달랐다. 당초 중동 전쟁사에 관심이 있던 스기노오가 여러 전략적 기습 사례의 비교 연구를 하기로 제안했기 때문에, 연구 주제는 위기에 놓인 국가의 의사 결정과 정보 처리를 분석하는 것이었다. 노나카와 가마타는 조직론의 의사 결정 분석을 이 주제 안에 넣어보자고 생각하고 있었고, 그래서 이전부터 대외 정책 결정론에 관심이 있던 도베를 연구회에 참가시켰다.

이렇게 4명으로 시작된 연구회는 약 1년 후 벽에 부딪치고 말았다. 전략적 기습을 비교 분석 하려면 다양한 의사 결정 사례와 정보 처리 실태가 필요했는데, 데이터가 턱없이 부족했기 때문이었다. 실증 데이터도 없이 이론 연구만 하는 것은, 외국 여러 나라의 선행 연구를 흉내 내는 것에 불과하다고 판단했다. 또한 조직론 전공 이외의 참가자는, 과연 조직론으로 국가라고 하는 복잡하기 그지없는 실체를 유효하게 설명할 수 있는지 의심스러워했다.

이렇게 실마리를 찾으려고 애쓰던 중에, 누군가의 독창적인 생각이라고도 할 것도 없이 다음과 같은 제안이 자연스럽게 나왔다.

"우리가 연구회를 시작한 동기는 전쟁사를 사회과학의 틀로 분석하자는 것이었다. 원점으로 돌아가자. 특정 전쟁사를 다루는 것이 핵심이 아니라 사회과학적 분석의 도입이 핵심이다. 굳이 데이터가 부족한 전쟁사나 복잡하기 그지없는 국가 조직을 연구 대상으로 삼을 필요는 없다. 오히려 우리에게 보다 가까운 전쟁사를 대상으로 삼아야 하지 않을까? 가령 태평양전쟁사를 사회과학적으로 재조명하고 그 패배의 원인을 밝힌다면 현재 우리 세대에게도 의미가 깊을 것이다. 오늘날 우리가 누리고 있는 평화와 번영은 패전이라고 하는 비참한 경험에 뿌리를 두고 있지 않은가?"

이렇게 하여 우리는 연구 주제를 바꿨다. 태평양 전쟁의 실패에서 드러난 일본군의 조직 특성을 탐구하는 게 새로운 주제였다. 새로운 연구 대상, 즉 '태평양 전쟁 당시의 일본군'은 조직론으로 접근하기에도 적합했고 '일본은 왜 패배했는가?' 하는 우리의 잠재적 관심에도 상응하는 것이었다. 물론 지난 1년간의 연구 성과를 전부 버리지는 않았다. 의사 결정과 정보 처리에 관한 연구는, 이 책에 등장하는 사례 분석과 이론적 고찰의 여러 장면에 활용되고 있다. 또 의사 결정에 관해 우리가 많은 영감을 받은 그레이엄 앨리슨의 《결정의 본질》이나 어빙 제니스의 《집단사고의 희생 – 대외 정책 결정과 실패의 심리학적 분석》은 《실패의 본질》*이라는, 다소 과대 포장된 이 책의 제목에 그 발자취를 남기고 있다.

　새로운 주제가 확정된 이후, 군사사(史) 전공의 무라이와, 예전부터 군사 조직의 연구에 의욕을 불태우던 메이지가쿠인대학의 데라모토가 새롭게 연구회에 참가했다. 조금만 주의를 소홀히 하면 이전 주제의 사슬에 얽매일 수 있었던 옛 멤버들은 이들로부터 다양하고 신선한 아이디어를 제공받았다. 1982년 4월, 그때까지 연구회를 이끌었던 노나카가 히토쓰바시대학 교수로 부임하면서 모임의 횟수는 줄었지만, 대신 합숙을 하며 공동 연구에 박차를 가했다. 그 연구를 모아 이제 이 책으로 내게 되었다. 시간도 시간이려니와, 복

---

* 이 책의 원제는 《실패의 본질 – 일본군의 조직론적 연구》이다 – 역주

잡한 과정을 거치면서도 끝까지 포기하지 않았다는 사실에 자부심을 느낀다.

이 책은 서로 다른 분야의 연구자들이 모여 이룩한 통합 연구의 결실이다. 우리는 이 책의 여러 곳에서 강조한 '가치의 공유'를 꾀했으나, 각자의 전공 분야가 다르기 때문에 관점과 접근 방법을 두고 논쟁하기도 했다. 예를 들어 조직론 전공자는 이론화 · 일반화를 강조한 반면, 역사 전공자는 '이론'만 나오면 본능적으로 경계하거나 회의적인 눈빛을 보냈는데 각 사물의 특수성, 개별성, 독자성을 강조하면서 이론화에 저항했다. 그런데 아이러니하게도 이론화를 지향했던 조직론 전공자가 언제부터인가 역사 속에 존재하는 우연적 요소를 지적하게 되고, 이론화에 저항했던 역사 전공자가 조직론의 이론 용어를 사용하는 상황이 발생하게 되었다. 이 역시 '가치의 공유'가 성공한 예라고 볼 수 있지 않을까? 독자 여러분은 각각의 분석에서 저자가 저항한 흔적과 가치 공유의 일말을 보게 될지도 모른다.

우리는 이 책을 쓰면서 두 가지 점에 주의했다. 하나는 연구서로서의 질적 수준을 확보하자는 것이었다. 다른 하나는 누구나 쉽게 읽을 수 있도록 쓰자는 것이었다. 태평양 전쟁은 전쟁사의 귀중한 유산이다. 일부 연구자의 독점물에 그쳐서는 안 되며, 국민 전체의 공유 재산이 되어야 한다. 왜냐하면 태평양 전쟁의 경험은 많은 교훈을 내포하고 있으며, 그 교훈은 오늘날 우리가 누리는 평화와 번영을 유지하는 데 필요하기 때문이다. 그리고 교훈을 얻기 위해서는 반드시 전쟁 수행 과정에서 드러난 일본군의 실패를 되물을 수밖에 없다. 실패의 실상을 명백히 밝혀 그 교훈을 정확하게 배우는 것은 평화와 번영을 누리고 있는 우리의 책무이자, 미래의 평화와 번영을 위한 씨앗이기도 하다.

단 복잡함을 피하고 쉽게 접근하려던 탓에 약간 무리하다고 비쳐질 수 있는 사례 분석이 있을지 모른다. 이 점에 대해서는, 특히 전쟁사 전문가의 비판을 기다린다. 또 이론적 분석을 수행한 곳에서는 미세한 차이를 반영하지 못한 부분이 눈에 띨지도 모른다. 이건 어떤 의미에서 이론화에 반드시 따르는 피하기 힘든 결과이기도 하다. 그러나 건설적인 비판이라면 언제든 환영한다. 이 책은 물론 완벽하지는 않다. 그러나 우리는 이 연구가 전쟁사에 사회과학적 분석의 메스를 들이댄 선구적 연구이자, 군사 조직을 조직론의 관점에서 실증 분석한 국내 최초의 본격 연구로 인정받기를 기대한다. 이 책이 선구적 연구로서 문제 제기의 역할을 완수하여 유익하고도 엄격한 비판이 쏟아지게 된다면 우리는 이 책에 거는 '야심'이 이루어진 것으로 보고 다음 연구에 착수할 생각이다.

발행되기까지 수많은 가르침, 비판, 격려를 받았다. 먼저 우리 연구회를 위해 전쟁사를 강의해주신 곤도 신지(전쟁사 연구가) 씨를 비롯해 몸소 참가한 작전에 대해 증언해 주신 분들께 감사의 말씀을 올린다. 또 평화안보보장연구소 이노키 마사미치(전 방위대학교 교장) 이사장에게도 감사드린다. 선생은 우리 연구에 관심을 보이며 지적인 자극을 주셨다. 우리 역시 선생으로부터 연구자로서의 자세를 배웠다. 다이아몬드사 가와시마 유즈루 사장은 연구 결과물의 출판을 적극 추천해 주셨고, 다이아몬드사 출판국의 이와모치 미네오, 하토리 주이치 씨 두 분은 마감 시간을 지키기는커녕, 교정 단계에 들어간 원고를 수정해 달라는 우리의 요청을 끝까지 참고 들어주었다. 다시 한 번 감사의 말씀을 드린다. 또한 도시락을 싸주며 우리가 연구를 계속하도록 묵묵히 지지해준 가족들에게 고마움을 표한다.

마지막으로 그 무모한 전쟁에서 상처입고 스러져 간, 전후(戰後) 평화와 번영의 밑거름이 된 그분들에게 이 책을 바친다.

1984년 4월
저자 일동

목 차

제1장

일본군의 **실패**에서 무엇을 **배울** 것인가?

● 이 책의 의도

태평양 전쟁은 일본의 참담한 패배로 끝을 맺었다. 비참한 패전을 경험한 일본인으로서는 '왜 패배했는가?'를 자문한 것이 어쩌면 당연할지도 모른다. 게다가 전쟁이 일어날 당시의 상황과 정보가 일반에 공개되기 시작하면서, 일본인들은 국력 자체가 비교되지 않는 초강대국들을 상대로 벌인 태평양 전쟁이 처음부터 이길 수 없는 전쟁이었음을 알게 되었다. 그러면서 '왜 패배했는가?'라는 물음은 '왜 패배할 수밖에 없는 전쟁을 일으켰는가?'로 바뀌었고, 이 물음에 대해 역사와 문명사, 정신사의 관점에서 풀이한 답변과 견해가 수없이 쏟아져 나왔다. 가령 개전 당시 일본을 이끈 지도자들의 오판과 어리석음, 정책 결정의 경직성을 지적하는 연구는 물론, 미국이 일본을 전쟁에 끌어들인 것이라는 음모론, 나아가 페리 제독의 강제 개국 때부터 이어온 '일미백년전쟁론', 서양에 대한 일본의 도전이라는 관점에서 전쟁의 근원을 보고자 하는 해석들이 그렇다.

그러나 혹시 독자 여러분이 이러한 해석, 즉 전쟁이 일어난 원인과 그 규명을 이 책에서 기대하고 있다면, 아마도 실망할 것이다. 왜냐하면 이 책은 '일본은 왜 태평양 전쟁을 일으켰는가?'를 다루는 책이 아니기 때문이다. '왜 패배할 수밖에 없는 전쟁을 일으켰는가?'라는 물음을 다룬 훌륭한 연구서들은 이미 출간되어 있고, 또한 해소되지 않은 논의는 지속적으로 연구되리라고 생각한다. 그러나 여기서는 전쟁 발발의 원인에 대해서는 다루지 않을 것이다.

오히려 우리는 '왜 패배했는가?'라는 물음에 집중하려 한다. 태평양 전쟁이 시작된 이후 일본이 보여준 '싸우는 법'과 '지는 법'이야말로 이 책의 주된 주제이다. 초강대국을 상대로 한, 이미 처음부터 승리를 장담하기 힘든 전쟁이라 하더라도 나름대로 싸우는 법, 즉 '전략'은 있는 법이다. 그러나 태평양 전쟁에서 일본군은 제대로 된 전략을 펼치지 못했다. 몇몇 작전에 사용된 전략이나 그 수행 과정에서 드러난 실패와 결함은 이미 전쟁사에 자세히 기록되어 있다. 전쟁을 일으킨 것이 가장 큰 실패, 즉 무모한 전쟁에 뛰어든 것 자체가 '패전'의 운명을 잉태하고 있었다면, 그 전쟁의 수행 과정에서도 실패를 거듭하면서 '패배'로 나아갔다. 우리는 '일본은 왜 패배했는가?'라는 문제의식은 공유하겠지만, 패전의 원인 규명은 다른 연구에 맡길 것이다. 대신 여기서는 그 패전을 결정지은 개별 작전에서의 실패, 즉 '싸우는 법'의 실패를 다루고자 한다.

개별 작전에서의 실패라고 하면, 일반적으로 전쟁사 분야로 들어간다. 실제 태평양 전쟁의 개별 작전은 방위성의 《대동아전쟁사 총서》를 비롯해 수많은 전쟁사 연구서와 참전자들의 수기·전기로도 접할 수 있다. 그러나 이 책은 기존의 전쟁사 연구 수준에 머무르는 것이 아니라 지금까지의 연구 성과를 참조하되 이를 현대적 문맥으로 되살리는 것을 목적으로 삼았다.

보다 명확히 말하면 이렇다. 우리는 태평양 전쟁에서 수행한 모든 작전의 실패를, 일본군이라는 조직의 실패로 받아들여 이를 현대 일본 사회의 여러 조직에서 교훈으로 삼거나 반면교사로 활용하길 바란다. 즉 조직으로서의 일본군이 남긴 것을 비판적으로 검토하여 수용할 것은 수용하자는 말이다. 물론 거부해도 된다. 태평양 전쟁의 유산을 현대에 되살린다는 말은 '새로운 전쟁을 준비하자'는 뜻이 아니다. 앞서 언급했듯이 현대 일본 사회의 공공 조직과 민간 조직이 과거의 잘못과 결함, 실패를 되풀이하지 않기를 바라는 것이다.

그런데 일본군의 실패가 어떻게 오늘날의 조직과 관련성을 가질 수 있고, 또 교훈이 된다는 말일까?

원래 군대는 가장 대표적인 근대적 조직, 즉 합리적이고 계층적인 관료제 조직이다. 태평양 전쟁 전의 일본만 보더라도 군대는 합리성과 효율성을 추구하는 관료제 조직의 전형으로 받아들여졌다. 그러나 관료제 조직의 모범이 되어야 할 일본군은, 조직의 본래 목적을 다해야 하는 상황, 즉 태평양 전쟁에 직면하여 때때로 합리성과 효율성에 상반되는 행동을 보였다. 바꾸어 말하면 일본군이라는 조직 자체가 원래부터 합리적 조직이라 부를 수 없는 성격을 지니고 있었고, 이것이 조직 결함이 되면서 결국 태평양 전쟁에서 실패한 것이라고 볼 수 있다. 태평양 전쟁 전의 일본 사회에서 가장 적극적으로 관료제 조직의 원리(합리성과 효율성)를 도입한 일본군조차 합리적 조직에 어긋나는 특성과 결함을 보였다면, 당시 사회 일반의 조직 역시 정도의 차이는 있겠지만, 이런 특성과 결함을 공유하고 있었다고 유추해 볼 수 있다.

그런데 패전 후, 정작 주목해야 할 이런 일본군의 조직 특성과 결함은 진지하게 다루어진 적이 없었다. 물론 전쟁사 연구 분야에서 수많은 작전의 실패가 지적되었다. 그런데 대부분의 실패 원인은 한두 명의 당사자들이 저지른 오판이나 일본군의 물량적 열세 등으로 귀결되었다. 그러나 한 걸음만 더 나아가 보면, 그러한 당사자의 오판을 허용한 일본군의 조직 특성, 그리고 물량이 열세임을 알면서도 무리하게 작전을 감행하게 한 조직 결함이 더 큰 문제가 아닐까? 그런데 아무도 조직의 문제에 관심을 기울이지 않았다. 오히려 일본군의 조직 특성은 전후(戰後) 일본 사회의 조직 일반에 무비판적으로 계승되었다. 기업의 리더가 자신의 군대 경험을 조직 운영에 도입하려고 한다거나, 경영 기법(how to)에서 일본군의 조직 원리와 특성을 긍정적으로 수용하려는 경향 등이 그렇다.

일본군의 조직 원리와 특성은 잘못되지 않았다고 말할지도 모른다. 태평양 전쟁에 돌입하기 전까지는 그다지 치명적인 실패를 경험하지는 않았으니까. 즉 불확실성이 상대적으로 낮고 사회가 안정된 평시일 때는, 일본군 조직은 유효하게 기능했다. 그러나 문제는 위기 상황이 닥쳤을 때이다. 위기 상황이란 불확실성이 높고 유동적인 상황을 말한다. 이때가 군대가 필요할 때이다. 군대 본래의 임무가 그렇다. 그런데 일본군은 태평양 전쟁의 수차례 작전 실패에서 드러난 것처럼 유효한 기능을 상실한 채 상당한 조직 결함을 노출했다.

사실 전후 일본 사회의 조직은 태평양 전쟁 때처럼 중대한 위기에 처한 적이 없었다. 따라서 기존의 조직 원리에 기반을 두고 상황을 극복하는 것이 비교적 쉬웠으며 또 효과적이었다. 그러나 앞으로 위기 상황이 닥쳤을 때 일본군의 조직 원리로 과연 살아남을 수 있을지 고개가 갸웃거려진다. 현대 일본 사회의 조직 중에는 일본군의 조직 원리를 무비판적으로 도입한 곳이 분명 있다. 물론 평시에는 이상이 없을 것이다. 그러나 위기가 닥쳤을 때 태평양 전쟁에서 일본군이 보여주었던 조직 결함을 또다시 드러내지 말라는 보장은 없다.

이 책은 태평양 전쟁 당시 일본군이 겪었던 실패를 오늘날의 조직에 적용할 수 있는 교훈으로 되살리고, 그 실패가 오늘날 우리에게 주는 의미를 찾아보려는 목적으로 집필되었다. 일본군의 수많은 작전 가운데 유독 성공이 아닌, 실패 사례를 중심으로 다루려는 이유도 바로 이런 목적 때문이다. 물론 태평양 전쟁의 모든 작전이 실패했다고 주장하려는 것은 아니다. 태평양 전쟁의 계기가 된 진주만 습격을 비롯해, 일본군의 작전 성공으로 보아야 할 사례도 적긴하지만 존재한다. 또 초점 자체를 장병 개개인의 전투력으로 좁힌다면 일본군은 물량의 열세에도 불구하고 정말 잘 싸웠다고 할 수 있다. 그러나 조직 차원에서 살펴보면 일본군의 작전과 전술은 횟수는 물론이거니와 그 중요성에 비추어볼 때 성공보다는 실패가 월

등히 많았고, 나아가 이러한 실패에 일본군의 조직 특성이나 결함이 보다 선명히 드러난다. 결과적으로 이 책이 지향하는 바는 태평양 전쟁의 일본군 작전 실패 사례에서 그 조직 결함과 특성을 분석해, 조직으로서의 일본군이 저지른 실패에 감추어진 메시지를 현대적 의미로 재해석하는 것이다.

● 이 책의 접근과 구성

앞서 기술한 바와 같이 이 책은 태평양 전쟁에서 드러난 일본군의 '싸우는 법'과 '지는 법'을 다루려고 한다. 다만, 태평양 전쟁의 전쟁 지휘 책임에 대해서는 언급하지 않을 것이다. 즉 정부와 대본영* 차원에서의 전쟁 계획과 정국 전망, 전략적 의사 결정의 추이 등은 이 책의 주제가 아니다. 오히려 우리의 분석 대상은 태평양 전쟁의 전개를 좌우했다고 여겨지는 각각의 중요한 작전들이다. 왜냐하면 일본군의 조직 특성과 그로부터 도출된 '실패의 본질'은, 전반적인 전쟁 국면보다 각각의 주요 작전 과정을 분석하는 데서 보다 명확하고 구체적인 결과를 얻을 수 있기 때문이다. 물론 개별 작전을 분석할 때 당연히 정부와 대본영 차원에서의 결정, 행동을 언급할

---

* **대본영(大本營)** : 태평양 전쟁 당시 일본군 최고 통수부 - 역주

수 있다. 그러나 주된 초점은 해당 작전을 실행한 부대와 함대, 또는 그 작전을 실질적으로 지휘하고 지도한 상급 사령부이다. 또 이들에게 초점을 맞춘 덕분에, 오히려 일본군의 조직 특성이 숨김없이 드러났으며, 거기에서 드러난 실패의 본질에서 유익한 교훈을 알기 쉬운 형태로 얻을 수 있었다. 단 여기서는 개별 전투의 전술까지는 다루지 않는다. 우리는 눈에 보이는 전술의 원리·원칙이 아니라, 이를 규정하는 조직의 특성을 탐구할 것이다.

그런데 분석 대상을 개별 작전으로 정하면 종래의 전쟁사 연구와 비슷해져 버리지 않느냐는 의견이 나올 수 있다. 그러나 앞에서도 언급했듯이 이 책은 순수한 전쟁사 연구가 아니다. 그럴 수밖에 없는 게 이 책의 저자 대부분이 전쟁사 분야에서는 아마추어이기 때문이다. 저자들 대부분은 조직론과 경영학, 의사결정과 정책결정론, 또는 정치사나 군사사를 전공했다. 따라서 우리는 먼저 다른 전쟁사 연구자들의 강의를 듣거나, 연구회를 통해 전쟁사의 예비지식을 습득한 후에 개별 작전 사례 분석에 들어갔다. 그런 면에서 이 책은 지금까지 나온 전쟁사 연구 성과에 크게 의존하고 있으면서도, 조직론이나 의사결정론(정책결정론)의 이론 접근법을 적용하여 실패의 본질을 도출하고자 했다.

우리는 태평양 전쟁의 실패 사례로 6개의 작전을 선별해 각각의 내용을 분석했다. 6개 사례는 노몬한(집필담당 : 무라이, 군사사 전공), 미드웨이(가마타, 조직론 전공), 과달카날(노나카, 조직론 전공), 임팔(도베, 정치외교사 전공), 레이테(데라모토, 조직론 전공), 오키나와(스기노오, 전쟁사 전공)이다. 각 사례의 자세한 내용과 분석은 2장을 참고하길 바란다. 여기서는 왜 이 6개 작전을 선별했는지 간단하게 그 이유를 언급하겠다.

먼저 노몬한 사건. 이 사건은 시기적으로 태평양 전쟁에 포함되지 않는다. 그러나 작전 실패의 내용이 태평양 전쟁 당시의 작전 실패를 예고하고 있다. 예를 들어 작전의 목적이 애매하고 중앙과 현지의 커뮤니케이션이 원활하지 못했다. 정보도 독선적으로 수용하고 해석했던 면도 있었고, 전투에 있어서도 객관적인 전력보다는 장병들의 정신력에 의존했다. 이런 일본군의 조직 특성과 그 결함은, 앞으로 살펴보겠지만, 태평양 전쟁 개시 후의 중요한 작전에서도 정도의 차이는 있을지언정 계속 되풀이된다. 노몬한에서의 실패를 거울로 삼지 못했다는 점에서, 노몬한은 실패의 서곡이었다.

미드웨이와 과달카날은 잘 알려져 있는 바와 같이 각각 바다와 육지에서 태평양 전쟁의 전세를 갈랐던 전환점이었다. 이때까지 순조롭게 군사 행동을 수행해온 일본은 이 두 작전의 실패를 기점으로 패배의 길을 걷기 시작했다. 특히 미드웨이는 작전의 성공과 실패의 분기점을 분명하게 보여주는 사례로도 주목받고 있다. 이 작전의 실패에는 작전 목적의 이중성과 복잡한 부대 편성 등이 언급되고 있다. 그러나 성패를 가른 핵심 포인트는 다른 데 있다. 즉 예측하기 어려운 상황이 발생했을 때 얼마나 신속하고 유효적절하게 대응했는가 하는 점이다. 이 점에 주목하여 미드웨이를 분석했다.

한편 과달카날 역시 실패했던 다른 작전들과 마찬가지로 빈곤한 정보력, 병력의 계속적인 투입 등이 실패의 요인으로 지적되었다. 그런데 이와 동시에 태평양 전선에서 반격에 나선 미군이 상륙작전을 개발해 이를 효과적으로 실전에 응용한 데 반해 일본군은 아무런 대응책을 마련하지 못했다는 점에 주목했다. 지상전의 전환점이었던 과달카날에서 일본군이 실시해야만 했던 상륙 합동 작전의 개발을 게을리 한 결함과 실패를 다루고자 한다.

임팔, 레이테, 오키나와는 일본의 패색이 농후한 시점에서 실시된 주요 작전들로 역시 실패로 끝났다. 굳이 말하자면, 이 3개의 작전은 '지는 법'의 실패를 가장 뚜렷이 보여주는 사례들이다.

임팔은 하지 않아도 되는 작전을 감행한, 비유하자면 도박의 실패였다. 이 사례 분석에서는 전략상 합리적이지 못한 이 작전이 왜 실시되었는지에 주목하되, 주로 작전 계획의 결정 과정에 초점을 맞추면서 인간관계를 과도하게 중시하는 인정주의와, 강렬한 사명감에 사로잡힌 개인의 돌출 행동을 허용했던 시스템을 주요 원인으로 지적하고자 한다.

레이테는 '일본다운' 치밀함의 극치를 보여주는 독창적인 작전 계획 아래 실시되었지만, 작전 목적이 애매하였고 해당 부대는 이런 치밀한 작전을 수행할 능력이 부족했다. 참가한 각 부대(함대)는 그 임무를 충분히 파악하지 못한 채 작전에 돌입했으며 결국 통일된 지휘가 없어 작전은 실패로 돌아갔다. 임무를 철저하게 파악하지 못했다는 점에서 레이테의 패전은 자기 인식의 실패라고 할 수 있다. 나아가 일본군 조직의 자기 인식 실패는, 과거의 전쟁 성과를 비현실적으로 과대평가하는 실수로 이어지기도 했다.

   태평양 전쟁 최후의 주요 작전이라고 부를 수 있는 오키나와 역시 작전 목적이 애매했다. 즉 미군의 본토 상륙을 늦추기 위해 한쪽에서는 전략적 지구전을 염두에 두고 있었고, 다른 쪽에서는 항공 결전을 주장했다. 결국엔 여러 요인들이 겹치면서 합리적인 전략을 펼칠 수 없었다. 그러나 여기서 주목해야 할 점은 대본영과 오키나와의 현지군 사이에 드러난 인식 차이와 의견의 불일치이다. 이 사례에서는 미군의 상륙에 대해 효과적인 조치를 취하지 못한 이유를 대본영과 현지군 사이의 대립 또는 타협에서 비롯된 비합리적인 전략 수립 방식에 있다고 보고 분석에 들어갔다.

   이상 6개 사례가 태평양 전쟁의 주요 작전 전부를 대표하는 것은 아니다. 그러나 일본군의 조직 특성과 결함에서 실패의 본질을 도출하고자 하는 이 책의 목적을 고려한다면, 이 6개 작전은 그 어떤 것보다 '실패가 무엇인지' 적나라하게 드러내는 사례이다. 우리는 이 6개의 사례를 분석함으로써 우리의 연구 목적을 거의 달성할 것으로 본다. 4개의 육지전과 2개의 해전이라고 하는 배분도 적당하지만, 그 안에 육해합동작전도 포함되어 있으므로 균형을 잘 맞추었다고 생각한다.

   또한 우리는 각각의 사례 분석에 필요한 데이터로 방위연구소 전사부(구 전사실)에서 간행한 《전사 총서》를 사용했다. 《전사 총서》는 우리 사례 분석의 참고서 역할을 했다(특별한 사정이 없는 한 이 책의 도표는 《전사 총서》를 참고해 작성했음을 밝힌다). 그러나 우리가 모두

《전사 총서》를 참고했다 하더라도 각각의 사례 분석에서는 조금씩 느낌이 다르다는 것을 느낄 수 있을 것이다. 문제의식이나 접근 방식, 그리고 용어의 통일성을 꾀하면서도 개개의 사례 분석에 대해서 우리는 일부러 각 사례의 독자성과, 또 저자의 저술 스타일을 존중하기로 했다.

앞에서도 언급했지만, 우리 대부분은 전쟁사 연구자가 아니다. 따라서 우리가 나중에 얻은 지식으로 일본군의 실패를 부풀리거나 특정 인물에 대해 가혹한 평가를 내렸다고 불쾌해할지도 모른다. 그러나 우리의 목적은 일본군의 실패에 감추어진 교훈을 찾아내는 것이다. 그래서 때로는 실패를 과대 포장 하거나 가혹한 비판의 날을 세울 위험이 있음을 알면서도 분석을 진행했다. 또 우리는 처음부터 이길 수 없는 상대와의 전쟁이니까 개별 작전도 처음부터 승리할 수 없었을 것이라는 해석, 즉 이미 실패 요인을 안고 출발했다는 식의 해석은 의식적으로 피했다. 이런 해석이 틀렸다고 주장할 생각은 눈곱만치도 없다. 그러나 앞서 지적했듯이 우리의 문제의식은 '싸우는 법'과 '지는 법'의 조직론적 규명에 있지, 왜 패배했는가 하는 역사적 원인을 살피자는 게 아니다.

3장에서는 6개 사례의 공통점을 찾을 것이다. 실패한 개별 사례에서 공통으로 드러나는 일본군의 조직 특성과 결함을 추출하고, 이렇게 추출한 조직 특성과 결함을 마지막에 등장할 이론 분석을 위해 일목요연하게 정리할 것이다. 즉 각 사례의 공통된 실패 요인을 전략상의 결함과 조직상의 결함으로 구분하여, 각각의 요인에 관해 다시 한 번 상세하게 분석할 것이다. 나아가 일본군과 미군의 조직 특성을 비교 분석해 일본군의 결함을 선명하게 부각시키려 한다.

마지막 4장은, 오늘날 일본의 수많은 조직이 일본군의 조직 특성과 결함을 안고 있다는 인식에서 출발한다. 만일 태평양 전쟁 당시 일본군의 조직 특성이 고스란히 현재 일본 사회에 전해졌다면 이 조직은 언제든지 실패할 가능성을 안고 있다는 뜻이다. 이 장에서는 조직의 환경적응이론이나 조직진화론, 자기혁신조직, 조직 문화, 조직 학습 등의 개념을 사용해 일본군 실패의 본질에 관한 통합적 이론화를 전개한다. 이런 이론화는 종래의 전쟁사나 군사 조직 연구에서는 거의 찾아볼 수 없는 시도이기도 하다. 따라서 우리의 시도는 야심찬 도전이다. 물론 우리가 사용한 접근 방식의 유효성에 대해서는 언제나 비판을 환영한다.

또한 4장에서는 일본군과 같은 조직이 기능할 수 있는 조건과 기능할 수 없는 조건을 제시한다. 이 중 후자, 즉 일본군과 같은 조직이 제 기능을 발휘하지 못하는 명확한 조건 또는 상황을 밝히는 일이 중요하다. 이는 현재의 일본 조직이 처한 문제와 해결책을 찾는 데 힌트가 될지도 모른다. 만일 일본군의 기능을 마비시킨 조건과 상황이 무엇인지 분명히 밝힐 수 있다면 우리가 과거의 실패로부터 배워야 하는 것이 무엇인지 확실해질 것이다. 그리고 일본군의 실패에 감추어져 있던 메시지의 현대적 재해석이 보다 명확하고 체계적으로 정리된 형태로 독자들 앞에 제시될 것이다.

제 2 장

여섯 개의
실패(失敗) 사례 연구

1

노몬한 사건 – 실패의 서곡

작전 목적이 애매했고, 중앙과 현지의 커뮤니케이션이 원활하지
못했다. 정보를 수용하고 해석하는 데도 독선이 엿보였으며,
실제 전투에서는 객관적 전력을 무시한 채 지나치게 정신력에
의지했다.

● 프롤로그

"일본군 병사들은 들어라, 너희는 지금 속고 있다. 지금 당장 백
기를 들고 투항하라. 목숨만은 살려주겠다. 너희는 완전히 포위되었
고 후방은 차단되었다. 아무리 잘 싸우더라도 2~3일밖에 버티지 못
할 것이다."

1939년 8월 소련군 방송이 노몬한 황야의 적막을 깨뜨렸다. 일본
군으로서는 수년 후 태평양의 수많은 섬에서 되풀이될 패배의 순간
을 처음 경험한 것이다.

노몬한 사건은 1939년 5월부터 그해 9월까지 벌어진 전투로, 그
시작은 관동군의 불장난에 불과했다. 그러나 작은 불씨 하나가 대

화마로 이어지듯, 노몬한 사건은 단순히 일본 육군이 맛본 최초의 패배에 그치지 않고 일본의 외교 방침에까지 영향을 미쳤다.

노몬한 사건은 겉보기에는 황량한 사막의 국경선을 둘러싼 작은 분쟁에 불과했다. 그러나 그 내면적 의미는 달랐다. 제1차 세계대전을 경험하지 않은 채 청나라, 제정 러시아, 중국 군벌과 싸웠던 일본 육군이 처음 겪은 근대식 전투였기 때문이다. 또한 일본군이 처음으로 크게 패한 사건이었다.

일본군은 근거도 없는 낙관주의에 빠져 "해보기 전에는 모른다, 하다 보면 어떻게든 수가 난다"라고 생각했고, 소련군은 이를 합리주의와 물량으로 제압했다. 일본군이 화염병과 삽을 들고 소련군 전차를 향해 달려들었다는 일화는, 일본군 전투 조직의 결함을 숨김없이 폭로하고 있다.

일본 육군은 노몬한 사건에 앞서 사단급 이상의 병력으로 소련군과 교전한 적이 몇 차례 있었다. 1919년부터 1922년까지 이루어졌던 시베리아 출병과 1938년 장고봉 사건이다. 그러나 둘 다 본격적인 전투라고 부르기 힘들다. 말하자면 일본군에게 노몬한 사건은 앞으로 치러야 할 무수한 전투의 시작이었다. 만일 이 전투의 패배로부터 얻은 교훈을 일본군 전체가 잘 활용했더라면 훗날 물량 공세를 펼쳤던 미국과의 태평양 전쟁에 큰 도움이 되었을 것이다.

외몽골과 만주국의 국경은 원래 유목 지대였고, 게다가 중국이 외몽골의 독립을 인정하지 않았기 때문에 국경 자체가 상당히 불분명한 상태였다.

소련

치타, 모스크바

치타, 모스크바

하바롭스크

외몽골

만저우리(滿洲里)

하이라얼(海拉爾)

노몬한

치치하얼(齊齊哈爾)

하이룬(海倫)

하얼빈(哈爾濱)

쒀룬(索倫)

타오안(洮安)

둔화(敦化)

장자커우(張家口)

통랴오(通遼)

정자툰(鄭家屯)

창춘(長春)

쓰핑제(四平街)

블라디보스토크

산하이관(山海關)

펑톈(奉天)

신의주

텐진(天津)

다롄(大連)

평양

베이징(北京)

뤼순(旅順)

경성(서울)

그림 2-1 만주국*

일본군은 만주 사변 이후 만주국을 지배하면서 소련, 외몽골과
국경을 마주하게 되었다. 국경선 책정을 위한 만저우리 회의(滿洲里
會議)도 별다른 소득이 없어 결국 외몽골과 만주국 간의 국경선 분
쟁은 1935년 이래 빈번히 발생했다.

---

* **만주국(滿洲國)** : 일본이 1931년에 만주 사변을 일으킨 뒤, 1932년 3월 1일에 청
나라 마지막 황제 푸이를 황제로 앉혀 세운 나라. 자체 군대와 경찰까지 보유해
독립 국가처럼 보였으나, 관동군 사령관이 주만대사를 겸하며 만주국의 내정에

관동군**은 노몬한 사건이 발생하기 전까지 국경은 원칙적으로 만주국 군대와 경찰이 경비한다는 방침을 갖고 있었다. 중앙부***도 국경에서 일어난 소규모 분쟁을 문제 삼지 않고, 다만 소련군에 대한 정보를 수집하고 대(對)소련 작전을 연구하며 군대를 양성하는데 전념하라고 지시했다. 당시 3년째를 맞이한 중일 전쟁은 교착 상태에 빠졌다. 중앙부로서는 다른 지역에서 분쟁을 일으키고 싶지 않았던 것이다. 그래서 관동군에게도 원론적인 방침만 내렸을 뿐이었다. 그런데 이런 상황에서 국경 분쟁이 발생하면 국경 경비 당사자

간섭하는 일본의 꼭두각시 나라였다. 미국을 비롯한 대부분의 나라는 만주국을 인정하지 않았다. 국가 이념으로는 일본인, 조선인, 만주족, 한족, 몽골족 5개 민족이 서로 협력하고 화합한다는 오족협화(五族協和)와 왕도낙토(王道樂土)를 표방했지만 일본인이 1등 국민, 조선인이 2등 국민 하는 식으로 차별이 있었다. 1945년 일본이 망하면서 사라진 이 아틀란티스 같은 만주국은 '동양의 서부'로서 무질서와 기회가 공존하는 곳이었다. 출세를 꿈꾸는 자, 독립운동가, 일확천금을 노리는 욕구 불만이 가득한 젊은이들이 만주국으로 몰려갔다 – 역주

** **관동군(關東軍)** : 러일 전쟁의 승리로 일본은 러시아로부터 뤼순(旅順)과 다롄(大連)의 조차지와 남만주철도를 획득한다. 이 남만주철도를 보호하기 위해 뤼순에 일본군 수비대를 주둔시켰는데 이 부대가 관동군의 모태이다. 관동군(關東軍)이란 이름은 수비대가 주둔했던 뤼순, 다롄 지역을 관동주(關東州)라고 불렀던 데에서 유래한다. 만주국이 수립된 이후에는 만주국의 수도 신징(新京, 지금의 창춘[長春])으로 사령부를 옮겼다. 관동군은 단순한 군대에 그치지 않고, 만주국의 내정에 개입할 수 있는 권한이 있는 만주국의 실질적인 통치 세력이었다 – 역주

*** **중앙부(中央部)** : 이 책에 자주 나오는 중앙 또는 중앙부라는 말은 특정 부서를 가리키는 것이 아니라 현지군과 대비되는 도쿄의 중앙이라는 개념적 의미로 쓰였다. 대본영, 육군 참모본부, 내각, 육군성 등을 모두 포괄하는 의미이다 – 역주

인 제1선 부대는 어떻게 처신해야 하는 것일까? 관동군 사령부로부터 구체적인 처리 방침과 요령을 전달받지 못했기 때문에 '병력을 동원해도 괜찮은지, 동원한다면 어느 정도까지 해야 하는지' 통수*와 관련된 중요 사항이 모두 애매했다.

관동군 사령부는 분쟁이 발생했을 경우 상황을 적절히 파악해 사태를 악화시키지 않도록 제1선 부대와 연락을 취하면서 처리해갈 생각이었다.

이에 관동군 제1과 참모 쓰지 마사노부 소좌**는 〈만소 국경 분쟁 처리 요강〉을 기안한다.

〈만소 국경 분쟁 처리 요강〉은 이런 내용을 담고 있다. "소련의 야망을 철저하게 봉쇄하고 분쇄할 필요가 있다. 그러나 국경선이 불분명한 지역에서는 방위 사령관이 스스로 국경선을 정해 제1선 부대에 명시하며, 또한 소련군이 국경을 넘어왔을 때는 급습해 섬멸하되 그때는 일시나마 소련령에 진입해도 상관없다. 제1선 부대는, 사태의 수습은 상급 사령부에 맡기고 병력이 많든 적든 일단 반드시 이겨야 한다."

쓰지 소좌는 1932년 제1차 상하이 작전 이후 중국 각지의 전장에 참가했으며, 1936년 4월부터 1937년 8월까지는 관동군 제4과에 배

---

* **통수(統帥)** : 통솔(무리를 거느려 다스림)과 거의 같은 뜻으로, 군사적인 맥락에서 주로 쓰인다. 대한민국 헌법에는 대통령이 국군을 '통수'한다고 나와 있다 - 역주

** **소좌(少佐)** : 우리의 소령에 해당하는 계급 - 역주

속되었고, 11월부터 작전참모를 맡았다. 그 때문에 관동군과 만주국 사정에 정통했고, 또 타고난 성격마저 적극적이어서 관동군 내부에서도 발언의 영향력이 컸다.

쓰지 참모는, 당시의 정세가 변화무쌍하고 또 일본군 병력이 열세에 놓여 있기 때문에 빌미를 주어서는 안 된다고 판단, 소련이 국경을 넘어왔을 때 즉시 일격을 가해 쫓아내야 분쟁 확대를 막을 수 있다고 여겼다.

관동군 사령관 우에다 가네키치 대장은 이 생각에 동의하여, 1939년 4월 25일 〈만소 국경 분쟁 처리 요강〉을 관작명(관동군작전명령) 제1488호로 정하고 그 실시를 명령했다.

또 관동군은 작전의 발령과 동시에 이를 참모총장에 보고했다. 그러나 중앙부가 정식으로 어떤 의사표시도 하지 않았기 때문에, 관동군 입장에서는 이 작전 계획이 당연히 통과되었다고 생각하게 된다.

● 제1차 노몬한 사건

1939년 5월 11일, 20~60명의 외몽골군과 만주국군이 할하 강 동쪽의 국경선 분쟁 지구에서 무력 충돌하는 일이 벌어졌다(당시 일본과 만주국은 할하 강이 국경선이라고 주장하고 있었다).

이 소식이 전해지자 할하 강 지구를 담당하고 있는 관동군 제23

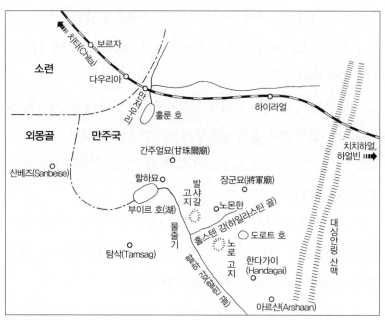

그림 2-2 훌룬 부이르 지역도

사단은 즉시 출동 채비를 갖추었다. 제23사단장 고마쓰바라 미치타로 중장은 4월 말 관동군 사령부로부터 하달된 〈만소 국경 분쟁 처리 요강〉에 따라 외몽골군을 즉각 격파하기로 결심, 보병 제64연대 제1대대 수색대에 출동 명령을 내렸다. 이와 동시에 이 일련의 처리 과정을 관동군 사령부에 보고했다. 우에다 관동군 사령관은 고마쓰바라 사단장이 처리하도록 허락한 뒤 참모총장에 보고한다. 중앙부는 참모차장 명의(당시 참모총장은 황족 간인노미야 고토히토 친왕)로 "관동군이 적절히 처리하기를 기대한다"는 답신을 보냈다.

5월 13일부터 15일까지 제23사단은 할하 강 동쪽의 외몽골군을 공격해 할하 강 서쪽으로 쫓아내는 데 성공했다. 고마쓰바라 사단장은 출동 목적을 달성했다고 판단하여 부대를 하이라얼로 귀환시킨다.

그러나 물러갔다고 판단했던 소련·외몽골군이 다시 할하 강 동쪽으로 진출했다. 고마쓰바라 사단장은 〈만소 국경 분쟁 처리 요강〉에 따라 또다시 그들을 격멸하기로 마음먹고 5월 21일 보병 제64연대 수색대에 공격 명령을 내린다.

그런데 고마쓰바라 사단장의 보고를 받은 관동군은 5월 21일 관동군 참모장 명의로 명령을 재고하기를 요청한다는 답신을 보낸다. "소련·외몽골군이 국경을 조금 넘어왔다고 해서 준비도 마치지 않은 부대를 성급하게 출동시키는 것은 성공적인 기습 전술이 아니다. 상황을 지켜보면서 상대가 해이해졌다고 판단될 때 불벼락 내리듯 쳐들어가는 전술을 택해야 한다."

이 답신에 대해 고마쓰바라 사단장은 "이미 출동 명령을 내렸다. 이제 와서 말을 바꾸면 부하들이 나를 뭐라고 생각하겠는가?"며 강행 의지를 굽히지 않는다.

이런 입장 차이에 대해 쓰지 마사노부는 훗날 그의 저서에서 이렇게 회고했다.

"눈앞에 나타난 적을 추격하여 쫓아내려는 제1선 사단장의 심리와, 대국적인 관점에서 사태를 관망하려는 관동군의 심리가 다르다는 것을 보여준 사례이다. 훗날 관동군과 참모본부가 노몬한 사건을 두고 대립하게 된 이유 역시 이런 시각 차이 때문이었다. 즉 관동군은 만주국의 수도 신징에서 현지군의 입장으로 이 사건을 바라보 았고, 참모본부는 세계정세를 주시하는 도쿄 중앙부의 입장에서 만 주의 사건을 바라보았다."

아무튼 우에다 관동군 사령관은 고마쓰바라 사단장의 주장을 받 아들이는 동시에, 5월 23일 중앙부에 이 사건의 처리 방침에 대해 보고하면서 사건을 확대하지 않도록 주의하겠다고 덧붙였다. 당시 참모본부 러시아과는 소련이 사건을 확대시킬 의도가 없다고 판단, 예컨대 관동군이 항공기라도 동원해 외몽골 본토를 폭격하지 않는 이상, 관동군의 조치에 더 이상 간섭하지 않는 것이 좋다고 생각한 다. 5월 24일 중앙부 참모차장이 관동군 참모장에게 보낸 전보에는, 관동군 스스로 적절하게 조치하기를 바란다는 내용 외에 별다른 말 이 없었다.

5월 27일, 제23사단 직속 부대인 야마가타 지대(보병 제64연대, 수 색대, 통신대 무선 1소대, 사단 자동차 부대, 구호반)는 할하 강을 향해 진격을 개시했다. 그러나 소련군이 압도적인 포격 세례를 퍼붓자 보병 제64연대를 비롯한 주력 부대가 꼼짝할 수 없는 상황에 처하 게 된다. 그사이 선두에 나섰던 수색대 200여명이 고립된 끝에 전멸 하고 만다.

고마쓰바라 사단장은 전반적인 전황을 고려해 5월 31일 철수명 령을 내렸다. 이와 동시에 제1차 노몬한 사건도 종료되었다.

그해 11월 대본영 육군부'가 발표한 〈노몬한 사건 경과 개요〉를 보면 지금까지 서술한 전투를 제1차 노몬한 사건, 그리고 앞으로 서술할 전투를 제2차 노몬한 사건으로 구분하고 있다. 참고로 소련 측에서는 1차, 2차를 따로 구분하지 않은 채 노몬한 사건 전체를 '할힌 골(할하 강) 전투'라고 부르고 있다.

제1차 노몬한 사건은 서북만주 방위 사령관을 겸하고 있던 고마쓰바라 제23사단장이 상부로부터 내려온 〈만소 국경 분쟁 처리 요강〉에 따라 자발적으로 실시한 작전이므로 제23사단에 일차적인 책임이 있다고 할 수 있다. 그러나 지금부터 서술할 제2차 노몬한 사건은 관동군의 명령에 따라 제23사단이 작전을 실시한 것이다.

● 제2차 노몬한 사건

제23사단 공격 부대가 철수한 뒤, 할하 강 일대의 소련 · 외몽골군 진지는 병력이 증강되는 등 시간이 지날수록 점점 더 강화되었다.

고마쓰바라 사단장은 적군의 동태를 관동군에 보고하면서 제23

---

* **대본영(大本營)** : 태평양 전쟁 당시 일본군 최고 통수부. 천황 직속 기구로, 육군부와 해군부로 구성되어 있었다. 당시 일본군에는 공군이 독립되어 있지 않았다. 육군부에는 참모본부가, 해군부에는 군령부가 각각 작전을 최종 결정하였다 – 역주

사단은 방위책임상 즉시 소련·외몽골군을 공격해야 한다는 의견을 덧붙였다.

이에 관동군 사령부 내에서 대응책을 두고 논의가 벌어진다. 먼저 관동군 제1과 고급참모 데라다 마사오 대좌'는, 현재 벌어지고 있는 영일 회담(英日會談)에서 중일 전쟁을 둘러싼 논쟁이 계속되고 있는 형편인데 혹여나 이 회담에 악영향을 미쳐서는 안 된다면서 사태를 관망할 것을 주장했다. 그러나 쓰지 참모는 소련의 야망을 분쇄하기 위해서는 초기에 통렬한 공격을 가하는 것이 최선의 방책이며, 또 이것이야말로 '입으로만 지껄이는 게 아니라 온몸으로 보여준다(不言實行)'는 관동군의 전통에 부합하는 것으로 오히려 영일 회담을 유리한 국면으로 이끌 수 있다고 주장했다. 데라다 참모를 포함한 사령부 내의 각 부서 참모들은 쓰지의 생각에 동의하기에 이르렀고, 쓰지 참모를 중심으로 소련·외몽골군에 대한 공격 계획을 작성하게 된다.

작전 방침은 "군은 국경을 넘어온 소련군을 급습 섬멸해, 그 야망을 철저하게 분쇄한다"는 내용이었고, 작전 병력은 제7사단을 중심으로 하는 보병 9개 대대, 화포 76문, 전차 2개 연대, 고사포 1개 연대, 공병 3개 중대, 차량 400대, 항공기 약 180기였다.

이 작전에는 한 가지 대전제가 있었다. 즉 할하 강이 관동군의 하이라얼 기지로부터 약 200킬로미터 떨어진 것에 비해 소련군은 후

---

* **대좌(大佐)** : 우리의 대령에 해당하는 계급 – 역주

방 기지 보르자에서 650~750킬로미터 떨어져 있다는 점이었다. 황폐한 사막 지대를 넘어 장대한 병참선**을 유지하면서 대병력을 이동시키는 것은 일본군의 병참*** 상식으로 볼 때 불가능했다. 이를 토대로 관동군은 적군의 병력을 이렇게 예측했다. 소련이 할하 강 전장에 집중할 수 있는 병력은 잘해야 외몽골군과 외몽골에 주둔하고 있는 소련군 일부일 것이다. 나아가 병력이 수적으로 비슷하다면 정예로운 일본군이 무딘 적을 간단하게 격파할 수 있을 것이다.

당시 소련은 1936년 〈소련·외몽골 상호 원조 의정서〉에 따라 외몽골에 적어도 저격 사단**** 1개, 전차 4개 여단 이상, 항공기 1개 여단의 병력을 주둔시키고 있었고, 1938년 9월에는 특별저격 제57군단 사령부를 치타에서 울란바토르로 옮겼다. 한편 소련은 할하 강의 상황을 주시하는 동시에 일본군이 이 지역에서 대규모 군사 작전을 벌일 것이라고 예상하고 있었다. 그래서 1939년 6월 초 백러시아군 관구 사령관 대리였던 게오르기 콘스탄티노비치 주코프 중장을 새롭게 특별저격 제57군단장으로 임명한다. 주코프 군단장은 군의 지휘소를 할하 강으로부터 120킬로미터 떨어진 탐삭에서 할하 강 서쪽의 하마르다반 산으로 옮기는 등, 일본군이 도저히 상상

** **병참선(兵站線)** : 병참 기지에서 작전 지역까지 병력과 물자를 실어 나르는 길을 말한다 – 역주

*** **병참(兵站)** : 작전에 필요한 병력과 물자를 확보, 관리, 보급하는 일을 말한다 – 역주

**** **저격 사단** : 소련의 보병 사단 – 역주

할 수 없는 기동력을 발휘해 막대한 군수 물자와 우세한 병력을 전장에 집중시켰다. 이때 운반된 군수 물자는 포병 탄약 1,800톤, 항공대 탄약 6,500톤, 각종 연료 및 윤활유 1,500톤, 각종 식량 4,000톤, 그 외 잡화 11,500톤 등이었다. 또 소련 내륙 지방으로부터 전선에 투입된 병력은 저격 2개 사단, 공정 1개 여단, 전차 1개 여단, 장갑차 2개 여단, 저격 1개 연대, 포병 2개 연대, 통신 2개 대대, 도하(渡河) 1개 대대, 급수공병 1개 중대였다.

5월 말 참모본부 작전과는 〈노몬한 국경 사건 처리 요강〉을 작성해 대본영의 기본 구상을 마련한다. 요강의 취지는 관동군을 신뢰하여 그 처리를 맡기지만, 적에게 일격을 가한 후 병력을 재빨리 후방으로 철수하도록 하며, 항공 부대가 국경선을 넘어 공격하면 사건이 확대될 가능성이 크므로 이를 사전에 막아야 한다는 내용이었다. 그러나 이 요강은 어디까지나 대본영의 복안에 그쳤을 뿐 관동군에 전달되지 않았다.

관동군의 기획 의도와 사용 병력을 통보하라는 중앙부의 요구에 관동군 참모장은 이렇게 보고한다. 즉 지형상 소련군이 대병력을 집중시키기 곤란하다, 따라서 제23사단과 항공 부대, 직할 부대로도 충분히 작전 목적을 달성할 수 있다, 소련군에 간헐적인 대타격을 입혀 지구전으로 흐르지 않도록 하겠다는 내용이었다. 관동군으로서는 장기전으로 흐르고 있던 중일 전쟁의 상황을 고려해 증원 요청을 하지 않겠다는 입장을 밝힌 셈이다. 특기할 점은 중앙부와 관동군 모두 소련군이 이 사건에 대병력을 투입하지 않을 것이라고 믿었다는 점이다.

쓰지 참모를 중심으로 만든 작전 요강은 이렇다. 즉 제7사단과 전차 부대는 할하 강 서쪽으로 진입하여 소련군 포병 진지를 타격한 후 동쪽의 소련·외몽골군의 배후를 치고, 제23사단은 이 공격에 호응해 할하 강 동쪽의 소련·외몽골군 교두보를 섬멸한다는 줄거리였다. 제23사단 대신 제7사단을 주력 부대로 삼은 이유는 관동군 내의 전통 있는 최정예 부대를 투입해 재빨리 목적을 달성하기 위해서였다. 제23사단은 중국 전선에 투입된 기병 집단을 대신해 노몬한 사건 1년 전에 편성된 부대로, 병력의 대부분이 새로 충원된 1~2년차의 초년병이었다. 게다가 이들은 만주에 배속된 이후 노몬한 사건이 발발하기까지 거의 1년간을 혹한기 훈련에만 전념해야 했다. 그들 대부분이 일본 남부 지역에 위치한 규슈와 히로시마 현, 시마네 현 출신이었기 때문이다. 본격적인 교육 훈련이 4월 중순부터 시작되었으므로 교육 기간이 1개월도 채 지나지 않은 햇병아리 상태에서 노몬한 사건이 벌어진 것이다. 또 제23사단은 일본 육군 최초의 3단위 편제 부대로 독립 사단으로 운용하기에는 보병 및 화력 장비가 불충분했다. 참고로 제23사단장 고마쓰바라 중장은 소련 주재 무관과 하얼빈 특무 기관장을, 사단 참모장 오우치 대좌는 라트비아 주재 무관을 지낸 육군내 소련통이었다.

관동군 참모장 이소가이 렌스케 중장은 전략 단위 부대(여단 이상)를 움직인다면 대본영의 허가를 받아야 하지 않겠느냐는 의견을 작전과에 제시한다. 그러나 작전과 참모는, 국경을 넘어온 소련·외몽골군을 격퇴하는 것은 관동군의 기본 임무이며 중앙부에 보고하면 반드시 거부될 것이므로 이 기회를 살리기 위해서라도 한시바삐 작전을 실시해야 한다고 주장했다. 결국 참모장도 작전과의 견해에 동의한다. 우에다 관동군 사령관은 무력행사에는 동의하면서도 통수(統帥)의 관점에서 서북 지구의 작전을 담당하고 있던 제23사단이 아닌 제7사단을 투입하는 데 동의하지 않아 작전 계획을 다시 수립할 것을 명령했다. 바꾸어 말하자면, 황군의 전통은 이해타산을 초월해 부자간의 심정으로 결합하는 것으로, 피가 터지고 뼈가 부서지는 전장에서 숫자나 이성이 아닌 인간미가 가장 중요하다는 생각이었다. 우에다 대장은 해당 지역의 담당자를 놔두고 다른 사단장에게 사건 처리를 맡기는 것은 말도 안 되는 일이며, 만일 내가 담당 지역 사단장이었다면 아마 할복했을 것이라고 말하며 눈물을 흘렸다고 한다. 이런 과정을 거쳐 나온 수정안은, 주력 부대는 제7사단에서 제23사단으로 바뀌며 대신 보병 4개 대대, 화포 약 20문, 공병 2개 중대가 증강된다는 내용을 담고 있다. 이 수정안은 6월 20일 관작명(관동군작전명령) 제1532호로 각 부대에 하달된다.

당시 관동군 작전과에서는 소련·외몽골군 병력을 소련 저격 1개 사단(약 9개 대대), 화포 20~30문, 전차 2개 여단(150~200대), 항공기 2~3개 여단(약 150기), 외몽골 기병 2개 사단으로 판단했다. 관동군 〈기밀 작전 일지〉에 따르면, "이 정도의 소련·외몽골군에 제23사단과 그 외 다수 병력을 파병하는 것은 소 잡는 칼로 닭을 잡는 격"이라고 보고 있었다. 오히려 관동군은 소련·외몽골군이 공격하기도 전에 퇴각하지 않을까 염려하기도 했다. 한편 치치하얼에 주둔하고 있던 제7사단장 소노베 와이치로 중장은 예하 보병 부대 제26연대장 스미 신이치로 대좌에게 보낸 편지에 "적군은 수도 많고 장비도 우수하며 또 준비도 착실히 진행하고 있다. 그에 비해 우리는 수적으로 열세고 장비도 열악한데도 오히려 적을 얕보고 있으며 준비 역시 불충분하다. 이런 상황에서 적진에 들어가면 큰일 난다. 급하게 움직이면 실패할 것이다"며 경고하고 있었다.

관동군의 작전 계획은 중앙부의 허가를 받지 않은 채 진행되다가 작전 실시 직전에서야 보고되었다. 이 보고를 접한 육군성 군사과장 이와쿠로 히데오는 "혹시라도 사태가 악화되었을 때 어떻게 수습할 것인지 아무런 계획도, 아무런 능력도 없는 상황에서, 별로 의미도 없는 분쟁에 대병력을 투입하는 것에 동의하기 힘들다. 게다가 지금 막대한 군비 확충에 박차를 가하고 있는 마당에 통수부가 이런 무의미한 소모전을 허가해서는 안 된다"며 강한 반대의 뜻을 보였다. 그러나 참모본부 제2(작전)과장 이나다 마사즈미 대좌는 "국경 분쟁은 점점 확대되고 있으며 적이 앞으로 어떤 행동에 나설지 모르기 때문에 처음부터 강하게 나가는 것도 괜찮은 생각이다. 또 북부 지역은 관동군에게 임무를 맡기고 있으므로, 물론 만일의 경우 대싱안링 산맥 서쪽과 제23사단을 잃을 수도 있지만, 산하 1개 사단 정도는 관동군 권한에 맡겨도 되지 않겠는가"라는 의견을 제시한다. 결국 육군대신 이타가키 세이시로 중장이 "1개 사단의 운용 정도는 현지에 맡겨도 상관없다"고 판단을 내려 관동군의 작전 계획이 승인되었다고 전해진다. 관동군과 참모본부는 이때만 하더라도 이 작전이 어떤 결과를 초래할지 단 한 번도 미심쩍게 여기지 않았다.

탐삭 폭격

6월 23일, 관동군은 제2비행집단에 다음 명령을 하달했다(관작명 갑 제1호).

하나. 군은 신속하게 적 공군을 격멸할 것.

둘.   제2비행집단 단장은 절호의 기회를 포착해 신속히 '탐삭', '마타트', '산베즈' 부근의 거점 비행장을 공격해 적 항공기를 격멸할 것.

이 작전에 대해, 관동군 참모 데라다는 중앙부와 의견을 통일하지 않았다는 이유로 자제할 것을 요구했다. 그러나 관동군 작전과는 "탐삭 진공* 작전은 국경 방위 임무를 달성하기 위한 전술적 수단으로써 관동군 사령관의 권한에 속한다. 따라서 중앙부의 명령에 반하는 것이 아니다"라면서 준비를 강행했다. 그러나 당시 중앙부는 국경 분쟁 불확대 방침을 견지하고 있었다. 특히 항공기가 국경선을 넘어 폭격하면 싸움이 크게 번질 가능성이 크므로 이것만큼은

---

* **진공(進攻)** : 적을 공격하기 위해 앞으로 나아감 – 역주

절대 반대했다. 관동군은 중앙부의 이런 방침을 잘 알고 있었다. 그래서 적 비행장 공격 작전에 대해서는 일절 중앙부에 알리지 않은 채 비밀리에 준비했다. 그런데 관동군의 한 참모가 이 계획을 대본영 작전과에 알렸다. 6월 24일 중앙부 참모차장은, 이 월경 작전 계획은 확전 가능성이 크므로 스스로 중지할 것을 요구한다는 내용의 전보를 관동군 참모장에게 보냈다. 또 전보에는 현지와 중앙부의 원활한 커뮤니케이션을 위해 참모본부의 장교를 파견하겠다는 문구도 포함되어 있었다.

그러나 관동군은 전보에 대본영의 명확한 명령 지시가 없다는 사실을 이용해 구체적인 규제가 내려오기 전에 월경 폭격 작전을 강행할 것을 결정한다. 6월 27일, 제2비행집단은 하이라얼 비행장을 출발해 탐삭와 산베즈를 급습하여 큰 전과를 올렸다.

관동군의 이 독단 공격으로 중앙부와 관동군 사이에 격렬한 감정 대립이 벌어진다.

참모본부의 이나다 작전과장은 관동군 참모의 전과 보고에 "대본영이 명령으로 작전 중지를 요구하지 않았던 것은 관동군의 지위를 존중해, 스스로 중지할 것이라고 보았기 때문이다. 그런데 관동군은 중앙부의 의사를 무시한 채 작전을 강행, 관동군을 신뢰했던 중앙부를 배신했다"며 비난을 퍼부었다. 당시 관동군 내부의 분위기에 대해 쓰지 참모는 다음과 같이 말한다.

"죽음을 각오하고 성취한 큰 전과임에도 불구하고, 현지의 심리를 무시한 채 우리의 감정을 짓밟은 참모본부는 도대체 뭐하는 곳인가? 이 전화 통화는 관동군과 중앙부를 결정적으로 대립하게 만든 도화선이 되고 말았다."

작전 종료 후 참모차장이 관동군 참모장에 보낸 전보를 보면 "사전에 연락하지 않은 것을 유감스럽게 생각한다. 본 작전이 끼치는 영향은 심히 중대한 것으로 관동군이 독자적으로 결정할 문제가 아니다. 이 작전을 즉시 중지할 것을 고려할 것"이라고 적혀 있다. 이에 대해 관동군은 "북방에서 벌어진 사소한 문제는 우리 관동군에 맡기고 안심하실 것"이라는 전보로 응수한다. 당시 대본영 작전과 참모는 이에 대해 다음과 같이 언급하고 있다.

"관동군이 보내온 전보는 도무지 신뢰할 수 없다. 관동군과 중앙부를 동등한 자격으로 보면서, 통수의 큰 뜻을 전혀 생각지 않다니, 그들은 참모로서 자격이 없다."

6월 29일 대본영은 국경 분쟁이 확대되는 것을 막기 위해 관동군의 임무와 행동을 제한하는 다음과 같은 명령을 관동군에 내린다. 먼저 대륙명(대본영육군성명령) 제320호는, 국경 분쟁의 처리는 국지적으로 한정하고 상황에 따라서는 하지 않아도 된다는 내용을 담고 있고, 또 대륙지(대본영육군성지령) 제491호는 지상 전투 범위를 부이르 호수 동쪽으로 한정하고 적의 근거지에 대한 공중 공격은 하지 않는다고 명시하였다.

중앙부는 관동군의 권한 한계가 명확하지 않기 때문에 여러 문제가 발생한 것으로 판단했다. 이에 따라 참모본부 작전과는 다음의 요점을 연구 사항으로 다루게 된다.

(1) 대본영 명령으로 관동군의 방위 범위를 일괄 통제해 관동군의 행동을 통제하기 쉽게 한다.

(2) 멀리 떨어진 곳에 파병할 경우, 반드시 중앙부와 협의한다.

(3) 전략 단위 부대(여단 이상)를 사용할 경우 중앙부의 인가를 받는다.

(4) 항공기를 적극 사용하는 일은 중앙부의 인가가 필요하다.

(5) 국경선을 약간 넘나드는 행위는 문제시하지 않는다.

(6) 중앙부는 단호한 통제에 나서는 한편, 현지와의 협조에 한층 더 유의한다.

할하 강 도하(渡河) 작전

대륙명 제320호가 발령되자 할하 강 동쪽의 소련·외몽골군을 군이 공격하지 않아도 된다는 분위기가 조성되었다. 그러나 국경을 넘어온 소련·외몽골군을 격멸한다는 관동군 종래의 방침 또한 바뀌지 않았다.

6월 말이 되자 소련군 진지가 한층 강화되고, 경계 태세마저 엄중해지자 관동군은 수색 활동을 하기가 매우 곤란해졌고 따라서 적진의 사정을 충분히 파악할 수 없었다. 그럼에도 불구하고 관동군 작전참모는 소련군이 관동군의 공격을 피해 전선을 이탈할지도 모른다는 불안감에 빠져, 조속히 공격을 실시하기로 가닥을 잡는다.

6월 30일, 사단에 공격 명령이 하달되었다. 공격의 개요는, 제23사단을 주력으로 삼아 할하 강 서쪽으로 진출해 먼저 서쪽의 소련·외몽골군을 격파한 후 동쪽의 소련·외몽골군 진지 배후를 치는 한편, 야스오카 마사오미 중장이 지휘하는 전차 제3·제4연대, 보병 제64연대, 독립야포병 제1연대, 공병 제24연대는 주력 부대의 공격에 호응해 할하 강 동쪽으로 남진해 동쪽의 소련·외몽골군을 섬멸한다는 계획이었다. 또한 소련·외몽골군이 작전 계획을 미리 알아채고 전장에서 이탈하는 것을 막기 위해 수색 활동은 되도록 삼갔으며, 오직 기습 공격으로 단번에 적을 포위 섬멸한다는 방침도 정했다. 그러나 이 작전을 수행하기 위해서는 당시 일본과 만주국이 주장하고 있던 국경선인 할하 강을 건너야 했다. 이에 중앙부는 7월 2일 천황에게 보고를 올리면서 국경을 넘는 것은 지형상 그리고 전술상 불가피하다고 설명했다.

그러나 소련군은 만만치 않은 작전 계획을 수립하고 있었다. 즉 수단과 방법을 가리지 말고 할하 강 동쪽 진지를 확보하고, 일본군의 포위 공격에 대해서는 증원한 기갑 사단의 저지 공격으로 막아내라는 것이었다. 나아가 항공기 공격까지 계획했다. 일본군이 펼치는 전술적 내용에 따라 항공 부대를 포함한 우세한 병력을 동원해 종심 진지로부터의 반격까지 예정하고 있었다.

'소련군 퇴각'이라는 정보가 수차례 전달되자 관동군 공격 부대는 초조감이 극에 달했다. 그러다 보니 일단 추격하고 보자는 마음에 준비도 수색 활동도 소홀히 한 상태에서 공격을 개시하게 된다. 7월 2일 심야에 감행한 할하 강 도하 작전은 처음에는 성공인 것처럼 보였다. 그러나 다음날부터 소련군의 반격이 시작되었다. 질적·양적으로 우수한 소련군 기갑 부대와 포병 부대가 공격을 퍼붓고, 항공 부대마저 활동을 재개하자 일본군은 더 이상 진격하지 못하게 된다. 설상가상으로 소련군이, 강을 건넌 관동군 공격 부대의 배후를 칠 듯한 낌새를 보이자, 제23사단에 동행한 관동군 참모부장 야노 오토사부로 소장은 고마쓰바라 사단장에게 철수를 지시, 제23사단을 주력으로 한 월경 공격 부대는 할하 강 동쪽으로 철수한다. 이 혼란 속에서 제23사단의 오우치 참모장이 전사한다.

할하 강 동쪽으로 철수해 전열을 가다듬은 제23사단은, 7월 7일 야스오카 지원 부대와 함께 할하 강 동쪽의 소련·외몽골군에 대해 공격을 개시했다. 그러나 일본군은 화력(중포, 전차, 항공기 등)이 충분치 못한 관계로, 보병에 의한 야습(夜襲) 방식을 채용한다. 일본군의 입장에서는, 공격을 늦추면 늦출수록 그만큼 적의 병력과 화력이 강화되어 결과적으로 일본군의 공격은 더더욱 곤란해지는 상황에 이르게 될 것이라고 보았다. 그래서 당장 화력이 부족하더라도 일단 공격하고 보자는 식의 작전으로 일관하게 되었고, 피해는 갈수록 늘어났다.

당시 관동군은 전황을 낙관적으로 판단했다. 하지만 대본영은 제23사단의 작전이 순조롭지 못하다고 느꼈다. 대본영 작전참모 이모토 구마오 소좌의 메모에 따르면, 대본영은 전황이 불리하다는 인상을 받고 있으며, 제23사단이 계획상의 전과를 올리지 못하고 있는 이유로, (1) 적을 경시했기 때문, (2) 포병력 부족, (3) 도하 능력 부족, (4) 후방 보급 부족, (5) 통신 능력 부족, (6) 제23사단의 과중한 임무, (7) '싸우고자 하는 의지' 부족 등 7가지를 들었다.

게다가 이렇게 제23사단이 악전고투하고 있는 상황에서, 관동군은 공격 부대의 중추 역할을 담당하고 있던 제1전차단을 주둔지로 귀환하라는 명령을 내린다. 이처럼 전황을 무시한 결정이 내려진 배경에는 당시 관동군이 진행하고 있던 〈수정 군비 충실 계획〉이 있었다. 관동군은 전차 부대를 확충하는 일을 이 계획의 중요 부분으로 예정하고 있었기에, 이 계획의 몸통이었던 제1전차단이 소모되는 것을 눈뜨고 지켜볼 수가 없었다. 결국 일본군이 고집해 온 백병전 돌입은, 군의 빈약한 생산력을 장병 개개인에게 강요한 고통스러운 전술이었던 셈이다. 중포와 전차를 다수 동원해 전투를 수행하려면 대규모 생산은 필수였다.

포병전

할하 강 서쪽은 동쪽보다 해발이 높았다. 그래서 동쪽의 소련 · 외몽골군 진지를 공격한 일본군은 서쪽 소련군 포병의 시야에 노출되어, 소련군의 정확한 포격 세례를 받게 된다.

우에다 관동군 사령관은 할하 강 서쪽의 적 포병 부대만 제압하면 동쪽 진지를 쉽게 탈취할 수 있겠다고 판단했다. 그래서 새로 계획을 세워 지금까지 수행했던 보병 중심의 공격을 포병 중심으로 바꾸게 된다. 7월 12일 사단 명령은, 포병 전력의 전개를 위주로 공격을 개시하여 할하 강 동쪽의 소련·외몽골군 진지와 서쪽 언덕의 소련 포병을 단번에 격멸한다는 내용을 담고 있다. 포병을 주력으로 하는 제23사단의 총공격은 7월 23일부터 실시되었다. 그러나 끝내 예상한 전과를 거두지 못했다. 포병전에서 승리를 거두기 위해서는 먼저 상대를 압도할 수 있는 다수의 화포와 대량의 탄약을 준비하지 않으면 안 된다. 또 목표물을 충분히 수색한 후 기습을 감행해 단번에 적 포병을 박멸해야 한다. 그런데 제23사단은 소련군에 비해 화포수는 물론 탄약량이 적었으며 화포 자체의 성능도 떨어졌다. 게다가 수색과 관측을 통해 적 사정을 살피지도 않은 채 공격을 실시했기 때문에 어쩌면 실패하는 것이 너무나도 당연한 결과였다.

일본군은 제1차 세계대전과 같은 본격적인 근대 전투를 경험한 적이 없었다. 그래서 물량이 얼마나 중요한지 제대로 이해하지 못했다. 무기력하기 짝이 없는 소수의 전차와 항공 전력, 포병력으로 소련군이 구축한 근대식 진지를 돌파하려고 뛰어든 것 자체가 처음부터 무리였다. 공격 부대는 결국 소련군 포병 부대의 맹공을 받아 큰 손실을 입었으며, 끝내 일본군의 공격은 중단되었다.

⟨사건 처리 요강⟩

대본영 참모차장 나카지마 데쓰조 중장은, 7월 20일 도쿄에 도착한 이소가이 관동군 참모장에게 노몬한 사건에 대한 중앙부의 방침, 즉 〈사건 처리 요강〉을 설명했다. 이 요강은 6월에 하달된 대륙명 제320호, 대륙지 제491호를 구체화한 것으로 노몬한 사건을 겨울 전까지 끝낸다는 내용을 담고 있었다. 이를 위해 7월 말의 총공격을 통해 애초에 예상했던 전과를 올리든가, 아니면 외교 교섭으로 양국 간의 문제를 해결한다는 방침이었다. 그런데 외교적 방법을 동원하면 관동군은 즉시 철수해야 할 뿐 아니라, 소련·외몽골군이 분쟁 지역으로 넘어오더라도 정세가 호전될 때까지 지상 작전은 수행하지 않으며, 또 적 항공기가 아군 진영으로 넘어와 폭격을 가하더라도, 관동군은 보복 폭격을 하지 않는다는 내용을 담고 있었다.

〈사건 처리 요강〉을 다 들은 이소가이 관동군 참모장은, 장병 수천 명이 피를 흘리며 스러져 간 지역을 버리고 철수한다는 것은 통수상 있을 수 없는 일이라고 주장하며 이를 받아들이지 않았다. 중앙부는 더 이상 〈사건 처리 요강〉을 강요하지 않았다. 관동군의 감정을 자극할까 봐 두려웠기 때문이다. 그래서 '요강'을 실시하라는 명령은 내리지 않는다. 중앙부로서는 이전과 마찬가지로 관동군의 입장을 존중했다. '요강'의 실시는 어디까지나 관동군 스스로의 의사에 맡겼다. 이소가이 관동군 참모장이 만주로 들고 간 〈사건 처리 요강〉은 관동군 입장에서는 단순한 참고 자료였다. 관동군 참모 데라다는 후에 중앙부의 의도, 명령, 지시는 불명확한 내용이 상당히 많고, 사건 처리에 적극적인 태도를 취하지 않는 등 속된 말로 될 대로 되라는 식이 많았다고 회고했다.

지구방어

7월 3일에 개시한 할하 강 동·서쪽 공격과 보병의 야습, 그리고 열세를 만회하려고 시도한 포병전 위주의 총공격이 모두 실패로 끝나자, 제23사단은 7월 25일 지구전 태세에 돌입했다. 그러나 8월부터 소련·외몽골군의 움직임이 활발해졌다. 소련·외몽골군은 반복적으로 일본군 진지에 맹공을 퍼붓기 시작했다. 일본군으로서는 공격을 막는 데 급급한 나머지 진지방어공사 시기를 놓치고 만다. 이처럼 방어 태세가 제대로 갖추어지지 못한 상황에서 8월 20일, 소련군은 관동군을 대규모 공격한다.

소련군이 8월에 대공세를 펼칠 것이라는 정보는 이미 7월 중순부터 관동군에서 감지하기 시작했다. 공세의 규모와 시기는 불분명했다. 그러나 소련군이 공격 준비를 위해 병력을 집결시키고 있다는 것은 확실했다. 당시 소련군은 매일같이 정찰기를 띄웠지만, 일본군은 거의 비행기를 띄우지 않았다.

우에다 관동군 사령관은, 소련군의 8월 공세에 대처하기 위해 제7사단을 동원할 수 있는지 검토하라고 지시를 내렸다. 그러나 관동군 작전과는 부정적인 의견을 내놓았다. 즉 제7사단은 관동군 최후의 전략 예비군이며, 7월 중순 이후 모든 극동 소련군의 움직임이 활발해지고 있는 상황이므로 만일을 대비해 가볍게 움직여서는 안 된다는 판단이었다. 설령 이런 문제가 없더라도 제7사단 동원은 현실적인 벽에 가로막혔다. 즉 수송 능력에 한계가 있는 관동군으로서는 제23사단의 월동 공사에 필요한 자재를 우선적으로 날라야 한다는 주장이었다. 결국 소련군 공세에 대한 준비는 제23사단의 결원을 보충하고 제7사단의 일부 병력을 최전선에 파견하는 선에서 그쳤다. 7월 31일에 세운 〈작전 준비 촉진 요강〉에는, 소련·외몽골군이 대규모 공격을 감행해 오면 현재 진지를 기점으로 언제든지 공세로 전환하여 적을 격파할 수 있도록 진지 구축을 재촉할 것이며, 한편 관동군 전체로서는 북부 및 동쪽 방면의 작전 준비에 만전을 기하라고 기술되어있다. 또 8월 12일에 나온 관동군의 〈노몬한 사건 처리 요강〉에는, 이미 달성한 전과를 동절기에도 확실히 보유할 수 있도록 철저히 준비하며, 동시에 소련·외몽골군의 전력을 격파하여 적의 야심을 단념시키고, 또 적이 장기 항전의 모습을 보일 때에는 압도적인 공격으로 파쇄할 것이라고 적혀 있었다.

도쿄에서는 8월 19일 나카지마 참모차장이 천황 보고문을 통해 노몬한 사건에 대한 견해를 피력했는데, 외교 교섭을 통해 노몬한 사건을 원만히 해결할 것이며, 만일 교섭이 성립되지 않더라도 동절기가 오기 전에는 전 병력을 분쟁 지역 밖으로 철수시켜야 한다는 내용이었다.

그런데 만주에서는 8월 4일 대본영 명령(대륙명 제334호)에 의해 제6군이 편성되었다. 제6군은 제23사단, 제8국경수비대, 하이라얼 제1·제2육군병원 등으로 구성되었고, 사령관은 오기스 류헤이 중장, 그리고 참모장은 후지모토 데쓰쿠마 소장이 임명되었다. 그러나 사령부 이하 각 참모들은 두 명을 빼고, 관동군은 물론 소련군에 대해서도, 만주의 지형이나 기후에 대해서도 예비지식이 거의 없었던 데다가 새 사령부 설치에 따른 사무 처리에 전념하는 바람에, 결국 참모 중 단 한 명도 실제 전장에 나가보지 못한 채 소련군의 대공세를 맞이하게 된다.

8월에 들어서 중앙부는 영일 회담, 독일(獨日) 방공협정 강화, 내각 경질 등 수많은 중요 문제에 직면해 있었다. 또한 7월 중순부터는 관동군의 전황 보고도 간혹 끊기는 상황이 발생하였고, 결국 8월 중순경에는 관동군과 중앙부의 연락이 두절되기에 이른다. 그런 와중에도 일본군 부대는 우수한 소련군과 대치하고 있었다. 소련군은 연일 포격을 퍼부었고, 일본군은 하루 평균 3~4퍼센트씩 받은 손실이 누적되면서 점차 약해져 갔다. 소련군의 탄약 보유량은 일본군과 비교할 수 없을 정도로 많았다. 가령 일본군이 한 번 포격을 가하면, 소련군은 몇 배나 많은 포탄을 일본군 머리 위에 퍼부었다. 보복 공격을 두려워한 일본군 보병들이 포병을 찾아가 가능한 한 포격을 하지 말아 달라고 사정했다는 이야기도 전해지고 있다.

일본군의 악전고투를 처음부터 예상한 사람도 있었다. 소련 주재 일본 대사관의 무관 도이 아키오 대좌는 6월 말에 모스크바로부터 귀국하던 도중에 관찰한 정보를 보고하며 적어도 2개 저격 사단과 중포 등 약 80문이 수송되고 있으므로 신중하지 않으면 안 된다는 견해를 피력했다. 또 관동군 제2과 고급참모 이소무라 다케요시 대좌는 소련군 병력은 약 2개 사단으로 이에 대항하기 위해서는 일본군도 충분한 병력이 필요하며, 나아가 7월 이후 일본군 진지선의 좌우 측면이 개방되어 있어 위험하다는 견해를 제시했다. 이러한 주장에 대해 관동군 작전과는 단번에 소련·외몽골군을 격멸한다는 의지에 불타오르고 있는 지금 시기에 그런 소극적 의견은 부적절하며, 또 소련·외몽골군에 대해서는 3분의 1 정도의 병력으로도 충분하다, 오히려 현재 동원 예정된 병력을 전부 투입하는 것은 소 잡는 칼로 닭을 잡는 격이라고 판단하고 있었다. 나아가 진지선 양 측면이 개방되어 있다는 지적에 대해서는 소련군을 유인한 후 포위섬멸하기 위해 일부러 열어둔 것이라고 반론했다. 7월 중순에는 참모본부 총무부장 가사하라 유키오 소장이 제23사단의 전력이 약화되고 있는 것을 염려해 제7사단을 배후지원 부대로 삼아 하이라얼까지 전진 배치 하자는 내용의 건의안을 제시했다. 나카지마 참모차장도 이에 동의하여 건의안은 관동군에 전해졌다. 앞서도 언급했듯이 우에다 관동군 사령관도 비슷한 생각을 하고 있었으나, 실제로 실현되지 못한 채 결국 제7사단의 일부 병력만을 전진 배치 하게 된다. 또한 하얼빈 특무 기관장 하타 히코사부로 소장은 8월 중순 의견서를 통해, 소련을 얕봐서는 안 되며, 소련이 상상도 못할 정도의 엄청난 병력을 모아 단번에 소련·외몽골군을 격멸한 후 재빨리 철수하는 것이 상책이라고 주장했다. 우에다 관동군 사령관은 이 의견에 귀 기울여 작전 지도(指導)를 재검토하려고 생각했다. 그러나 실제 행동에 옮기기 전에 소련군의 대공세가 시작되고 만다.

당시 일본군은 상하를 막론하고 '일본군은 정예 강병'이라고 과신하고 있었다.

소련군의 8월 공세

소련군의 작전 구상은, 일본군 진지선의 양 측면에 강력한 타격을 입혀 일본군을 할하 강 동쪽의, 외몽골이 주장하는 국경선 내로 몰아넣어 포위 섬멸하는 것이었다. 이를 위해 소련·외몽골군은, 일본군 주력 부대를 몰아넣기 위해 정면공격을 맡은 중심 부대(저격 2개 사단, 저격기관총 1개 여단, 포병 2개 연대)와, 일본군 양 날개를 공격하는 남북의 주공격 부대(저격 1개 사단 및 1개 연대, 전차 2개 여단 및 2개 대대, 장갑차 2개 여단, 대(對)전차포 2개 대대, 자주포 1개 대대, 화염방사전차 1개 중대, 몽골기병 2개 사단), 그리고 예비대(장갑차 1개 여단, 공정 1개 여단)를 편성하고, 8월 20일 아침 총공격을 개시했다. 소련군은 이후의 전투를 두 시기로 구분한다. 8월 20일부터 23일까지의 제1기는 일본군의 분단과 포위, 24일부터 31일까지의 제2기는 일본군의 격파와 섬멸로 정의했다.

한편 제23사단은 각급 부대에 공세 전환 계획을 하달하고 반격을 꾀했다. 소련·외몽골군을 일본군 진지 깊숙이 끌어 들인 후 공격 부대가 소련·외몽골군의 측면과 후방을 때려 섬멸한다는 계획이었다. 그러나 실제 일본군 공격 병력은 미약한데다가 준비가 부족했다. 또 일본군 진지는 정면이 넓고, 최전선과 후방 사이의 거리가 너무 멀고, 장소에 따라서는 진지 사이의 거리가 4~6킬로미터 떨어진 곳도 있었으며, 방어용 철책조차 설치되지 않았다. 소련군은 일본군이 유인 작전을 펴기도 전에 하나 둘씩 일본군을 분단 포위해, 전황은 급속도로 악화되었다. 또 아군 포병이 후방으로 침투하는 적 전차에 포격을 감행하는 바람에 아군이 피해를 입는 상황도 벌어졌다.

전황이 나빠지는 것을 막기 위해 관동군 사령부는 제23사단에 요충지를 확보하라고 명령하는 한편, 제7사단 주력 부대를 하이라얼에 투입시켜 제6군 지휘 아래 놓고, 또 제2사단과 제4사단을 급파하기로 결정했다. 그러나 병력을 순차적으로 사용하는, 용병술의 모범으로 보이는 이 전술마저 아무런 효과를 거두지 못한 채 전황은 악화되어만 갔다. 8월 말에는 제23사단의 거의 모든 부대가 격파당해 일본군 진지에 소련군의 적기가 펄럭이게 된다. 일본군의 조직 전력이 소멸해 가고 있었던 것이다. 당시 제6군은 전멸의 위기에 봉착한 제23사단을 철수시킬 필요가 있다고 느꼈다. 그러나 제1선 군사령부라는 입장 때문에 예하 사단에 전장을 포기하라고 명령하기를 주저했다. 그렇게 망설이던 끝에 8월 29일 오기스 제6군 사령관은 전선에 고립되어 있던 잔존 부대에 철수 명령을 내린다.

"신속히 전선을 돌파하여 '노몬한'으로 전진할 것. 이 마지막 계획을 수행하는 것이 우리의 책임이므로, 현 상황이 힘들더라도 자중하여 이 명령을 실행할 것을 엄명함."

전장을 철수한 각 부대는 대부분 60~70퍼센트 이상 소모되었다. 8월 말 제7사단 주력 부대의 엄호 진지가 어느 정도 완성되어 제23사단의 잔존 부대 약 2,000명은 고생 끝에 탈출할 수 있었다.

한편 모든 전선에서 일본군을 압도한 소련군은 외몽골이 주장하는 국경선에서 공격을 그친다. 일본군 제6군 역시 스스로 분쟁 지역 밖으로 후퇴하겠다는 방침을 세운다.

그러나 관동군은 작전을 종결하기는커녕, 증원 부대를 파견해 전투를 지속하겠다는 의사를 나타냈다. 대본영은 내심 작전 종결을 생각했으나, 통수 원칙상 실제 작전 운용은 가능한 한 현지 관동군에 맡겨야 한다는 생각을 갖고 있었다. 그래서 관동군의 지위를 존중해, 직접 작전 중지 명령을 내리지 않고, 사용 병력을 제한하라는 등의 미묘한 표현을 통해 자신들의 의사를 전달하려고 했다. 8월 30일 관동군에 내려진 작전 종결에 관한 대본영 명령(대륙명 제343호)을 보면, 대본영의 의도는 북방 지역의 평정을 유지하는 것으로, 관동군은 될 수 있는 한 소규모 병력으로 오래 버티는 방안을 강구해야 한다고 기술되어 있다. 결국 명령 자체가 불명확하고, 관동군이 적절히 처리해주기를 완곡하게 요구한 것에 지나지 않기 때문에 관동군 역시 이 명령이 전투 중지를 명한 것은 아니라고 받아들이게 된다. 같은 날 나카지마 참모차장이 현지를 방문해 직접 대본영의 명령을 전달했지만, 나카지마 역시 관동군의 강렬한 공세 의지에 동화되는 바람에 전투를 중지하라는 중앙부의 의도를 정확하게 전달하지 못했다. 상황이 이렇다 보니 관동군은 중앙부 참모차장이 전투를 계속하는 데 동의했다고 판단, 한층 더 공세 준비에 몰두한다. 나카지마 참모차장의 현지 지도가 중앙부의 의도를 크게 벗어났기 때문에, 중앙부는 9월 3일 또 다시 공세를 중지하라는 명령(대륙명 제349호)을 관동군에 하달하였다. 관동군 사령관 앞으로 보낸

이 명령은 공세 작전을 중지하고 병력을 분쟁 지역 외곽으로 후퇴시킬 것을 명시하고 있었다. 이에 관동군은 전사자를 수습하기 위해 제한적이나마 작전을 실시할 것을 중앙부에 요구했지만 이마저 받아들여지지 않았다. 9월 6일, 결국 우에다 관동군 사령관은 대본영 명령에 따라 노몬한 작전을 중지한다는 명령을 시달한다. 노몬한 전투는 이렇게 끝났다.

제6군 군의부의 조사에 따르면, 1939년 5월부터 8월까지 일본군은 전사자 7,696명, 부상자 8,647명, 행방불명자 1,021명 등 모두 17,364명의 병력을 잃었다(1966년 10월 12일 야스쿠니 신사에서 노몬한 사건의 전몰자 위령제를 올렸을 때 그 수는 18,000여 명으로 발표되었다). 또 소련·외몽골군도 전사자와 부상자를 합해 모두 18,500명을 잃었다.

9월 15일 모스크바에서 소련 주재 도고 대사와 몰로토프 외무인민위원 사이에 합의가 성립되어, 16일 '정전협정'이 발표되었다. 문제의 국경선에 대해서는 협정 발표 후에도 일본, 만주국, 소련, 외몽골 간의 협의가 지속되다가, 1940년 6월 9일 최종 합의했다. 이때 확정된 국경선은 대부분 소련·외몽골이 이전부터 주장해 온 국경선과 일치한다.

● 분 석

소련군의 공세로 일본군 제1선 부대의 연대장급 장교가 다수 전사하거나, 또는 전투 막바지 단계에서 자결했다. 또 살아남은 모 부대장은, 독단으로 진지를 포기하고 후퇴한 것에 대해 엄청나게 비난받아 자결을 강요받기도 했다. 이처럼 일본군은 목숨을 부지하는 일은 비겁한 짓이라는 생각에 사로잡히는 바람에, 실패로 돌아간 이 전투로부터 아무런 교훈을 얻지 못한다. 한편, 9월부터 11월까지 노몬한 사건의 책임을 묻는 인사이동이 진행되어 중앙부에서는 참모본부 차장과 제1부장이, 관동군에서는 군사령관과 참모장이 전역하였다. 제23사단에서는 사단장이 일단 관동군 사령부로 편입된 후 역시 전역하게 된다. 또 참모본부 제2과장, 관동군 참모부장, 제1과 작전참모, 중상을 입은 제23사단 참모장이 경질되었다. 새롭게 뽑힌 (관동군) 참모들은 대부분이 대본영에서 근무한 경험이 있거나 또는 견실한 성격의 보유자로, 이후 관동군의 독단 행동이 줄어들었다고 전해진다.

대본영의 이나다 작전과장은 신임 참모차장에게, 중앙부의 의사를 관동군에 강요하지 않았던 것은 기존의 악습을 되풀이한 것으로 통수상의 엄청난 실책이었다, 또 관동군이 중앙과 대등하다는 생각에 사로잡혀 중앙의 지시를 무시한 것도 만주 사변 때부터 이어온 악습이며, 이를 단호하게 개혁하지 않으면 안 된다, 지휘의 기본은 사람이므로 관동군을 통제하기 위해서는 적정한 인사가 필요하며,

그런 의미에서 수뇌부를 반드시 경질해야 한다는 의견을 말했다.

11월 중앙부는, 관동군 관계자와 중앙부가 임명한 위원들로 구성된 '노몬한 사건 연구위원회'를 설치, 노몬한 사건의 재검토에 들어갔다. 연구 토의 결과, 부족한 일본군의 화력과 전투력을 비약적으로 향상시킬 필요가 있다는 결론에 이르렀지만, 한편으로 물량이 우수한 적을 이기기 위해서는 일본군 고유의 정신 전력을 한층 더 끌어올릴 필요가 있다는 의견도 개진되었다.

중일 전쟁 초기, 오바타 도시로 중장은 일본군이 중국군을 상대로 전쟁을 계속하면 보잘 것 없는 전술만 구사하게 되어 결국 전력 수준이 떨어질 것이라고 걱정했었다. 가령 하수하고만 바둑을 두면 실력이 떨어지는 것과 같은 원리인 셈이다.

당시 관동군은 관동군 사령관이 만주국의 내정에 개입할 권한이 있음을 근거로 정치에도 간섭했는데, 만주인 관리를 임명하거나 토건업자의 입찰에도 관여했다. 소련과의 전쟁 준비에 전념해도 모자랄 판국에 각지의 사단들도 정치와 경제 간섭에 열중했고, 또 치안 유지를 위해 병력을 분산 배치하여 전투 훈련을 거의 실시하지 않았다고 한다. 당시 관동군의 한 사단에 대한 지휘 검열 강평은 "보여주기 식의 통솔 훈련으로 내용이 충실하지 못하고, 상하 모두 말만 그럴싸하게 하며, 실전 대응 준비도 부족하고, 전력은 중국군에도 못 미칠 정도"라고 지적하였다. 또한 관동군의 작전 연습에는 전혀 승산 없는 상황이 되어도, 일본군만의 정신력과 지휘 능력의 우월성 같은 무형의 전력으로 승리한다는 이른바 신들린 지도가 항상 있었다.

노몬한 사건은 일본군에게 근대전의 실상을 여지없이 보여주었다. 하지만 대병력, 대화력, 대물량의 소련군에 대해 일본군은 이렇다 할 방법도, 적에 대한 정보도 없는 상태에서 병력 규모를 잘못 산정하여, 쓸데없이 뒷북 치듯 병력을 축차 투입하는 어리석음을 되풀이했다. 무능력한 정보기관과 정신력을 과도하게 강조했던 태도 때문에 적의 사정은 물론 자신들이 어떤 처지에 놓여 있는지도 모른 채 전투에 나선 꼴이 되어 버렸다.

또 통수에 있어서도 중앙과 현지의 의사소통이 원활하지 않았다. 또한 양쪽 의견이 팽팽해지면 언제나 적극적인 대응책을 주장하는 참모가 신중론을 제압했으며, 이런 적극적 전술을 허가한 상사의 행동 역시 실패의 큰 원인이 되었다.

노몬한 전투에서 일본군을 압도한 소련 제1집단군 사령관 주코프는 훗날 스탈린에게 "일본군 부사관과 병은 용감무쌍하고, 초급 장교는 마치 광신도처럼 용맹스럽지만, 고급장교는 무능한 자들뿐"이라고 말한 바 있다. 한편 쓰지 마사노부는, 어딘가 모자라고 부족할 것이라 생각했던 소련군이 미처 생각지도 못할 만큼 급속도로 병기와 전법을 개량하여, 질과 양은 물론 그 운용에 있어서도 일본군을 능가한 것이 혁명군의 큰 특색이라고 분석했다.

관동군은 실제로도 만주를 통치했지만 이 목적을 달성하기 위해 고도로 진화했다. 그러나 통치 기관이 되어버린 관동군은 전투라는 본연의 임무에 직면했을 때, 게다가 월등한 전투력을 지니고 있던 소련군을 상대로 싸워야 했을 때, 수뇌부는 어떻게 싸워야 할지 갈피를 잡지 못하고 스스로 무너졌다.

중국 침략과 식민지 지배 과정을 거치면서 일본군은 전투 조직으로서의 합리성이 정체되거나, 아니 오히려 여러 측면에서 퇴화되어 갔다. 이렇게 퇴화되어 가던 일본군의 모습을 처음으로 극적으로 보여준 것이 바로 노몬한 사건이었다.

2

미드웨이 작전 - 해전의 전환점

일본군이 실패했던 이유로 작전 목적이 하나로 통일되지
못했다는 점과 복잡한 부대 편성을 꼽는다. 그러나 보다
근본적인 이유는 예측하지 못한 상황이 발생했을 때 신속하고
유효적절하게 대응하지 못했다는 점이다.

🌑 프롤로그

1942년 6월 11일 〈아사히신문〉은 '동태평양 적 근거지 강습'이라
는 제목으로 알류샨 열도 상륙작전과 미드웨이 해전에 관해 다음과
같이 보도했다.

"10일 오후 3시 30분 대본영에서 발표한 자료에 따르면, 동태평
양의 모든 해역에서 작전 중인 제국 해군 부대는 6월 4일 알류샨 열
도'의 적 거점 더치하버를 비롯해 열도 일대를 급습하여 4일과 5일

---

* **알류샨 열도** : 미국 알래스카 반도에서 서쪽으로 활처럼 뻗어있는 섬들 - 역주

이틀간에 걸쳐 반복 공격을 펼쳤다. 한편 5일에는 태평양의 적 근거지인 미드웨이*에 대해 맹렬한 강습을 감행했고 동시에 지원하러 오던 미국 함대에 맹공을 퍼부어 적 항공모함과 주요 군사 시설에 엄청난 타격을 입혔다."

같은 날(11일) 대본영은 미드웨이 해전의 결과, 미군은 항공모함 2척 침몰, 항공기 약 120기 손실, 그리고 주요 군사 시설이 파괴되는 피해를 입었다고 발표했다(6월 15일 추가 발표에서는 순양함 1척과 잠수함 1척 침몰이 새롭게 포함되었고, 항공기 손실 역시 150기로 수정되었다). 일본군 피해는 항공모함 1척 침몰, 항공모함과 순양함이 각각 1척씩 크게 파손, 그리고 미귀환 항공기 35기였다.

대본영의 발표를 그대로 옮긴 〈아사히신문〉은 "태평양 전황은 이 전투로 결판이 났다고 할 정도로 엄청난 전과를 거두었다"고 보도했다. 11일자 〈요미우리신문〉 역시 "우리 해군 부대 용사들이 분기탱천하여 귀신도 놀라 자빠질 격전사투를 감행한 모습을 상상하면서 우리 1억 국민은 이 위대한 전과에 감동함과 동시에 진심으로 감사하는 마음을 보낸다"며 흥분을 감추지 못했다. 동시에 이 신문은, 미군의 피해는 발표된 것 이상일지 모른다는 추측까지 지면에 반영했다. 그리고 작전의 의의에 대해서는 "우리 제국 방위 수역을 미합중국 서안까지 연장했다는 의미"라고 표현하면서 "전쟁사에 길이

---

* **미드웨이** : 태평양 중부 하와이 제도 북서쪽에 있는 작은 섬 – 역주

남을 큰 전과"라고 극찬했다.

그러나 미드웨이 해전의 결과는 이 기사와 정반대였다. 오히려 일본군에게 매우 불리한 전투였다. 일본 해군은 개전 이래 연합함대 기동부대의 중심 역할을 담당했던 대형 정규 항공모함 4척을 잃는 등 대본영의 발표보다 훨씬 더 비참한 피해를 입은 반면 미군의 피해는 항공모함 손실 1척에 불과했다.

미드웨이 해전은 단기간에 끝난 전투였다. 그러나 그 의미는 남달랐다. 즉 태평양 전쟁 발발 이후 연전연승을 해오던 일본군이 처음으로 좌절을 경험한 전투였을 뿐만 아니라 태평양을 둘러싼 미일 양측 간의 전투에 있어 하나의 전환점이 되었다. 이런 의미로 본다면 미드웨이 해전은 '태평양의 전황을 결정지은 전투'라고 할 수 있으며, '전쟁사에 길이 남을 해공전(海空戰)'임에 틀림없다. 그러나 이런 평가는 일본군이 아닌, 엄청난 전과를 거둔 미군 입장에서 말할 수 있는 것이다.

● 작전 목적과 시나리오

일본 해군의 시나리오

1907년 〈제국 국방 방침〉과 〈용병 강령〉이 제정된 이후, 일본 해군은 미국 해군을 가상의 적으로 설정했다. 광대한 태평양을 사이에 두고 오랫동안 미국 해군과 대치해 온 일본 해군은, 미국 해군에 대해 일정한 병력 비율을 유지하기 위해 항시 노력해 왔다. 이 전략 사상은 단기결전을 원칙으로 하고 있다. 즉 미국 함대가 태평양을 넘어 일본 본토를 공격해 올 경우 일본 근해에서 함대결전을 벌여 단번에 적을 무찌르는 전략이었다. 그리고 일본 해군은 이런 일관된 기본 방침을 바탕으로 이후 약 30여 년간 작전 연구와 전투태세, 연구 개발, 함대 편성, 교육 훈련 등을 실시했다.

일본 해군 군령부*는 전함을 중심으로 '적을 하나씩 제거해 줄여 나간다'는 점감요격(漸減邀擊)의 작전을 생각했다. 이에 대해 야마모토 연합함대 사령관은 보다 적극적인 작전을 구상해야 한다고 생각했다. 연합함대 사령관은 일본 해군의 주요 병력 대부분을 통솔하는 전투 부대의 최고 지휘관으로, 최고 통수부인 대본영과 군령부 총장의 명령과 지시, 작전 방침에 따라 구체적인 작전 계획을 입안하고 이를 실시할 임무를 띠고 있었다. 야마모토는 미국과의 국력 차를 생각할 때 장기전으로 들어가서는 절대 안 된다고 판단했으며 따라서 종래의 '점감요격' 작전으로는 장기전에 빠질 가능성이 크다고 우려했다.

즉 적은 공격 시기나 장소를 자유롭게 정해 언제라도 공세에 나설 수 있을 만큼 우세하다. 그런 적을 상대로 수동적인 작전을 펼친다면 절대 승리할 수 없다고 본 것이다. 야마모토는 열세에 놓인 일

---

* **군령부(軍令部)** : 일본 해군의 최고 군령(軍令) 기관. 최고 군정(軍政)기관은 해군성(海軍省)이었다. 참고로 일본 육군의 최고 군령 기관은 참모본부였고, 최고 군정 기관은 육군성이었다 – 역주

본 해군이 미국 해군보다 우위에 설 수 있는 길은 다소의 위험이 따르더라도 기습과 같은 자주적이며 적극적인 공세밖에는 없다고 생각했다. 이를 통해 적을 궁지에 몰아붙여 "미 해군과 미국 국민이 극복할 수 없을 만큼 사기를 잃게 하는 방법"이 최선이라고 판단했다.

두말할 필요 없이 이런 야마모토 사령관의 적극적인 작전 구상은, 메이지 시대부터 일본 해군이 고수해 왔던 군령부의 '점감요격' 작전 방침과 배치되었다. 군령부는 예전에도 연합함대가 입안한 하와이 진주만 기습 작전이 위험하다고 판단해 작전 승인을 주저했었다. 연합함대 내부에서도 '하와이 작전'을 중지해야 한다는 의견이 나오기도 했었다. 그렇지만 야마모토 사령관의 의지에 밀려 군령부도 결국 이 작전 계획에 동의하고 만다.

미드웨이 작전의 목적과 시나리오

미국과 전쟁을 시작한 이후 일본 해군은 거의 야마모토 사령관의 시나리오대로 움직였다. 진주만 기습 이후 다음 작전으로 거론된 것이 미드웨이 섬 공략*이었다. 처음 미드웨이 작전을 계획했을 때는, 미드웨이 섬을 공략해 미 항공모함(항모) 부대를 밖으로 유인하여 격파한다는 의도였다. 그러나 현재의 전력을 고려하면 일본군 연합함대로 미드웨이를 기습 점령하는 것도 가능하며, 점령 후 예상되는 미 항모 부대의 반격도 격멸할 수 있다고 판단했다. 그리고

** **공략(攻略)** : 적의 영토나 진지를 공격해서 빼앗음 - 역주

작전의 핵심이라고 할 수 있는 미드웨이 섬 상륙 예정일을 월령(月齡)과 기후를 고려해 1942년 6월 7일로 정했다.

미드웨이와 함께 알류샨도 동시에 공략하기로 하면서 이 작전에 연합함대의 전투 병력 거의 대부분을 동원했다. 그러다 보니 북태평양에서 중부태평양에 걸쳐 야마모토 사령관이 지휘하는 함정 약 200척과 항공기 700여기가 주력 부대와 공략 부대, 기동부대, 정찰 부대, 기지항공 부대, 북방 부대 등으로 나뉘어 태평양 전역에서 작전을 전개하였다. 함정의 톤수를 모두 합하면 150만 톤을 넘었고 승조원과 장병은 10만 명에 이르렀다.

이처럼 이 작전에는 많은 인원이 참가했다. 이 가운데 중추적인 역할을 담당했던 기동부대를 중심으로 분석하도록 한다. 기동부대라고 하면 흔히 항공모함을 중심으로 하는 부대를 일컫는다. 그러나 이 작전에서는 미드웨이 공격에 가담한 기동부대를 제1기동부대로, 한편 북방 부대 산하로 더치하버를 공격했던 제4항공전대의 소형 항공모함 2척을 중심으로 한 부대를 제2기동부대로 부른다. 물론 미드웨이 해전의 주역은 제1기동부대이다.

이 작전에서 연합함대 사령부는 전략적 기습을 할 수 있다는 판단 아래, 다음과 같은 시나리오를 구상했다.

먼저 나구모 제1항공함대 사령관의 지휘 아래 제1항공전대와 제2항공전대를 포함하는 항공모함 4척으로 구성된 제1기동부대는 N-2일, 즉 미드웨이 공략 2일 전인 6월 5일 미드웨이에서 북서쪽으

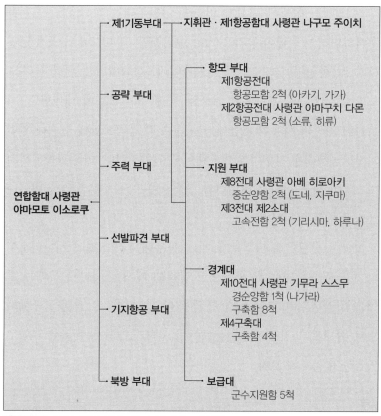

제1기동부대 ─── 지휘관 · 제1항공함대 사령관 나구모 주이치

제1기동부대 ─── 지휘관 · 제1항공함대 사령관 나구모 주이치

├ 항모 부대
│ 제1항공전대
│   항공모함 2척 (아카기, 가가)
│ 제2항공전대 사령관 야마구치 다몬
│   항공모함 2척 (소류, 히류)

├ 지원 부대
│ 제8전대 사령관 아베 히로아키
│   중순양함 2척 (도네, 지쿠마)
│ 제3전대 제2소대
│   고속전함 2척 (기리시마, 하루나)

├ 경계대
│ 제10전대 사령관 기무라 스스무
│   경순양함 1척 (나가라)
│   구축함 8척
│ 제4구축대
│   구축함 4척

└ 보급대
   군수지원함 5척

연합함대 사령관
야마모토 이소로쿠

├ 공략 부대
├ 주력 부대
├ 선발파견 부대
├ 기지항공 부대
└ 북방 부대

표 2-1 일본 해군 주요 참가 부대와 지휘관

로 250마일* 떨어진 곳에서 기습 공격을 감행해, 적 항공기와 기지 시설을 부숴 한때나마 사용불능 상태로 만든다. 상황을 봐서 같은 날 재공격을 실시한다. 그사이 항공기의 절반은 적 함대가 나타날 것을 대비해 항공모함에 남는다.

* **마일(nautical mile)** : 해상의 거리를 나타내는 단위. 해리(海里)라고들 표현한다. 1마일(nautical mile)은 1,852미터이다 – 역주

N-1일, 적 상황에 변화가 없다면 기동부대는 적 함대의 출현을 주시하면서 미드웨이 공격을 계속한다. N일, 즉 미드웨이 공격 당일까지 적 상황이 그대로라면 미드웨이 섬 상륙작전을 지원한 다음, 북쪽 약 400마일 부근까지 진출해 적 함대의 출현에 대비한다. 미드웨이 기지의 사용이 가능해지는 대로 각 항공모함에 탑재해 있던 기지항공부대용 전투기를 미드웨이로 이동시킨다. 이후 N+7일까지 미드웨이 부근 바다로 빠져나와, 7일 이후부터는 이 지역을 벗어나 트럭 섬으로 이동한다.

이상이 연합함대 사령부가 제1기동부대에 기대했던 시나리오이다. 이러한 시나리오를 바탕으로 작전을 개시한 제1기동부대는 무엇을 착각했으며 결국 어떤 결말에 이르렀는가. 그 과정을 구체적으로 살펴보기 전에 미 해군은 어떤 시나리오(작전 구상)를 가지고 있었는지 검토해 보자.

미 해군의 시나리오

미 해군의 대일(對日) 작전 기본 방침은, 주력 함대를 서태평양에 진출시켜 함대결전을 벌인다는 것이었다. 그러나 미 해군은 대서양과 태평양 두 곳을 동시에 지켜야 했고 또 개전 초기에 받은 하와이 기습의 피해가 컸기 때문에 태평양 방면으로는 작전을 적극적으로 전개할 수 없는 상태였다. 개전 후 대서양에서 돌아온 1척을 포함하더라도 단지 4척의 항공모함으로 버텨야 할 정도로 태평양 전선은 열악했다.

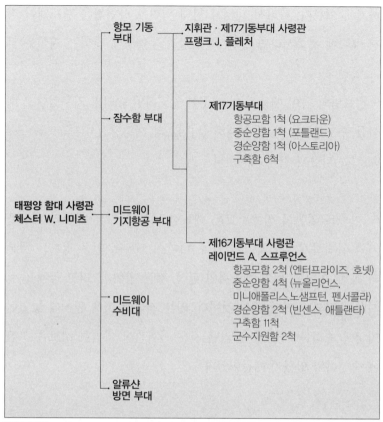

```
                    항모 기동      지휘관 · 제17기동부대 사령관
                    부대          프랭크 J. 플레처


                                  ┌─ 제17기동부대
                    잠수함 부대    │     항공모함 1척 (요크타운)
                                  │     중순양함 1척 (포틀랜드)
                                  │     경순양함 1척 (아스토리아)
                                  │     구축함 6척
태평양 함대 사령관   미드웨이
체스터 W. 니미츠     기지항공 부대
                                  └─ 제16기동부대 사령관
                                     레이먼드 A. 스프루언스
                                        항공모함 2척 (엔터프라이즈, 호넷)
                                        중순양함 4척 (뉴올리언스,
                    미드웨이                미니애폴리스,노샘프턴, 펜서콜라)
                    수비대                  경순양함 2척 (빈센스, 애틀랜타)
                                           구축함 11척
                                           군수지원함 2척

                    알류샨
                    방면 부대
```

표 2-2 미국 해군 주요 참가 부대와 지휘관

　한편 진주만 기습 후 일단 일본 본토에 모인 일본 해군은 전장이 태평양이라면 어디든지 적극 출동해 작전을 실시했다. 그러나 그 시기나 목적지를 판단할 수 있는 능력, 즉 정보력은 아직 불충분했다. 반면 미국은 상대적으로 수세에 몰렸으나, 유일한 강점이 있었으니 바로 암호 해독력이었다. 5월 26일 미 해군 정보국은 일본 해군이 이전부터 널리 쓰던 전략업무용 〈해군암호서D〉를 거의 해독하기에 이른다. 따라서 태평양 함대 니미츠 사령관은 미드웨이 작전 계획에 관해서라면 일본 측 함장과 부대장에 맞먹는 지식을 갖고 있었다.

정보량의 차이 때문에 미 해군이 압도적인 승리를 거두었다고 해석할 수도 있다. 이 점에 대해《니미츠의 태평양전사(The Great Sea War)》는 다음과 같이 지적한다.

"미국은 일본의 암호전보를 해독한 덕분에 일본 해군의 계획을 거의 완벽하게 파악하고 있었다. 니미츠 제독이 얻은 정보는 일본의 목적, 일본 부대의 개략적인 편성, 접근 방향, 그리고 공격을 실시할 대략의 날짜에 관한 것이다. 일본 전력에 비해 열세에 놓였던 미군이 승리를 거둘 수 있었던 것은 지휘관이 이러한 정보를 사전에 숙지하고 있었기 때문이었다."

미국에게 미드웨이는 태평양 방위의 거점으로 절대 뺏겨서는 안될 전략 요충지였다. 그렇기 때문에 니미츠 사령관은 지금까지 최하위였던 미드웨이의 보급을 최우선으로 설정하고 미드웨이 수비병력을 증강해 방어를 강화하길 꾀했다. 그러나 그 전력 자체는 아직 보잘것없었다.

또 해상 병력의 주요 전력인 항공모함도 절대 부족했다. 니미츠 사령관은 남태평양의 전 항모 부대에 귀환할 것을 명령했다. 그러나 제17기동부대의 항공모함 요크타운은 산호해 해전에서 손실을 입어 약 3개월 정도 수리를 받아야 했다. 따라서 니미츠 사령관이 동원할 수 있는 항공모함은 제16기동부대의 엔터프라이즈와 호넷 두 척 밖에 없었다. 당시 태평양에 주둔하고 있던 미 항공모함은 4척이었는데, 4번째 항공모함 사라토가는 미 서해안에서 훈련 중이었기 때문에 이 작전에 투입되지 못했다. 이처럼 니미츠가 운용할 수 있는 항모는 처음에는 2척에 불과했다. 그런데 요크타운의 긴급 보수가 3일 만에 이루어져 최종적으로 미드웨이 부근에 3척의 항모를 배치할 수 있게 되었다.

니미츠 사령관은 병력이 절대 부족하다고 판단, 주력 부대를 미드웨이 방면에 집중시켜 일본군을 격퇴하는 작전 계획을 수립했다. 암호 해독을 통해 입수한 일본군의 작전 계획 정보를 숙지한 상태에서 다음과 같은 시나리오를 짰다.

먼저, 일본군을 가능한 먼 거리에서 발견 포착해 미드웨이에 대한 일본 항모의 기습을 저지한다. 이를 위해 미드웨이로부터의 초계 수색을 엄중히 한다. 그리고 미드웨이에 대한 공습이 시작되기 전에 항공기로 일본군 항공모함을 격파해 공습을 미연에 방지한다. 항모 부대는 일본군의 비행 수색 범위를 벗어난 미드웨이 북동부 해상에 대기하고 있다가, 미드웨이에서 발진한 아군 초계기가 일본군 동정을 알아내는 즉시 진출해 일본군 항모 부대를 기습 공격한다.

니미츠 사령관은 사용 가능한 병력을 거의 대부분 모았지만, 숫자는 물론이거니와 그 숙련도에 있어서도 일본군과 상대가 되지 않았다. 그러나 모든 게 불리한 것만은 아니었다. 전장이 미 해군의 근

	미국 해군	일본 해군
항공모함	3	4
전 함	0	2
중순양함	5	2
경순양함	3	1
구 축 함	17	12
기 타	미드웨이 항공 기지	

표 2-3 참가 병력 비교(기동부대 대결에 국한)

거지였고, 미드웨이 섬이 가라앉지 않는 항공모함과 같은 존재였으며, 일본군의 작전 계획을 미리 알고 있었을 뿐 아니라 레이더 장비와 무선 통신 능력이 일본군보다 우수했기 때문에 이런 약점을 만회할 수 있었다.

● 해전의 경과

지금부터 기술할 해전의 경과는 1942년 6월 5일 미드웨이 북서 해역에서 벌어졌던 미일 기동부대의 대결에 초점을 맞출 것이다. 이 대결로 작전의 성패가 갈렸다. 참고로 일자와 시간은 일본 표준시를 따르며, 시간 표시는 '01시 30분'처럼 24시간 표기를 사용한다. 미드웨이는 이 일본 표준시보다 21시간이 늦으므로, 일본 표준시에서 하루를 뺀 후 3시간을 더하면 미드웨이 시간이 된다.

서막 – 수색 개시

제1기동부대는 6월 5일 01시 30분(일출 약 20분 전), 미드웨이 북서 약 210마일 부근에 도달해 항모의 상공경계기, 미드웨이 공격대(수평폭격기 36기, 급강하폭격기 36기, 전투기 36기 총 108기)를 발진시켰다. 동시에 적 항공모함의 출현에 대비해 정찰기도 보냈지만, 정찰기 중 일부(중순양함 도네에서 발진한 도네 4호기)는 출발이 약간 늦었다.

이때에도 나구모 사령관은 상황 판단에 변화가 없었으며, 적 항공모함이 미드웨이 부근에 숨어 대기하고 있다는 사실을 전혀 몰랐다. 그리고 연합함대 사령부가 지시한 대로 적 항공모함이 나타날 경우를 대비해 대기하고 있던 항공 전력을 미드웨이 제2차 공격에 투입할 예정이었다.

한편 거의 같은 시각, 제17기동부대의 프랭크 플레처 사령관도 항공모함 요크타운에서 정찰기를 발진시켰다. 이 날은 일본군 항모 부대의 미드웨이 공격이 예정되었던 날이었다. 또 미드웨이 기지도 일본군의 공격에 대비해 모든 준비를 완료했고, 미드웨이에서 발진한 항공기는 연일 광범위한 초계 임무를 수행하고 있었다.

정찰기로 상대 함대를 먼저 발견한 쪽은 미군이었다. 미드웨이에서 출발한 초계기는 02시 20분경에 일본군 항모를 발견했으며, 또 다른 초계기가 02시 40분경에 제1기동부대에서 발진한 일본군 미드웨이 공격대를 발견했다. 엎친 데 덮친 격으로, 미드웨이 기지에 설치된 레이더가 02시 53분, 일본군 대(大)편대를 발견해 미드웨이에 있던 모든 항공기가 발진한다.

제1기동부대와 미드웨이 항공 기지의 대결

미드웨이 상공에 도달한 일본군 공격대는 03시 30분경에 첫 폭탄을 투하해 약 30분간 계획대로 미드웨이 항공 기지를 공격했다. 기지의 항공 전력은 이미 출동한 상태였기 때문에 지상에는 병력이 거의 없었고 따라서 기지 시설만 피해를 입었다. 그러나 정작 활주로 등 주요 시설은 큰 피해를 입지 않아 공격대 지휘관이 04시 00분 제1기동부대에 2차 공격을 할 필요가 있다고 보고한다.

한편 미드웨이 기지에서 출격한 미군 항공 부대는 04시 05분에 일본군 제1기동부대의 상공에 도달해 차례대로 공격을 개시했다. 공격은 규모는 작았지만 간헐적으로 이루어져 05시 40분까지 약 1시간 30분 동안 계속되었다. 그러나 이 공격은 사전에 협의되지 않았기 때문에, 각 부대는 제멋대로 공격했다. 또한 탑승원들의 기량이 부족한 탓에 단 한 발의 폭탄이나 어뢰도 명중시키지 못했다. 오히려 일본군 제1기동부대가 제2차 공격용으로 대기하던 전투기를 대부분 발진시켜 방공 전투를 펼치는 바람에 미군의 공격기는 거의 대부분 격추되었다. 미군은 엄청난 피해를 입고 제2차 공격을 단념한다.

이처럼 미드웨이 기지의 항공 부대는 일본군 기동부대를 먼저 발견하는 유리한 입장에서 공격에 들어갔다. 그러나 공격은 아무런 성과를 거두지 못했으며 오히려 엄청난 피해를 입었다. 그런데 비록 공격은 실패했으나 1시간 30분 동안 일본군을 괴롭혔기 때문에 일본 측은 상공경계기를 연속 배치하지 못했고 공격 편대의 무장 전환 또한 늦어져, 결국 나구모 사령관은 전투 지휘에 어려움을 겪는다.

나구모 사령관의 의사 결정

미군의 공격이 계속된 1시간 30분 동안 나구모 사령관은 앞서 발진한 정찰기가 도착하기를 기다리고 있었다. 그러나 예정 시각 04시 15분이 지나도록 적 함대를 발견했다는 연락이 없었다. 사령관은 자신의 예상대로 미드웨이 부근에 미 함대가 없다는 판단을 내리고, 예정된 제2차 공격을 실시하려고 준비한다.

그런데 2차 공격을 위해 무장 전환 작업을 하고 있던 04시 28분, 뒤늦게 발진한 도네 4호기로부터 "적으로 보이는 물체를 발견했다"는 보고가 들어온다. 나구모 사령관은 다음 보고를 기다리면서 미 함대가 근처에 잠복하고 있는 것은 확실하며 아마도 항공모함을 포함하고 있을 것이라고 판단한다. 04시 45분, 그는 미드웨이에 대한 제2차 공격을 중지하며 대신 미 기동부대를 공격하기로 결정하고 미드웨이 육상 기지를 공습하려던 항공기의 무장을 함정공격용으로 급히 전환하고 정찰기에 항공모함을 계속 확인, 감시하라고 명령한다.

05시 20분, 정찰기가 적 함대에 항모로 보이는 함정 1척이 있다고 보고하여, 비로소 적 항모의 존재를 공식 확인한다. 나구모 사령관은 이때 두 기동부대 간의 거리는 약 210마일로 판단하였으며, 이는 항모 탑재기가 공격 가능한 거리였다. 기동부대의 항공결전 원칙을 따른다면 즉시 공격대를 출격시켜야만 한다. 그러나 미드웨이 기지에서 발진한 미군기의 간헐적인 공격은 1시간 30분 동안 계속되고 있었다. 물론 일본 함정의 피해는 거의 없고, 오히려 이쪽 항모에서 출격한 상공경계기(제로센)가 상대 항공기를 거의 격추시켰다. 그러나 제로센의 출격으로 공격대를 호위할 전투기가 부족하게 되었다. 또 공격대 항공기의 무장 전환도 완료되지 못한 상태였다. 엎친 데 덮친 격으로, 04시 50분경부터 앞서 발진했던 미드웨이 공격대가 일본군 항모 상공으로 귀환하고 있었다.

제1기동부대 사령부는 딜레마에 빠졌다. 내용인즉 "(미 항공모함을 공격할) 공격대 발진을 서둘러 항공기들을 비행갑판 위에 대기시키면, 돌아오는 미드웨이 공격대의 항공모함 착함이 늦어져 연료 부족으로 해상에 불시착할 수도 있다. 그렇다고 미드웨이 공격대를 수용한 후, 적 기동부대에 대한 공격대를 준비한다면 발진이 크게 늦어진다"는 것이다.

이처럼 1분 1초가 아까운 긴급 상황에서 야마구치 제2항공전대 사령관은, 바로 발진 준비할 수 있는 제2항공전대의 함상폭격대를 먼저 발진시키면 어떻겠느냐고 의견을 제시한다. 그러나 나구모 사령관은 이를 받아들이지 않는다.

제1항공함대 사령부의 항공 작전 개념에 큰 영향력을 행사했다고 알려진 하라타 항공참모는 당시 상황을 다음과 같이 회상한다.

"도상연습(圖上練習)'이라면 무조건 제2차 공격대를 우선시켰을 것이다. 그러나 실전은 장기판에서 말을 옮기는 것과 다르다. 피를 나눈 전우를 움직이는 것이다. …… 오랫동안 고락을 함께 해 온 전우에게 '연료가 떨어지면 바다에 불시착해 아군 함정의 구조를 기다려라'는 명령은 도저히 내릴 수 없었다."

하라타 참모는 그때까지의 미군기 공격 수준을 봤을 때, 아군의 공격대 발진이 늦어지더라도 큰 무리는 없을 것이라고 판단했다. 즉 준비가 지연되는 사이 적 항모 탑재기의 공격을 받더라도 충분히 격퇴할 수 있을 것으로 보았다. 그는 또 정찰기가 보고한 적 항모의 위치를 감안하면 적기의 공격까지는 아직 시간적으로 여유가 있다고 판단, 미드웨이 공격대를 먼저 수용한 후 제2차 공격대를 발진시켜야 한다고 진언한다. 나구모 사령관은 이 의견을 받아들인다.

즉 항모 상공으로 귀환한 미드웨이 공격대의 연료와 피해 등을 생각해 먼저 이들을 수용한 후, 미 항모를 타격할 공격대를 제대로 갖추고 호위전투기의 호위를 충분이 받아 단번에 적 항모 부대를 격멸한다는 방침을 세웠다. 그리고 이 준비가 완료될 동안 기동부대를 북쪽으로 북상시켜 미 기동부대와의 거리를 좁히도록 했다.

---

* **도상연습(圖上練習)** : 지도 위에서 하는 전쟁 시뮬레이션 - 역주

플레처와 스프루언스의 의사 결정

　미 항모 부대의 지휘관 플레처 제17기동부대 사령관은, 앞에서 언급한 대로 일본군과 거의 같은 시각에 정찰기를 발진시켰다. 곧 일본군 기동부대가 당초 예상한 대로 움직이고 있다는 것이 밝혀지자, 03시 07분에 제16기동부대 레이먼드 스프루언스 사령관에게 서쪽으로 진출해 일본군 항모의 위치를 확인하는 대로 공격하라고 명령한다.

　명령을 받은 스프루언스는 공격대의 항속 능력을 고려해 일본군 기동부대와의 거리를 좁힌 후 공격대를 발진시키려고 생각했다. 또한 이 시점까지 일본군 항공모함 2척을 발견했다는 보고가 있었지만, 정보 보고의 4척보다 적었기 때문에 아직 2척이 더 있을 것이라고 생각해, 여기에 대비해 병력을 남겨두려고 했다.

　그러나 결국 스프루언스는 약 1시간 동안 일본군 기동부대에 접근한 후, 04시 00분, 자신의 지휘 아래에 있던 제16기동부대의 항모 호넷과 엔터프라이즈에서 공격대를 발진시켜 전력으로 공격하기로 결심한다. 항공모함은 비행갑판의 면적이 좁기 때문에 이함과 착함에 많은 시간이 걸리며, 게다가 탑재기를 한꺼번에 발진시키는 것은 불가능하다. 제1차 발진과 제2차 발진까지는 적어도 1시간은 걸리기 때문에 항속 거리에 여유가 있는 항공기를 먼저 출격시켜 상공에 대기하도록 한 뒤, 다음 발진을 준비하고 준비 완료 후 발진시켜 각 항모에서 발진한 공격대가 상공에서 만나 함께 진격한다는 시나리오였다. 그렇게 목표에 도달하면, 전투기 편대가 일본 함대

위에 떠 있는 상공경계기를 공격하는 사이 급강하폭격기 부대가 상공에서 공격하고, 동시에 뇌격기* 부대가 바닷물에 닿을 듯이 낮게 날아 공격한다. 바로 이것이 스프루언스의 판단과 계획이었다.

그런데 04시 28분, 엔터프라이즈의 레이더가 남쪽 방향에 일본군 정찰기로 보이는 물체를 포착한다(이 물체는 제1기동부대에서 발진한 정찰기 중 늦게 발진한 도네4호기가 틀림없다. 앞서 기술한 바와 같이, 도네4호기도 거의 같은 시각에 "적으로 보이는 물체를 발견했다"고 보고했기 때문이다). 스프루언스는 일본군 기동부대를 바로 공격해야 한다고 판단한다. 그는 모든 전력을 모아 협동 공격하는 것을 단념하고 우선 하늘에 떠 있는 공격 편대부터 순서대로 투입한다는 명령을 내린다.

한편 플레처 지휘하의 제17기동부대의 항공모함 요크타운은 정찰나간 정찰기가 돌아온 뒤 제16기동부대의 뒤를 따랐다. 플레처 사령관은 미처 발견하지 못한 일본 항모가 있을 경우를 대비해 요크타운의 항공기는 남겨두었다. 그러나 이미 발견한 일본 항모를 공격하기로 결심하고, 05시 38분, 요크타운에서 공격대를 발진시켰다. 만일의 사태에 대비해 폭격기 부대 절반은 남겨둔다.

----

* **뇌격기(雷擊機, torpedo plane)** : 바닷물에 닿을 듯 낮게 날아 어뢰를 떨어뜨려 공격하는 비행기 - 역주

가가, 아카기, 소류의 피해

제1기동부대의 미드웨이 공격대와 상공경계기 가운데 절반 정도가 각각의 항공모함에 성공적으로 착함하고 있던 06시 18분경, 미기동부대로부터 출격한 공격대가 제1기동부대 상공에 도달한다. 호넷의 뇌격기 부대가 제일 먼저 목표를 발견하였고, 뒤이어 엔터프라이즈의 뇌격기 부대가 일본군 기동부대를 발견해, 곧바로 공격에 들어갔다.

미 항공기의 공격은 일본 측의 예상보다 훨씬 빨랐다. 게다가 많은 항공기를 수용하느라 항공모함이 혼잡한, 일본군으로서는 그야말로 최악의 타이밍에 공격을 받게 되었다. 그렇지만 일본군은 앞서 미드웨이 기지에서 출격했던 미군기의 공격 때와 마찬가지로 이번에도 방공 전투를 훌륭하게 치러 결국 미군기 대부분이 격추된다. 미 항공모함기의 공격은 07시 00분경 일시 멈춘 후 다시 시작되었지만, 상공경계기의 활약과 미군의 기량 부족 때문에 또다시 많은 미군기가 격추된다. 게다가 적절한 회피기동으로 항공모함은 거의 피해를 입지 않았다.

이처럼 미 기동부대에서 발진한 공격대는 모든 전력이 협동해 공격하는 게 아니라, 저공의 저속 뇌격기 부대가 단독으로 뿔뿔이 흩어져서 공격하는 상황이었다. 그랬기 때문일까? 단 1발의 어뢰도 명중하지 않았고, 오히려 미군 측은 거의 전멸에 가까운 손실을 입었다. 그렇지만 이 뇌격기 부대의 공격으로 일본군은 온통 저(低)고도에 집중하였고, 그 결과 뒤늦게 출격한 미군 폭격기 부대의 기습

이 성공을 거두게 된다.

07시 23분경 제1기동부대의 각 항공모함은 미 뇌격기 부대의 공격에 대처하려고 회피기동에 들어갔고, 또 상공경계기들도 대부분 고도를 낮추어 날고 있었다. 그런데 이때 난데없이 고(高)고도에서 미 항모의 급강하폭격기들이 접근해 왔다. 이 폭격기들은 엔터프라이즈에서 발진했는데, 뇌격기 부대와 거의 같은 시간에 출격했음에도 불구하고 항로를 잘못 읽어 지금에서야 목표물 상공에 도착한 것이다. 당초 엔터프라이즈의 폭격기 부대는 목표로 했던 남쪽 진격 항로가 어긋나는 바람에 길을 헤매게 되었고, 끝내 연료가 부족해 수색을 포기하고 돌아가는 중이었다. 그러던 것이 우연찮게 제1기동부대를 발견한 것이다. 일본군으로서는 설상가상이었다. 엔터프라이즈의 폭격기 부대보다 1시간 늦게 출발한 요크타운의 폭격기 부대가 이 공격에 합류하게 되어, 일본군 제1기동부대의 항공모함 가가와 아카기, 소류는 급강하 기습폭격 공격을 받게 된다.

구체적으로 기술하면, 07시 23분경 가가가 9기의 공격을 받아 4발 명중, 그리고 07시 24분경 아카기가 3기 공격에 2발 명중, 소류는 12기 공격에 3발 명중의 피해를 입어 모두 엄청난 화염에 휩싸였다. 왜냐하면 마침 일본군의 각 항공모함은 공격준비 상태로 탑재완료 또는 탑재 중이던 무기와 어뢰, 탄약, 연료가 가득했기 때문이었다. 이 최악의 피해로 제1기동부대는 4척 중 3척의 항모를 잃었다.

미 항모 기동부대가 거둔 엄청난 전과는 당초 계획된 시나리오에 따라 작전을 실시해 얻은 결과가 아니다. 여기에는 갖가지 착오와 우연이 겹쳤다. 호넷, 엔터프라이즈, 요크타운에서 발진한 각 부대는 뿔뿔이 흩어진 채 목표를 향했으나, 뇌격기 공격과 폭격기 공격이 연속해서 이루어졌고, 더구나 엔터프라이즈와 요크타운에서 발진한 폭격기들이 마치 협동작전을 펼치듯이 동시에 급강하폭격을 하게 되는 의도치 않은 결과를 낳았던 것이다. 그러나 이것이 우연 또는 의도치 않은 결과라 할지라도 스프루언스의 공적을 무시할 수 없다. 즉 모든 항공기를 동원해 전력으로 공격하기로 결정했던 스프루언스의 결단이 큰 전과로 이어진 것이다. 또 이런 과감한 결정은, 일본 측이 의사 결정을 주저했던 것과 상당한 대조를 이룬다. 한편 호넷에서 발진한 폭격기와 전투기 부대는 이 공격에서 일본군 기동부대를 발견하지 못했다. 또한 미군도 엄청난 항공기 피해를 입었는데 특히 뇌격기는 거의 전멸했다.

야마구치 사령관의 의사 결정

일본군 제1기동부대의 기함이었던 아카기가 폭격을 받아 불길에 휩싸이자, 나구모 사령관은 기함을 경순양함 나가라로 바꾸고, 08시 30분 지휘권의 소재를 알리는 장기(將旗)를 내건다. 이때 제1기동부대 항공모함 중에 유일하게 피해를 입지 않은 히류가 반격을 시작한다. 히류의 야마구치 제2항공전대 사령관은 상급 지휘관의 명령을 기다리지 않고 독단으로 미 항공모함을 공격하기로 결정했다. 즉 07시 50분에 "현 시각부터 모든 항공기를 발진시켜 적 항모를 격멸할 것임"이라고 상부에 보고하고, 거리를 좁히기 위해 미 기동부대에 접근하고 있었다.

야마구치 사령관은 발진 준비를 마친 함상 폭격기 부대만으로 공격하기로 마음먹고, 나머지 전투기는 모두 폭격기 부대를 호위하도록 지시했다. 그리고 07시 58분에 제1차 공격대가 발진한다. 야마구치 사령관은 일본군을 기습한 폭격기 숫자를 봤을 때 미 항공모함은 2척 정도라고 판단했다. 그는 일단 위치가 확인된 미 항공모함의 공격대가 귀환하는 순간을 노려 공격할 생각이었다. 즉 미 기동부대의 제2차 공격전의 준비 단계라는 절호의 기회를 살리려고 했던 것이다.

일본 항모 공격을 마친 공격대는 속속들이 요크타운으로 귀환하고 있었다. 그와 때를 같이 하여 요크타운의 레이더는 08시 52분 엄청난 수의 히류 제1차 공격대를 발견했다. 히류에서 출발한 폭격기 부대는 09시 00분경 요크타운 상공에 도달해 09시 08분부터 09시 12분까지 공격을 실시했다. 전투기끼리의 공중전과 대공포 포화 속에서도 8기가 공격에 성공해, 그 중 3발이 명중하면서 요크타운은 불바다가 된다. 요크타운이 폭격을 받아 불길에 휩싸이자, 10시 24분경 제17기동부대의 플레처 사령관은, 기함을 경순양함 아스토리아로 바꾼다. 그러나 히류 공격대가 입은 피해도 만만치 않았다.

제1차 공격대를 발진시킨 후, 히류는 바로 제2차 공격을 준비하고 있었다. 그 와중에 제1차 공격대의 전과가 알려졌고 동시에 정찰기로부터 또 다른 미 항모 기동부대를 발견했다는 보고가 들어왔다 (09시 20분). 야마구치 사령관은 새롭게 발견한 미 항공모함을 제2

차 공격 대상으로 삼고 사용 가능한 모든 병력을 동원해 10시 31분 제2차 공격대를 발진시켰다. 그 후 제1차 공격대가 히류로 돌아오지만, 그 숫자는 발진했을 때의 3분의 1에 불과했다.

소수의 함상공격기(어뢰장착)를 중심으로 한 제2차 공격대는 히류를 출격해 목표를 향하던 도중 미 항모를 발견하게 된다. 그런데 이 항공모함은 겉보기에 아무런 문제가 없었다. 설마 제1차 공격대가 공격한 요크타운일 줄은 아무도 몰랐다. 그러나 이 항모가 대화재를 입었던 그 요크타운이었다. 요크타운은 피격 직후 화재 진화와 긴급 보수에 전력을 다해 2시간도 채 걸리지 않은 11시 02분에 운항이 가능할 정도로 회복되었다.

요크타운은 항공 대형을 정비한 후 상공경계기를 발진시켰다. 이번에는 동쪽 방향의 제16기동부대 방공전투기도 가세했다. 히류의 제2차 공격대는 전투기끼리의 공중전과 대공포 포화 속에서도 저공공격에 성공해, 11시 45분경 어뢰 2발을 명중시켰다. 요크타운은 이 공격으로 인해 주기관 계통이 복구불가 상태에 빠져, 결국 11시 55분 모든 승조원에게 퇴함을 명령한다.

제2차 공격대를 발진시킨 직후, 일본 측은 정찰기 등을 통해 미 항공모함은 모두 3척이라고 파악한 상태였다. 따라서 나구모 사령관은 히류의 반격으로 미 항모는 이제 1척만 남았다고 판단하였다. 즉 같은 항모를 2번 공격했다는 사실을 몰랐기 때문에 미 항모 3척 중 2척이 전투불능 상태에 빠졌다고 생각한 것이다.

이때부터 미군은 반격을 시작한다. 제17기동부대 플레처 사령관은 기습 공격으로 일본 항모 3척에 큰 피해를 입히는 전과를 올린 후에도 여전히 제4의 일본 항모 히류의 위치를 파악하지 못하고 있었다. 이 때문에 요크타운이 히류의 제1차 공격을 받아 기함을 아스토리아로 바꾼 뒤에도, 플레처는 정찰기를 발진시켜 남은 제4의 항모를 계속 수색했다.

그러던 차에 히류의 제2차 공격을 받고 있던 11시 30분경, 플레처 사령관은 일본 항모를 발견했다는 요크타운 정찰기의 보고를 받는다. 자신의 항모 요크타운을 잃은 플레처는 이후 작전 지휘권을 제16기동부대의 스프루언스 사령관에 넘겼다. 스프루언스는 즉시 모든 병력을 동원해 남은 1척의 일본 항모를 공격할 것을 결심하고, 12시 30분에 엔터프라이즈, 그리고 13시 03분에 호넷으로부터 제2차 공격대의 발진을 명한다.

한편 이런 상황을 전혀 모른 채 요크타운을 2번이나 공격한 히류의 제2차 공격대는 12시 45분 귀환한다. 제2차 공격대가 받은 피해는 컸지만, 미 항모가 3척이라는 정보를 갖고 있던 야마구치 사령관은 남은 제3의 항모에 대한 제3차 공격 준비에 돌입했다.

그러나 일본 공격대가 입은 피해는 예상보다 컸다. 제3의 항모를 공격하기 위한 제3차 공격대를 편성할 만큼 병력이 충분치 못했다. 야마구치 사령관은 지금까지 받았던 미군의 공중전이나 대공포 공격을 봤을 때, 이런 빈약한 병력으로는 공격이 성공하기 힘들다고 판단했다. 그래서 소수의 병력으로 확실한 전과를 거두기 위해 해 질 무렵까지 기다리기로 한다.

폐막 – 모든 항공모함의 상실과 작전 중지

엔터프라이즈와 호넷에서 발진한 공격대는 13시 45분경 히류를 발견한다. 이때 일본 해군 제1기동부대는 유일하게 남은 항모 히류를 중심으로 윤형진(輪形陣)*을 구축, 엄중한 대공 경계 아래 해질 무렵의 총공격을 준비하고 있었다. 히류의 제3차 공격대는 15시 00분경 발진할 예정이었으며, 출격까지 1시간 정도가 남아 있었다.

일본 측은 미 항공모함의 기습 공격을 예상해 상공경계기를 발진시켰다. 그러나 상공경계기는 소용이 없었다. 미 폭격기 부대가 태양을 등지고 나타나 14시 03분에 4발의 폭탄을 명중시킨다. 히류는 화염에 휩싸이고 비행갑판은 사용불능 상태에 빠진다.

이때부터 일본 해군 제1기동부대는 함대 · 항공결전의 주역인 항공모함 4척이 전부 전투불능 상태에 빠지게 되어 사실상 작전 수행 능력을 잃어버린다. 한편 앞서 피격 받아 전투가 불가능해진 항모 3척 중 2척인 소류와 가가는 16시 10분경, 16시 25분경에 차례로 침몰했다.

이후 야마모토 연합함대 사령관은 야간 전투를 벌여 미드웨이 공격의 목적을 달성하는 것도 검토했다. 그러나 끝내 병력을 모두 모아 전장을 벗어나기로 결심한다. 23시 55분 모든 부대에 미드웨이 공략 작전의 중지가 알려졌다.

한편 아카기와 히류는 다음 날 처분되었다. 아카기는 동료 구축

---

* **윤형진(輪形陣)** : 항공모함이나 전함을 중심에 두고 주위에 순양함이나 구축함을 배치하는 형태 – 역주

	미국 해군	일본 해군
항공모함	1	4
경순양함	0	1
구축함	0	0
항공기	147	약 300
기 타	미드웨이 항공 기지 육상 시설 파괴	

표 2-4 양측 피해

함이 발사한 어뢰로 6일 02시 00분에 침몰, 히류도 같은 방식으로 6일 02시 10분에 침몰되었다. 한편 요크타운은 모든 승조원이 퇴함한 뒤, 7일 하와이로 인양되던 중에 일본군 잠수함의 어뢰 공격을 받아 침몰하기 시작해, 8일 밤 완전히 자취를 감추었다.

분 석

교훈과 착오

전투란 착오의 연속으로, 착오를 적게 저지른 쪽이 좋은 결과를 얻는다. 전투라는 게임에 참가하는 선수는 앞으로 직면하게 될 상황을 미리 알 수 없다. 상대가 어떤 행동으로 나올 것인지, 이에 대한 우리 대응책이 어떤 결과를 가져올 것인지 확실하게 예측하는 것은 불가능하다. 이처럼 불확실한 상황 때문에 게임의 참가자는 착오의 연속에 직면하게 된다.

게임은 각 주체의 의도가 대립하고 엉키는 장소이다. 전쟁은 조직으로서의 국가가 각각의 의사를 때로는 대립시키고 때로는 씨줄날줄로 엮어 생존을 모색해 가는 투쟁이다. 또 전투는 전투 부대라는 조직의 주체적 의사, 즉 작전 목적(전략)과 그 수행(조직 과정)의 경합이라고 말할 수 있다. 따라서 전장의 계속되는 착오에 직면한 전투 부대는 '어떠한 컨틴전시 플랜*을 가지고 있는가'와 '그 작전 수행에 있어 당초의 기획(계획)과 실제 결과 사이의 차이를 얼마만큼 줄일 수 있느냐'로 성패가 갈라진다. 즉 작전 계획의 입안과 그 달성 과정에서 어느 쪽이 착오를 적게 하는지가 핵심 요소로 작용한다.

전투의 결과는 보통 승리와 패배라는 모습을 띤다. 승패는, 특정 지역의 공략, 상대 병력의 섬멸, 또는 상대방 의도의 저지 등 자신들이 세운 주체적 기획(작전 목적)을 얼마나 달성했는지에 따라 판가름된다. 미드웨이 해전의 경우, 일본 해군 연합함대의 작전 목적은 미드웨이 공략과 미 항모 부대의 섬멸이었으며, 미 해군 태평양 함대의 작전 목적은 이러한 일본 해군의 기획을 저지하는 것이었다. 결과적으로 미 해군은 목적을 달성했고, 일본 해군은 실패했다.

승패의 귀추는 다양한 각도에서 설명할 수 있다. 예를 들어 개선 장군이 겸손하게 말하는 '운'이라는 단어는, 승리의 원인을 인간의 주체적 의사를 초월한 것에서 찾으려는 것으로, 이런 진중하면서 겸손한 표현은 때로 많은 사람들의 공감을 불러일으킨다.

---

* **컨틴전시 플랜(contingency plan)** : 돌발 상황에 봉착했을 때 효율적으로 대응할 수 있는 계획 – 역주

그러나 이런 운명론의 세계에서 벗어나 인간의 주체적 의사나 행동으로 사회현상을 설명하려 하고, '만약 그때 이렇게 했더라면' 하는 가정을 허용한 채로 역사적 사건을 인간 행동의 주체적 의사 결정의 귀결 또는 일련의 의사 결정의 집적이라고 본다면, 미드웨이 해전에서의 일본군의 실패는 몇 가지 착오로 설명할 수 있을 것이다.

두말할 필요 없이 이러한 접근법은 나중에 얻은 지혜, 즉 결과론의 한계를 극복할 수 없다. 어떠한 행동(의사 결정)이 착오인지 아닌지는 사후에 모든 것이 밝혀진 뒤에나 알 수 있으며, 이렇게 시행착오를 거쳐 비로소 하나의 교훈을 얻을 수 있기 때문이다. 또 착오라는 것 자체가 항상 조직에 실패를 가져오는 것도 아니다. 역으로, 착오 때문에 조직이 의도하지 않은 성공을 거두기도 한다.

일본군이 미드웨이 해전에서 완패한 이유로 전략과 병력 정비, 작전 계획의 수립과 그 실시(전술) 등 수많은 요인을 들 수 있다. 그리고 각 요인에서 저지른 착오가 최종 결과에 미친 영향도 제각기 다르다.

가령 연합함대 사령부는, 미 해군이 일본군의 암호를 해독했다는 사실을 모르고 있었다. 그러나 아무리 이를 모른 채 전략적 기습을 계획했더라도 작전 계획의 실시 단계에서 어느 정도 이 착오를 보완할 수 있었을지 모른다. 다시 말해 암호 해독 때문에 일본 측 작전 계획이 전부 노출되었더라도 제1기동부대가 수색을 신중히 하고 경계를 엄중히 했더라면, 그리고 기습 대응책을 용의주도하게 준비해 항공 작전을 적절하게 진행했더라면, 암호해독 건은 그렇게 치명적인 결함이 되지 않았을지도 모른다. 왜냐하면 숙련도와 사기, 항공기의 성능 등에 있어서 당시 세계 최강이라고 불렸던 제1기동부대의 실력을 감안한다면, 오히려 미 해군 기동부대를 유인하는 바람직한 결과를 이끌어낼 수도 있었기 때문이다.

이처럼 수많은 착오가 최종 결과를 만드는 데 얼마나 공헌했는지 가리기 위해서 다양한 해석을 제시할 수 있다. 그러나 논의를 복잡하게 만들지 않기 위해 잘잘못을 따지는 순위 매김은 하지 않을 것이다. 여기서는 미일 양군을 비교했을 때 현저하게 차이나는 요인에 주목하여, 이를 대략 세 가지 차원에서 정리해 보고자 한다. 첫 번째로 이 작전의 목적과 그 계획을 입안한 연합함대 사령부의 차원(전략), 두 번째로 그 작전 계획을 실제 수행한 제1기동부대의 차원(조직 과정), 끝으로 이들 전략, 전술의 방향을 제시하거나 제약하는, 일본 해군이라는 조직 전체를 지배하는 전략, 용병사상의 차원이다.

(1) 연합함대 사령부의 착오

불분명한 목적과 철저하지 못한 지시

미드웨이 작전은 개전 초기의 하와이 작전과 마찬가지로 야마모토 연합함대 사령관의 항공결전사상의 산물이었다. 이 사상은 1905

년 쓰시마 해협에서 러시아 함대와 벌인 해전에서 대승을 거둔 후 일본 해군이 줄곧 추구해 온 "적을 하나씩 제거해 줄여나간다"는 점감요격의 함대결전사상과는 전혀 달랐다. 일본 해군이 미드웨이 작전에서 노리고 있던 것은 진주만 기습처럼 미 태평양 함대의 항공모함들을 모조리 격파하는 것이었다. 그러나 미 항공모함을 격파하기 위해서는 먼저 미 항모들을 유인할 필요가 있었다. 즉 이 작전의 진짜 목적은 미드웨이의 점령이 아니라 이 섬을 공격함으로써 미 항공모함을 유인하여 항공결전으로 끌어들인 다음 단번에 격파하는 것이었다. 하지만 야마모토는 이러한 유인격멸작전의 목적과 구상을 제1기동부대의 나구모에게 충분히 설명하지 않았다. 훗날 작전 목적이 서로 달랐다고 비판받는 부분이 바로 이 점이다. 설명을 듣지 못한 것은 나구모 뿐이 아니었다. 군령부는 물론 연합함대의 참모진도 작전의 목적과 구상에 대해 충분히 듣지 못했다. 이런 이유로 야마모토를 제외한 일본군은 이 작전의 주목적을 미드웨이 점령으로 여기고 있었다. 야마모토가 작전의 밑그림을 제1기동부대에 철저하게 전달하지 않은 관계로, 제1기동부대는 미드웨이를 공격하는 동안에는 미 기동부대가 나타나지 않을 것이며, 설령 나타난다 하더라도 미드웨이 점령 이후일 것이라고 지레 짐작하고 만다. 반면 미군의 니미츠는 상황에 따라서 미드웨이를 일본군에 잠시 빼앗긴다고 하더라도 미 기동부대(항공모함)를 보전하는 것이 훨씬 중요하다고 생각했다. 그리고 "항모 이외에는 되풀이해서 공격하지 말라"고 반복해서 명령했다. 니미츠는 하와이에서도 스프루언스와 주거를 같이 하는 등 일상생활에서도 정보, 가치, 작전 구상을 부하와 적극 공유했다고 한다. 이에 비해 야마모토와 나구모 사이에는 이런 노력과 배려의 흔적이 없었다.

정보의 경시와 기습 대처 부족

미 항공모함의 유인격멸을 노렸던 미드웨이 작전의 두드러진 특징은 기습의 요소가 실제 작전 실시의 단계에서 사라져버릴 가능성을 내포하고 있었다는 점이었다. 미드웨이 공격의 목적은 미 태평양 함대 항공모함을 유인하는 것이었다. 따라서 일본군의 공격을 미군이 알아차려야 한다. 즉 미 함대가 출격 결정을 내린 단계에서부터는 기습의 요소가 크게 줄어든 감이 없지 않다. 기습은 갖가지 차원과 규모에서 벌어지는 전투에서 항상 추구해야 할 대원칙이다. 그런데도 불구하고 작전 실시 도중에 기습의 가치가 줄어드는 것을 전제로 작전을 구상할 때는 이미 상당한 위험이 따른다는 것을 충분히 예측할 수 있다. 과연 당시의 일본 해군은 이 중요한 작전의 위험을 충분히 자각하고 있었던 것일까? 미드웨이 해전의 이런 특징을 자각했더라면, 작전 준비 단계에서 작전 보안에 세심한 주의를 기울이는 한편, 실시 단계에서는 정보를 용의주도하게 수집하고 경계 태세를 엄격하게 확립하며, 미군 측의 역습에 대처할 반격 전력을 준비해 두는 조치를 취해야만 했다. 미 항공모함을 끌어내는 것은, 거꾸로 생각한다면 이쪽의 위치를 노출해 버릴 가능성이 높으며 당연히 역습당할 확률도 크다는 것을 미리 예측하지 않으면 안

되었다. 그런데 그간의 해전에서 대승리를 거두었던 일본군 연합함대는 교만에 빠져 있었던 탓인지 몰라도, 이런 가능성을 충분히 고려하지 않았으며, 나구모는 미드웨이 공격 이후에나 미 항공모함이 출격할 것이라는 선입관에 빠져있었다.

모순된 함대 편성

미드웨이 작전의 목적인 미 항공모함의 유인격멸은 야마모토의 항공결전사상에 기반을 둔 것이다. 그러나 정작 작전 부대는 종래의 함대결전사상에서 유래한 점감요격 작전을 전제로 편성되어 애초부터 커다란 모순을 안고 있었다. 야마모토의 의도를 살리려면 항공모함을 골자로 하는 기동부대 중심으로 편성해야 했다. 그러나 앞에서 기술한 바와 같이, 연합함대 사령부 내부에서조차 야마모토의 진짜 노림수를 제대로 파악하지 못했다는 사실이 여기에 잘 나타난다. 작전 목적에 동떨어진 이 함대 편성은 병력 운용 사상에 혼란이 있다는 것을 상징적으로 드러낸다. 당시 일본 해군 연합함대는 전력과 장병들의 숙련도 등에서 미 태평양 함대보다 우위에 있었지만, 모순된 함대 편성 때문에 그 장점을 살리지 못했다. 이에 비해 미 태평양 함대 니미츠 사령관은 소수의 전력을 미드웨이로 집중시켰기 때문에, 기동부대 간의 대결만 놓고 본다면 그렇게 열세라고도 할 수 없었다.

사령관의 출동

또 야마모토 연합함대 사령관 자신이 직접 주력 부대를 이끌고 출동하는 바람에 오히려 적절한 작전 지휘가 이루어지지 못했으며, 기습 공격을 기획했기 때문에 주력 부대의 기함(전함 야마토)조차 무선 침묵 상태였다. 이 때문에 미드웨이 해전 당일 제1기동부대와 꽤 떨어진 후방에서 주력 부대를 통솔하고 있었던 야마모토 사령관이 중요한 장면에서 제1기동부대에 적절한 작전 지휘를 내리지 못하는 상황이 발생했다. 일본군과 마찬가지로 기습을 기획했던 미 기동부대 역시 무선을 침묵하고 있었으나, 니미츠는 직접 출동하지 않은 채 하와이에서 작전을 지휘했다.

(2) 제1기동부대의 착오

수색의 실패

제1기동부대가 작전 수행 과정에서 저지른 착오로는 먼저 수색의 실패를 들 수 있다. 전투 개시 직전에 벌인 미 기동부대에 대한 수색 계획과 행동은 신중치 못했다. 미일 기동부대는 거의 같은 시각에 정찰기를 발진시켰음에도 일본 측은 정찰기 발진이 지연되고 당초 예정한 수색 코스를 벗어났다. 또 항공모함 발견 위치를 오인하거나 보고조차 제대로 하지 못하는 등 미군 측에 비해 여러모로 뒤떨어지는 모습을 보였다.

항공 작전 지휘의 실패

그러나 무엇보다도 가장 큰 착오는, 미 항공모함이 미드웨이 부근에 존재하지 않는다는 선입관을 가진 것이다. 그리고 기습에 대처할 예비 전력을 준비하지 않은 채 4척의 항공모함을 모두 동원해 미드웨이를 공격했다. 미 기동부대의 존재 가능성에 대비해 적절한 항공 전력을 준비시켜 놓아야만 했다. 또 미 항모의 존재를 확인했다면 호위 전투기가 없다고 할지라도 즉시 공격대를 발진시켜야만 했다. 항공결전에서는 선제기습이 대원칙이기 때문이다. 이 타이밍을 놓치는 바람에 되돌릴 수 없는 비참한 결과를 맞보게 된 것이다. 이처럼 나구모 사령관의 항공 작전 지휘는 플레처와 스프루언스 두 사령관의 지휘와 비교했을 때 극히 대조적이었다고 말할 수 있다.

이런 착오와 과실은 결국 미드웨이 작전의 목적과 그 구상에 대해서 충분히 이해하지 못했기 때문에 발생했다.

(3) 일본 해군의 전략, 용병사상

근대전에서 정보의 중요성을 인식하지 못했다

미 해군 정보국은 부단한 노력으로 일본 해군의 암호를 해독하는데 성공했다. 이에 비해 일본 해군은 미 해군 암호를 해독하지 못한채 통신 해석을 중심으로 상황을 판단했다. 정보 수집력의 부족을다른 것으로 보완할 수 있다고 본 것일까. 또 전장의 정보 수집에 필요한 성능 좋은 정찰기 개발도 늦어 성능이 낮은 다른 기종을 오랫동안 사용했다. 나아가 레이더에 있어서도 개전 시에는 미일 간의 차이가 크지 않았지만, 그 후 실용화에 기울인 노력에는 현저한 차이가 있었다.

공격력 편중의 전략과 용병사상

정보를 중시하지 않는 이런 자세는 공격력을 중시하는 사고에 그 원인이 있다고 보인다. 일본 해군은 함대끼리의 결전을 전투의 핵심으로 여겼고, 무엇보다 공격력 극대화를 중시해 공격 기술은 갈수록 진보를 거듭했다. 그러나 병력 및 훈련용 연료 등의 부족으로 공격력을 발휘하는 데 전제가 되는 정보 수집과 수색, 정찰, 보고, 후방 지원 등을 배려할 여유가 없었을 뿐 아니라, 연구나 훈련 등도 충분치 못했다.

방어의 중요성에 대한 인식 부족

또 공격력 중시는 방어가 중요하다는 것을 인식하지 못하는 결과를 낳았다. 항공모함은 공격력은 강하지만, 방어력이 약하다는 특징이 있다. 이 때문에 선제공격만이 가장 효과적인 방어 수단이라고 여겨졌지만 그럼에도 불구하고 일단 공격을 받은 후 전개되는 방공 전투 능력이 매우 불충분했다. 제1기동부대의 항공모함 4척이 전부 기습 공격을 받은 것에서 알 수 있듯이 대공 경계 능력이 지극히 빈약했으며, 대공포화의 명중률도 매우 낮았다. 또 미 해군과 비교했을 때 무선 통신기가 거의 실용화되지 못해 방공지휘통제기구를 만드는 것도 불가능했다.

피해 복구(damage control)의 준비 부족

피격 당했을 때 소화, 방수, 긴급 보수 등도 충분히 이루어지지 못했다. 항공모함의 비행갑판이 받은 피해를 최소화하고 긴급 보수하는 연구나 훈련은 거의 없었다. 이러한 피해 복구에 임하는 미국과 일본의 차이는, 산호해 해전에서 엄청난 피해를 입었지만 진주만에서 단 3일 만에 수리를 끝내고 미드웨이에 출격했으며, 또 피격 후 불길을 잡고 비행갑판의 긴급 보수마저 성공해, 히류가 제2차 공격에서 새로운 항공모함을 공격했다고 오판했던 요크타운의 예를 보면 누구라도 쉽게 느낄 수 있다.

3

과달카날 작전 - 지상전의 전환점

실패의 원인은 빈약한 정보와 전력의 축차 투입.
그리고 미군의 상륙작전에 유효하게 대처하지 못했기 때문이다.
일본의 육군과 해군은 따로따로 움직였다.

● 프롤로그

과달카날 작전은 태평양 전쟁 지상전의 전환점이었다. 해군 패배의 기점이 미드웨이 해전이라면, 육군이 지상전에서 미국에 처음으로 패배한 곳이 바로 과달카날이었다. 미 해군 출신 역사가 새뮤얼 모리슨은 "과달카날은 섬 이름이 아니라 감동 그 자체다"라고 말했으며, 이에 대해 군사평론가 이토 마사노리 씨는 "과달카날은 제국 육군의 묘지 이름이다"라고 평했다. 이 전투 이후 일본군은 계속 수세에 몰린다.

말레이시아 작전과 필리핀 작전을 중심으로 전개된 남방 제1단계 작전은, 일본 해군이 진주만을 기습하고 육군과 해군의 항공대가 제공권을 확보하는 등 예상을 뛰어넘는 성공을 거두었다. 그러나 제1단계 작전은 연합군의 준비가 소홀한 틈을 노린 작전이었기 때문에 연합군 대병력과의 결전은 일어나지 않았다. 바로 이 이유 때문에, 아직 승리라고 말할 단계가 아니었다.

제1단계 작전이 끝나자 대본영의 관심은 연합군이 언제 반격할 것인지, 얼마나 이끌고 올 것인지에 집중되었다. 개전 전까지만 해도 해군은 점감요격 작전을 기본 전략으로 삼고 있었다. 즉 적극적으로 진출해 미 주력 함대와 결전을 벌인다는 생각이 없었던 것이다. 그러나 제1단계 작전에서 진주만 기습이 성공하는 바람에, 제2단계 작전도 적극적인 진공 작전을 펼쳐 적 함대를 각개 격파하는 것으로 방침을 바꿨다. 나아가 해군은 계획에 없던 하와이 및 오스트레일리아의 공략을 주장하기에 이른다.

한편 처음부터 대륙 공략을 구상했던 육군은 지구전을 전략의 기본으로 삼았다. 즉 태평양 지역으로 적극 나서기보다는 인도 방면 작전에서 영국을 무너뜨리고 중국을 단독으로 굴복시키면서 기존의 점령 지역을 완전하게 확보하는 전략을 구상했다. 더구나 4천마일 떨어진 오스트레일리아까지 진출하는 것은 병참 면에서 곤란하다며 반대했다. 육군의 병력 운용 방식이 해군과는 180도 다르다는 점을 생각한다면 당연한 반대였다.

본디 해군에는 육군과 같은 병참보급선(線)이 없다. 목적지까지 도착하는 데 필요한 몇 주간의 식량과 탄약을 싣고 출항하기 때문에 추가 보급'이 그다지 필요하지 않다. 또 전황이 불리해지면 함대 는 간단히 퇴각할 수 있다. 그러나 육군은 간단치 않다. 지상 병력이 늘어나면 동시에 병참보급선도 커지고, 일단 정한 작전 방침은 쉽 게 바꿀 수 없다. 따라서 대규모 작전을 시작할 때는 먼저 충분한 보 급 능력을 검토하지 않으면 안 된다(하야시 사부로《태평양전쟁육전개 사[陸戰概史]》).

그러나 육군은 오스트레일리아가 미군의 대일(對日) 반격 작전 의 최대 거점이 될 가능성을 부정하지 않았으며, 게다가 남방 작전 의 대성공으로 들떠 있었기 때문에 미국과 호주의 연결선을 차단할 필요가 있다는 점에 동의하고 작전 준비에 돌입했다. 그 결과 육군 부와 해군부는 획득해야 할 요충지로 뉴칼레도니아와 피지, 사모아 (FS 작전), 포트모르즈비(MO 작전)를 결정하였다.

그런데 해군이 FS 작전 이전에 미드웨이와 알류산 공략 작전을 제안해 보병 1개 연대를 주축으로 하는 부대를 보내달라고 육군 에 요청했다. 육군은 이 제안에 어쩔 수 없이 찬성해 이치키 연대 ** 3,000명을 나누어 보냈으나 미드웨이 해전의 참패로 FS 작전은 잠 시 중지되었다. 그러나 FS 작전의 중지가 결정되기 전에 과달카날 에 있던 일본군 해군 부대는 미국-호주 차단 작전을 위한 비행장을 건설하고 있었다.

* 보급(補給) : 작전에 필요한 병력이나 물자를 계속해서 대주는 것을 말함 - 역주

** 이치키 연대 : 이치키 기요나오가 지휘관이었던 관계로 이치키 연대라고 부르 고 있음 - 역주

한편 미군은 미드웨이 해전 이후 처음으로 주도권을 획득, 일본군 진출을 억제할 수 있는 시기를 맞았다. 니미츠 제독과 맥아더 장군은 최대한 빨리 반격을 개시해야 한다고 의견을 모았다. 특히 맥아더 장군은 직접 라바울***을 지목하며 이곳을 탈환해야 한다고 주장했다. 당시 미군에게는 짧은 시간에 출동할 수 있는 유일한 상륙부대인 제1해병사단이 있었다. 하지만 니미츠 제독이 이끄는 해군은 라바울 공격에 반대했다. 왜냐하면 목적지에 도달하려면 솔로몬 제도(諸島)를 넘어야 하는데 이곳은 미군과 호주군의 항공 세력이 미치지 않을 뿐 아니라, 라바울의 일본군 항공 기지가 점점 강화되고 있었기 때문이다. 이런 검토 끝에 성공 가능성이 높으면서도 아군의 피해를 최소화할 수 있는 순차적인 상륙작전을 펼치기로 작정한다. 이 최초의 반격이 가해진 곳이 바로 일본군이 비행장을 건설하고 있던 과달카날이었다. 일본군은 미국과 호주의 연결을 끊기 위해 공격을 계획하고 있었고, 미군은 일본의 이 계획을 사전에 막기 위해 작전 수행에 박차를 가하고 있었다.

원래 미국의 대일 기본 전략은 일본 본토를 곧바로 공격해 전쟁을 끝내는 것이었다. 하지만 중부 태평양 제도를 제압하지 않고는 대일 진공이 불가능하며, 진공에 필요한 항공기를 띄울 전진 기지를 확보하기도 곤란한 상황이었다. 미군은 이런 대일 전략을 바탕으로 일본군 보급선의 최전방인 과달카날 섬을 탈환하기로 결심한

*** 라바울(Rabaul) : 태평양 뉴브리튼 섬에 있는 항구 도시. 일본군이 남방 작전에서 점령함 - 역주

다. 미군의 반격 시기는 대본영이 예측했던 것보다 훨씬 빨랐다.

● 작전의 경과

이치키 지대 급파

1942년 8월 7일 미군이 과달카날과 툴라기 섬에 상륙했다는 첫 보고가 올라왔을 때, 대본영 육군부 내에서 그 섬을 아는 사람은 단 한 명도 없었다. 과달카날 섬은 남태평양 솔로몬 해역에 떠 있는 작은 섬으로 면적은 시코쿠*의 약 3분의 1에 불과했다(그림 2-3). 그리고 과달카날에서 해군육전대** 150명과 징용 노무자 약 2,000명이 비행장을 건설하고 있다는 것도 이때 비로소 알게 되었다. 대본영 육군부는 미군의 반격은 빨라도 1943년 이후에나 시작될 것이라고 예상하고 있었다. 따라서 적의 상륙은 일종의 정찰 작전, 또는 비행장 파괴 작전일 가능성이 높다고 판단했다. 또 육군부는 상륙한 적의 병력이 소수에 불과하며 미 육군은 허약하기 때문에, 병력은 적더라도 빨리 급파할 수 있는 부대가 적합하다고 생각했다. 그러나 미군의 작전은 일본의 예상을 벗어났다. 미군은 섬에서 섬으로 이동하며 순차적으로 총반격하는 계획을 세웠고, 이를 위해 해병대를

---

* **시코쿠(四国)** : 일본을 구성하는 커다란 4개의 섬 중 하나 – 역주

** **해군육전대** : 우리의 해병대에 해당 – 역주

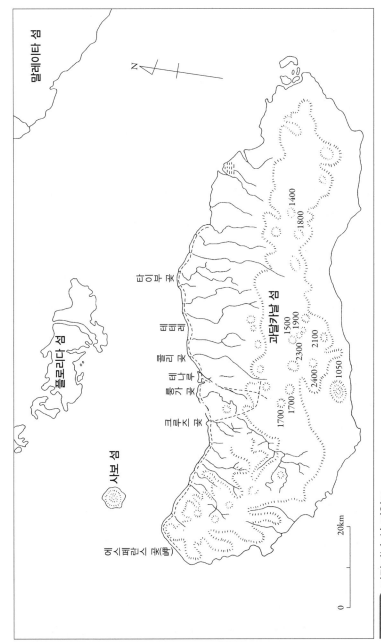

말레이타 섬

N

타이파 곶

테테레

폴리 곶

통태나루

카 곶

크라츠 곶

과달카날 섬

1400

1800

1500
1900
2300 2100
2400 1050
1700
1700

플로리다 섬

사보 섬

엥시펀스 곶(岬)

20km

0

그림 2-3 과달카날 섬 관련 지역도

중심으로 한 육해공 부대가 합동 작전을 펼치기로 했다. 특히 미군은 상륙작전이라는 새로운 전법을 계획하고 있고 있었다. 일본 육해군으로서는 미군의 이런 작전을 꿈에도 생각지 못했다.

대본영은 8월 10일, 겨우 2,000명의 이치키 지대를 보내 제17군의 지휘 아래 과달카날을 탈환할 것을 명령한다. 이치키 지대는 아사히가와 제28연대를 주축으로 하는 보병 부대로, 미드웨이 공략 작전에 동원되었으나 미드웨이 해전에서 크게 패해 상륙이 불가능해지자 다시 괌으로 돌아가던 중, 과달카날 투입을 명령받은 것이다. 지휘관이었던 이치키 기요나오 대좌는 육군보병학교 교관으로 수년을 근무했던 병력 지휘에 능숙한 무장이었다. 그는 제국 육군의 전통 전법인 총검을 장착하고 야간에 기습해 백병전을 펼치면 미군을 쉽게 격파할 수 있다고 여겼다. 이치키 대좌는 자신감으로 충만했다. 그래서 출동하는 와중에도 제17군 참모에게 "(옆에 있는) 툴라기 섬도 우리 부대가 탈환해도 되나?"라고 말했다.

8월 18일 밤, 구축함 6척에 나누어 탄 이치키 지대 선발대 900명은 미군 진지로부터 약 30킬로미터 떨어진 타이부 곶에 상륙한다. 과달카날 섬에 상륙한 미군은 해병 제1사단을 중심으로 한 병력 13,000명이었다(이치키 대좌는 약 2,000명으로 판단했다고 한다). 그러나 이치키 대좌는 장병 1인당 실탄 250발, 식량 7일분으로 과거 전쟁사에 단 한 번도 전례가 없었던 미 해병대의 상륙작전에 맞서려고 했다.

이치키 지대의 선발대(보병 1개 대대와 공병 1개 중대)는 8월 18일

상륙과 동시에 비행장 탈환에 나섰다. 선발대에 이어 후속 부대가 상륙을 준비하고 있었다. 먼저 이치키 지대의 후속 부대가 22일 대형 수송선 2척으로 도착할 예정이었다. 또 가와구치 지대(가와구치 기요다케 소장이 지휘하는 보병 제224연대)가 28일 증파될 계획이었다. 따라서 선발대는 즉시 공격하기 보다는 증원 부대를 기다리면서 그사이 지형과 적을 정찰한 다음 총공격하는 것이 효과적이었을지 모른다. 그러나 선발대는 승기를 놓치지 말고 곧장 행동할 것을 요구받았고, 또 적은 약하다고 줄곧 믿었다. 그래서 상륙 직후 곧바로 군사 행동에 들어가, 19일 오전 베란드 강 인근에 도착했다. 같은 날 오후 2시 30분, 34명의 첨병 소대는 잠복해 있던 미군에 포위당해 대부분 죽었다.

한편 과달카날 섬의 미 해병대 최고 지휘관 알렉산더 밴더그리프트 소장은, 미군이 절대 유리한 입장은 아니라고 생각했다. 해병대는 대일 작전을 위해 상륙작전의 원리와 그 방법을 개발했지만, 1943년이 되기 전에 실전에 사용할 것이라고는 전혀 예상치 못했다. 정보 장교가 활발히 정보를 수집했지만 툴라기와 과달카날에 대한 정보는 여전히 부족했다. 게다가 상륙작전을 준비했던 뉴질랜드에서는 항만노동조합이 보급 물자를 싣지 않겠다고 하는 바람에 해병대원들이 8시간 교대로 물자를 실어야 했다. 또 과달카날 섬에는 아무런 저항 없이 상륙했지만 이 작전에 비관적이었던 플레처 제독은 8월 8일 일본 전투기가 기습할 위험이 있다며 제61기동부대와 그 보급 물자를 반만 남겨두고 나머지는 철수시켰다. 제62기동부대·상륙기동부대 지휘관 리치먼드 터너 소장은 후에 이 행동에 대해 '주요 전력의 탈주'라며 맹비난했다. 그러나 전체 함대가 철수한 것은 아니었다. 빅터 크러츨리 영국 해군 소장이 지휘하는 미·호주 혼성 순양함 부대가 작전 해역에 주둔해, 8월 9일 미카와 군이치 해군 중장이 이끄는 일본 해군 제8함대(중순양함 5척, 경순양함 2척, 구축함 1척)와 교전하여 5척의 중순양함 중 4척 침몰, 1척 손상 및 구축함 1척 손상이라는 대패를 당하고 말았다.

이때 룽가 근해의 미 수송선단은 거의 무방비 상태였다. 만약 미카와 함대가 공격을 속행해 수송선단을 격파했더라면 과달카날 전투의 형세는 바뀌었을 것이다. 그렇지만 미카와 중장은 공격을 중지한다. 미군의 반격과 함대의 어뢰 감소를 고려했기 때문이라 하지만, 결국 함대결전사상(점감요격)이 이런 행동을 취하게 한 요인의 하나라고 보인다. 제17군사령부는 제8함대가 미 수송선단을 공격하지 않았던 것에 대해 불만을 감추지 않았다.

"제8함대는 적 순양함 5척을 격침하고 귀환하는 것 같다. 적 항공모함을 두려워한 탓일까? 조금만 더 힘내면 완승을 거둘 수 있었는데, 너무나 유감스럽다. 그 바람에 툴라기는 마침내 적의 군홧발에 유린당했다. 이 상황을 회복하는 것은 그렇게 간단치 않다"(후타미 아키사부로 참모장 일기).

이 '제1차 솔로몬 해전'의 패배로 플레처는 함대를 위험 수역에서 철수시켜야 한다는 생각을 완전히 굳히고, 해병대만 과달카날 섬에 남게 되었다.

이런 상황에서 해병대 최고 지휘관 밴더그리프트는 공격 태세가 아직 제대로 정비되지 않았다고 판단, 방어에 중점을 두는 작전 계획을 세우게 된다. 이 작전 계획에서 가장 중시한 것은 한시 바삐 비행장을 정비하는 일이었다. 방어 진지는 룽가 강 유역에서 일루 강까지 구축되었다. 중화기 진지도 방어선을 따라 설치되어 전차 부대에 대한 응사 태세를 갖추도록 명령했다. 미 해병대는 이즈음 앞서 기술한 일본군 선발대의 첨병 소대와 맞닥뜨린다. 이로서 미군은 일본군이 상륙했다는 사실을 알게 된다. 또 전직 경찰관이었던 원주민 자코브 부자는 일본군에 잡혔다 탈출한 뒤 미군에 일본군 병력을 알려주었다.

이치키 지대는 오후 6시 렝고를 출발해 단번에 비행장 부근까지 돌진할 것을 결의, 8시 테나루 강에 도착했다. 저녁 10시 30분 일본군 첨병이 일루 강 오른쪽 언덕 100미터 부근까지 진출하지만 갑자기 나타난 소수의 미군에게 자동소총 세례를 받는다. 첨병은 이들을 추격해 강 오른쪽 언덕에 이르렀으나 일단 정지한다. 지대장과 대대장은 첨병 중대장보다 먼저 자리를 잡고 척탄통*으로 집중 지원하면서 첨병들에게 앞에 있는 언덕으로 돌진하라고 명령했지만 미군의 포화를 뚫기가 만만치 않았다.

이치키 대좌는 강을 건널 방법을 찾기 위해 일루 강 하구 근처를 둘러보던 중 폭 50미터 정도의 모래톱을 발견한다. 이치키 대좌는

----

* **척탄통(擲彈筒)** : 일본 육군의 휴대용 유탄발사기 – 역주

일부 병력만 정면으로 보내고 주력 부대는 이 모래톱을 넘어 공격할 것을 결심한다. 그리고 21일 새벽, 이치키 지대는 돌격을 감행한다(그림 2-4).

모래톱을 건너는 순간 좌측 전방 언덕 위에서 포화가 맹렬히 쏟아졌다. 미군은 기관총과 자동소총, 박격포, 수류탄을 퍼부으며 공격해왔다. 이치키 지대원 일부는 철조망을 뚫고 돌입에 성공하기도 했으나 대부분은 모래톱에 꼬꾸라졌다. 지대장은 기관총 중대와 중화기 소대를 전투에 참가시켰지만 지형의 이점을 독점한 미 해병대 제1연대의 집중 포화를 받는 등 전황이 호전될 기미는 보이지 않았다.

당시 일본군은 해군 항공대와 함정을 동원한 육해공 합동 작전 계획이 없었다. 반면 미군은 합동 작전을 펼쳤다. 21일 9시, 미 해병대는 이치키 지대의 남측에서 반격을 시작한다. 전날인 20일에는 미 해병 항공대에서 출발한 돈트리스와 와일드캣을 포함한 총 32대의 항공기가 헨더슨 비행장으로 날아왔고, 또 복구된 활주로에서 항공기가 이륙하여 이치키 지대에 기총 사격을 퍼부었다.

그날 오후, 반격은 한층 강화되었다. 미군 전차 6대가 이치키 지대의 후방에서 나타나 일본군을 깔아뭉개기 시작한 것이다. 훗날 밴더그리프트 제1해병사단장은 이 광경을 두고 "전차의 뒷부분은 마치 고기를 써는 기계 같았다"고 회상했다. 일본군 장병들의 분전에도 불구하고 전황은 일본군에 극히 불리하게 돌아갔다.

이치키 대좌는 더 이상 쓸 수 있는 수단이 없다고 판단하고 오후 3시경 부대기(旗)를 불태우고 자결한다. 부하 장병 대부분도 이치키

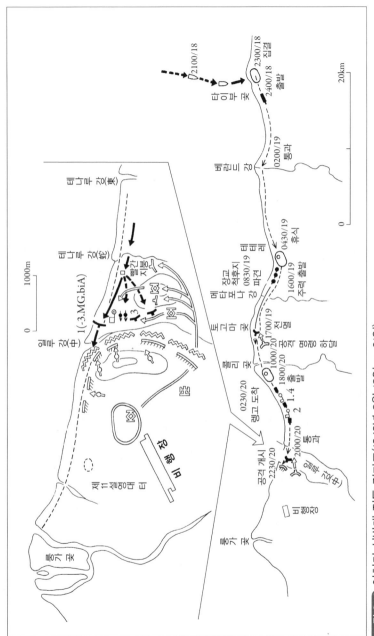

그림 2-4 이치키 선발대 전투 경과도(1942년 8월 18일 ~ 21일)

지대장을 뒤따라 장렬하게 전사했다.

과달카날 섬의 첫 번째 전투를 승리로 장식한 미 해병대는 자신감을 얻었다. 미군 전쟁사는 이 테나루 강 전투의 결론부에 "From that time on, United States Marines were invincible(그때부터 미합중국 해병대는 무적이었다)"라고 적고 있다.

제1차 총공격

미군은 20일부터 일본군이 만든 비행장*을 쓰기 시작했고, 곧 과달카날 섬 부근의 제공권을 장악한다. 그 때문에 이치키 지대 후속 부대의 과달카날 섬 접근이 여의치 않아 결국 상륙은 25일로 연기된다. 이에 일본군 연합함대는 24일 미 기동부대를 진압하기 위해 출동하게 되는데, 이것이 바로 제2차 솔로몬 해전이다. 결과는 미 항공모함 엔터프라이즈가 대파되고 일본 측은 항공모함 류조가 침몰했다. 그리고 이치키 지대 후속 부대를 호위하던 제2수뢰전대 일부가 피해를 입어 서북방으로 후퇴해야만 했다. 이 해전은 미일 기동부대가 항공 공격으로 일관한 해공전이었지만, 양쪽 모두 결판을 보지 못한 채 끝났다. 그러나 이 해전 이후 과달카날 섬으로 오는 수송은 주간에 수송선을 통한 대규모 병력 증원에서 야간에 고속의 구축함을 이용한 순차적 연속 수송인 '쥐 수송'**으로 바뀌었다.

----

* 미드웨이 해전에서 전사한 해병대 조종사 로프턴 헨더슨 소령을 기려 헨더슨 비행장으로 명명 - 역주

** **쥐 수송** : 낮에는 숨고 밤에만 활동하는 모습이 쥐 같다는 의미 - 역주

이렇게 대형 수송선이 아닌 구축함으로 병력과 무기, 식량을 수송하게 되자 육군은 다음과 같은 불만을 표출했다.

(1) 해군은 임무 수행보다 자기네 함정의 보전을 우선시하는 것은 아닌가?
(2) 해군은 전황이 어떻게 되든 말든 적 항공모함과 전함만을 공격 목표로 삼고 있는 것은 아닌가?
(3) 해군은 적 수송선을 격침해 작전 전반을 유리하게 끌고 가려는 의지가 전혀 없는 것은 아닌가?

이 불만의 옳고 그름을 떠나, 육군과 해군 사이에 생겨난 불신 때문에 합동 작전은 점점 더 어려워졌다.

어쨌든 8월 29일부터 9월 4일까지 '쥐 수송'이 이루어진다. 이 기간 동안 고쿠쇼 유키치 소좌의 제1대대와 와타나베 히사시키치 중좌의 제3대대, 이치키 지대의 남은 장병들로 구성된 1개 대대, 아오바 지대(센다이)에서 지원 병력으로 파견된 다무라 마사오 소좌의 1개 대대 등 총 4개 대대로 구성된 가와구치 지대가 타이부 곶 부근에 상륙을 완료한다. 이 상륙과 병행해 오카 아키노스케 대좌가 지휘하는 (제124연대 예하) 1개 대대가 30척의 다이하쓰 상륙주정을 이용한 '개미 수송'***으로 서쪽 에스프랑스 곶 부근에 상륙한다(그러

*** **개미 수송** : 작은 다이하쓰 상륙주정으로 줄을 지어 운송하는 모습이 개미의 행진 같다는 의미 - 역주

나 상륙 중에 미군기의 대폭격을 받아 오카 부대는 약 450명으로 감소함). '쥐 수송'의 경우 구축함 1척이 평균 인원 150명과 군수품 약 100톤을 수송하지만, 다이하쓰 상륙주정은 속력 3~4노트에 인원 20명 정도를 수송했고 중화기 등은 수송이 불가능했다. 이렇게 고심을 거듭한 수송 끝에 9월 7일까지 육군 5,400명, 해군 200명, 고사포 2문(구축함에 싣지 못해 결국 기뢰부설함 쓰가루를 이용함), 야포 4문, 연대포(산포) 6문, 속사포 14문, 전투 식량 약 2주일 치를 과달카날 섬에 들여올 수 있었다.

구루메, 하카타, 아사히가와, 센다이라는 최정예 4개 대대로 구성된 가와구치 지대는 미 해병대 1개 사단, 약 16,000명을 공격하기 위해 또다시 전통의 야습(夜襲) 전술을 구사하기로 결심했다. 그러나 가와구치 지대장은 이치키 지대의 전술, 즉 해안선을 타고 올라가 일루 강줄기에 포진하고 있는 미군을 동쪽에서 치고 들어가면 이치키 지대와 같은 운명에 처할 확률이 크다고 생각했다. 그래서 테나루 강 하구 부근의 동쪽 지구에서 정글로 들어가 우회하여 비행장 남쪽에 이른 뒤, 적의 배후를 기습하여 하룻밤 만에 비행장을 탈환한다는 전술을 채택한다. 이 전술을 전해들은 장병들은 '히요도리고에'라 부르며 분연히 일어섰다. 가와구치 지대장은 "밤사이에 적을

---

* **히요도리고에(鵯越):** 히요도리고에란 '직박구리 새가 산을 넘는다'는 뜻으로 일본 고베(神戸)에 있는 험준한 산길 이름이다. 1184년에 미나모토노 요시쓰네가 이 길을 타고 내려와 적을 기습해 승리했다고 한다. 이 말은 또한 일본군이 전통적으로 중시한 기습 작전을 가리킬 때 쓰기도 한다 - 역주

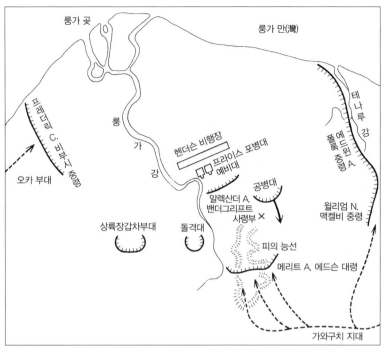

그림 2-5 '피의 능선' 전투

찔러 죽이고, 새벽에는 해안선에 돌입할 것"이라고 훈시했다.

이치키 지대의 남은 장병들로 구성된 부대가 테나루 강 상류의 제일 오른쪽에 배치되었고, 그 왼쪽으로 다무라 대대, 와타나베 대대, 고쿠쇼 대대 순으로 날개를 펼쳤다. 가와구치 사령부는 고쿠쇼 대대의 왼쪽 맨 끝에 포진했다. 13일 오후 9시 5분 테나루 강가에서 발사된 5발의 포 신호로 가와구치 지대의 총공격이 개시되었다(그림 2-5).

좌측 날개 제1선을 담당한 고쿠쇼 대대의 돌진 목표는 비행장 북서쪽 고지였다. 그러나 그곳으로 진출하려면 먼저 메리트 에드슨 대령의 주력 2개 대대가 포진하던 언덕(좌우측면은 제1공병대대와 제1기습대대가, 후방은 델 바예 대령의 포병대가 지원)을 중심으로 설치된 철조망 2개를 돌파해야 했다. 이 언덕은 주위의 정글보다 높은 지형으로 활주로를 내려다 볼 수 있어 비행장 공격을 위해서는 당연한 공격 루트였다. 이 언덕은 전투가 끝난 후 에드슨 언덕 또는 '피의 능선(Bloody Ridge)', 그리고 일본에서는 '무카데 고지'라고 부르게 되는데 일본군으로서는 이곳을 점령하지 않는 한 비행장 공격은 불가능했다. 고쿠쇼 대대장은 흰 칼을 휘두르며 적 진지의 제1선을 돌파했지만, 제2선 진지를 공격하던 도중 미군의 맹렬한 포격을 받아 다수의 전사자를 내고 만다. 고쿠쇼 대대장은 적 중포 진지를 돌격, 중포 위에 올라탄 채 장렬하게 전사했다.

제2선 공격 부대인 다무라 대대는 오노데라, 구로키, 이시바시의 3개 중대를 나란히 늘어세운 뒤 '야습의 명수 센다이 사단'의 명예를 걸고 무작정 에드슨 언덕으로 돌진했다. 에드슨 대령은 최전선에 직접 나서 미군 장병들에게 "너희들에게 없고 적에게 있는 것은 배짱이다"라고 질타하고 또 격려하였고, 베일리 소령은 퇴각해 오는 해병대원을 붙잡아 쳐들어오는 일본군 쪽으로 다시 붙들어놓고는 "너희들은 영원히 살려고 하느냐?"라는 미 해병대 전통의 구호*를 외쳐가며 저항한다. 좌측의 오노데라 중대는 에드슨 대령의 본

---

* 1917년 7월(제1차 세계대전), 프랑스의 벨로 숲에서 미 해병대가 독일군과 싸울 때, 댄 데일리 중사가 미 해병대원들을 다그치며 독려한 말에서 유래했다.

진에 돌진, 미 핵심 부대의 맹렬한 반격을 받으며 처절하고도 과감한 육탄전을 전개했다. 오노데라 중대는 포복 전진과 돌격으로 적 제2선 진지 일부를 탈취하지만, 중대장 이하 다수가 피해를 입어 더 이상의 전진은 곤란했다. 한편 우측 이시바시 중대는 돌격 직후 평지로 나가는 바람에 8시 방향으로부터 맹렬한 공격을 받아 사상자가 속출함에도 불구하고 제1선 진지를 점령한다. 그 후 중대는 에드슨 언덕을 넘어 북동 지역에 진출하지만, 날이 새는 바람에 더 이상 앞으로 나가지 못했다. 다무라 대대장은 제1선의 양측 중대가 힘든 상황에 처했다는 것을 알지만, 공격을 재개해 14일 아침이 밝아오기 전까지 해안선에 진출할 것을 결심하고, 예비대였던 구로키 중대에 돌격 명령을 내렸다. 구로키 중대는 전투 중이었던 오노데라 중대를 넘어 에드슨 언덕 오른쪽에서 공격을 개시했다. 이 때문에 중대장이 부상하고 중대의 반 이상이 전사했지만, 중대장은 남은 중대원 50~60명을 이끌고 다시 적진을 돌파, 동이 틀 무렵에는 비행장 남동쪽 지구의 제1해병사단 사령부 부근까지 진출한다. 구로키 중대는 사령부까지 돌파하려고 했으나 적 방위 화력이 격렬했기 때문에 공격을 활발히 펼치지 못했다. 프라이스 포병대장은 그날 105밀리미터 곡사포만 약 2,000발을 발사했는데, 이에 대해 에드슨 대령의 선임 장교 새뮤얼 그리피스 중령은 나중에 "델 바예 포병대의 경이로운 지원이 없었다면 에드슨 언덕을 확보하지 못했을

Come on, you sons of bitches! Do you want to live forever? - 역주

것이다"라고 적고 있다. 다무라 대대장은 14일 동이 텄음에도 불구하고 공격을 재개할 것을 각 중대에 전하려고 노력했지만, 중대들이 이미 각지에 분산되는 바람에 대대를 통제할 수 없었다. 그런 와중에 가와구치 지대장에게서 공격 중지 명령이 내려왔다.

우측 제1선에서 기대를 한 몸에 받고 있던 와타나베 중좌의 제3대대는 그동안 무엇을 하고 있었던 것일까? 와타나베 대대가 13일 야간 전투에서 무엇을 했는지 명확한 자료는 없다. 다만 가와구치 소장의 수기에 다음과 같이 적혀 있다.

"이 대대에 비행장으로 돌진해 먼저 15고지라는 가장 중요한 고지를 점령할 것을 명령했다. 그런데 13일 낮에 있었던 적의 엄청난 사격에 겁을 먹었던 탓인지, 대대장은 부관 등을 데리고 안전한 곳에 숨어 나오지 않는다.

이렇게 되면 선임 중대장이 대대장을 대신해 남은 대대를 이끌고 야습을 해야 하는데 특별 지원해 참전한 B대위는 자신의 임무를 수행하지 않았다. 결국 대대 전체가 13일 밤 아무것도 하지 않은 것이다. 가장 중요하게 여겼고 또한 기대가 남달랐던 유력 대대가 이 모양 이 꼴이다.

나는 이것을 알고 망연자실한 심정으로 무심히 눈물을 흘렸다. 15일, 대대장을 불러 '비겁한 녀석, 할복하라!'고 화를 내었다."

그러나 당시 대대장은 만주국 재직 중에 얻은 외상이 도지는 바람에 도저히 걸을 수 없었고, 그래서 부관과 함께 정글 속 저지대에서 쉴 수밖에 없었다고 한다. 그래도 제3대대가 아무것도 하지 않은 것은 아니다. 대대장의 명령은 없었지만, 일부가 야습에 참가한 것은 확실하다고 전해지고 있다. 처음부터 야습에서 행동을 통일하기란 매우 곤란했다.

9월 15일, 가와구치 지대장은 "공격을 감행했으나 적의 저항이 의외로 커, 대대장 이하 다수가 피해를 입고 어쩔 수 없이 큰 강(룽가 강) 좌측에 병력을 집결시켜 후일을 도모할 것임. 장병들의 건투에도 불구하고 내 탓으로 작전이 실패로 끝난 것을 유감으로 생각함"이라는 내용의 전보를 군사령부에 타전한 후 주력을 후퇴시켰다. 공격 참가 인원은 약 3,000여 명. 생존자는 약 1,500명이었다.

제17군 사령부는 가와구치 지대의 공격 실패 원인을 다음과 같이 분석했다.

(1) 타이부에 상륙한 적 때문에 식량 등 물자를 조금밖에 들여올 수 없었고, 또한 공격 준비를 위한 시간적 여유가 없었다.

(2) 적 화력(화포)이 우월했다(이 전투에 사용된 일본군 화포는 겨우 산포 1문, 박격포 2문이었다고 전해진다).

(3) 정글 때문에 부대 사이의 연락이 충분치 못했다. 이 때문에 지대장의 명령대로 돌격한 부대 병력은 5개 대대 중 고쿠쇼 제1대대와 다무라(아오바) 대대의 2개 대대에 그쳤다. 결국 돌격 병력이 부족했다. 즉 이치키 지대의 남은 장병들로 꾸린

미즈노 대대는 13일 공격 준비 위치에 배치되지 못해 공격을 실시하지 못했다. 와타나베 제3대대 역시 돌격을 감행하지 않았다.

오카 연대 주력은 룽가 강 좌측 지구에서 들어갈 예정이었으나 상륙 때 입은 피해가 컸던 점과 지형이 복잡하고 멀리 떨어져 있던 관계로 연락 자체가 되지 않아 공격 실시가 불가능했다.

(4) 지대의 근간인 오카 연대 주력이 상륙주정을 이용해 기동하는 임무를 맡았던 관계로 지대장의 손을 떠나 있었고, 지대의 건제(建制)*에 속하지 않는 여러 부대들을 적은 인원의 사령부가 지휘하는 탓에 이들 부대를 충분히 장악하지 못했을 가능성이 있다.

(5) 밀림이라는 지형과, 게다가 지도가 매우 불완전했기 때문에 방향을 잡기 곤란했다.

한편 일본군 연합함대 사령부는 다음과 같이 분석하고 있다.

(1) 강한 결의에 불타는 적에 맞서 그 대비책을 마련하는데 한 치의 소홀함이 없어야 함에도 불구하고 그렇지 못했고, 제1단계 작전에서 발휘했던 실력을 과신해 같은 수(또는 그 이하)의 경

---

* **건제(建制)** : 연대·대대·중대 등과 같이 일정 단위로 군을 조직하는 일, 소속 단위 - 역주

장비 병력을 동원, 단번에 기습해 성과를 거두려고 했다.

(2) 제공권을 장악한 적과 잦은 기상 장해 때문에 아군은 항공기를 활용하고 물자를 수송하는 데 어려움을 겪었다. 이에 비해 적은 어려움 없이 상당한 숫자의 전력을 계속 증강해 방어를 견고히 했다.

(3) 기습 이외에 화포 등을 이용한 다양한 공격 방식을 그다지 고려하지 않았고, 또한 군의 통솔 연결이 전혀 이루어지지 못했다. 지대는 따로 떨어져 제각각 전투를 치렀다.

(4) 주력 부대의 진출 위치가 적절하지 못했고(백주에도 어두운 천연의 정글에 진출하는 것은 곤란함) 진격도 용이하지 못해 각 대대가 양측으로 연결되어 협동하는 것이 불가능했다.

(5) 기습이란 적이 전혀 생각하지 못했을 때 실시해야 비로소 성공하는 것이다. 그러나 적군이 청음기 등을 활용해 아군을 빨리 발견했고, 선두 부대가 미처 예상하지 못하는 사이에 집중 공격을 받아 정신적으로 좌절해 버렸다.

이를 요약하면 우리는 적을 너무나 가볍게 본 것이다. 화기를 집중 배치해 방어하는 것이 적군의 기본 방침이었다. 앞으로는 육해군 제1단계 작전의 성과에 도취하지 않고, 새로운 마음으로 논리적으로 승산이 있는 작전을 확립해 때를 보아 정공 기습 작전을 꾀하는 것이 제일 중요하다.

과달카날 전투 제1차 총공격의 실패는 커다란 의미를 지니고 있었다. 이후 일본군의 전투 추이를 보더라도 가와구치 지대의 기습 공격이 과달카날 섬 비행장 탈환의 유일한 기회였다. 다무라 소좌는 "그때 1개 연대만 더 있었더라도 비행장을 완전히 점령할 수 있었다"고 말한 바 있으며, 다무라 대대의 한 병사는 "그날 아침 주먹밥 2개만 더 있었으면 비행장을 우리 것으로 만들 수 있었는데……"라고 아쉬움을 토로했다고 전해진다. 그 사실 관계는 별도로 하더라도, 이 전투가 벌어진 지 4일 후, 미군은 해병 제7연대 병력 4,000명을 추가로 투입하여 미 해병대의 필승 신념을 더욱 높였다. 새뮤얼 모리슨은 이 전투가 '9월 위기'의 가장 중요한 장면이라며 다음과 같이 말하고 있다.

"이 언덕의 전투는 태평양 전쟁의 가장 결정적인 지상 전투 가운데 하나였다. 그것은 에드슨이라는 사람의 고무된 리더십과 해병대원 한명 한명의 기술과 용기에서 비롯된 것이다. 만약 이 전투에서 졌더라면 헨더슨 비행장을 잃어버렸을 것이며, 해병대는 이 섬을 차지하지 못했을 것이다."

제2차 총공격

개전 이래, 쾌속의 진격을 거듭해 온 일본군에게 과달카날 섬의 2차례에 걸친 패배, 즉 8월 20일의 이치키 지대의 전멸과 9월 12~13일에 있었던 가와구치 지대의 공격 실패는 제국 육군의 불패사상이 미군의 작전에는 통하지 않는다는 것을 보여줬다. 이때 비로소 대본영과 현지군은 과달카날 섬을 탈환하고 남태평양의 전세를 돌리려면 준비를 제대로 갖춰야 한다는 인식을 하게 된다. 이에 사단 규모의 전투 단위를 과달카날 섬에 투입되는 작전을 기획한다.

그때까지 제17군은 각 지대를 한데 모아놓은 것에 불과했다. 그러나 공격 실패 이후, 제17군은 제2사단을 주력으로 건제 2개 사단으로 증강되었고, 참모진도 대본영에서 파견된 쓰지 마사노부와 스기타 이치지를 포함해 기존의 3명에서 11명으로 늘어났다. 9월 말, 햐쿠타케 하루요시 중장은 가와구치 소장을 당시 라바울에 위치하고 있던 제17군 사령부에 초대해 과달카날 섬의 실상을 물었다. 가와구치는 빈약한 아군의 전력(무엇보다 굶주림과 피로)과 험준한 지형, 강력한 적 전력(항공, 화력, 레이더의 사용 등)을 설명했다. 그러나 가와구치가 보여준 비관적 현실 인식은 필승의 신념에 불타던 사령부의 반감을 사고 만다. 또 후타미 아키사부로 참모장은 적어도 2개 사단의 병력과 야전 중포 5개 연대, 충분한 탄약 보급, 그리고 항공대의 지원을 받지 못한다면 1,000킬로미터 떨어진 섬에서 결전을 벌여서는 안 된다고 주장하다 경질되고 만다.

이번 총공격은 적어도 지금까지의 야습이 아닌 당당한 정면 작전으로 계획되었다. 투입 병력과 물자는 제2사단을 주력으로 하는 보병 약 17,500명, 화포 약 176문, 0.8회분*의 탄약, 25,000명이 30일을 먹을 수 있는 식량으로 예정되었다. 필승을 다짐하던 제17군은 과

---

* **회전분(會戰分)** : 일본 육군의 군수 물자 산정 기준. 1회전분은 작전을 3~4개월 수행할 수 있는 분량이었다 – 역주

달카날 섬을 탈환한 후 라비와 포트모르즈비를 공략할 계획까지 세 웠다.

문제는 이런 전력을 어떻게 상륙시킬 것인가 하는 점이었다. 해 군은 선단 호송과 관련하여 상륙 전날 제11항공함대의 폭격 편대 가 두 차례에 걸쳐 헨더슨 비행장을 공격했으며, 또 전함 곤고와 하 루나가 함포 사격도 했다. 특히 전함의 거센 포격은 헨더슨 비행장 에 막대한 피해를 입혔다. 미군이 사용할 수 있는 항공기는 90대에 서 42대로 줄었고, 특히 B-17용 활주로는 잠시 사용이 불가능해졌 다. 그렇지만 이런 지원에도 불구하고 일본군은 제공권을 확보하 지 못했다. 결국 제17군은 '쥐 수송'으로 예정 병력의 반수를 상륙시 켰으나, 함정 수송만으로는 위험이 크다고 보고 수송선단을 동원해 단번에 수송해줄 것을 해군에 요청한다. 이로써 상태가 좋은 수송 선 6척으로 구성된 '과달카날 섬 돌입 선단'이 편성되어 10월 14일 제17군은 무사히 타사파롱가 정박지에 도착할 수 있었다. 그런데 전력 물자를 한창 옮기던 바로 그때 미군 함정 폭격기 편대가 공격 해 왔다. 6척 중 4척이 불길에 휩싸였고, 1척은 해역에서 이탈해 모 래톱에 처박혀 좌초되었지만 그 와중에도 물자 수송은 중단되지 않 았다. 노력 끝에 장병들은 모두 무사히 상륙하지만, 식량은 2분의 1, 탄약은 약 10~20퍼센트 정도, 헨더슨 비행장 공략에 꼭 필요한 화 포는 산포가 겨우 38문, 특히 중포는 2문밖에 건지지 못했다.

제17군 참모장은 이런 상황에서는 처음 계획했던 엄청난 화력을 바탕으로 한 정공법은 불가능하다고 보고 180도 방향을 바꾸어, 가와구치 소장이 제1차 총공격에서 실시했었던 정글을 우회하는 야간 기습 공격을 한 번 더 감행할 것을 결의한다. 오른쪽 날개(우익)를 맡았던 가와구치 소장은 10월 15일 제2사단 명령을 수령하면서 '우익 부대의 신념'이라는 제목의 인쇄물을 부하들에게 배포해 이번 공격의 특징을 철저하게 교육시켰다.

하나. 일미 결전의 용사들이여, 천황 폐하를 위해 한 목숨 바칠 때가 드디어 도래하였다.

둘. 보병의 총검 공격은 일본군의 정수이다. 적은 우리의 총검 공격을 가장 무서워한다.

셋. 적의 장점은 화력 우위에 있다. 이를 봉쇄하는 유일한 방법은 야간의 어둠과 밀림을 활용하는 것뿐이다.

넷. 조금 후 총공격이 시작되면 각 부대는 부하들을 완전 장악해 예정된 시각에 한꺼번에 돌격, 적진 제1선을 누구보다 빨리 탈취 사살한 후 해 뜰 무렵에는 반드시 해안으로 돌진, 적을 섬멸한다.

다섯. 황군의 대승리를 추호도 의심하지 말 것.

그러나 10월 9일 가와구치 소장은, 후타미 대신 참모장에 임명된 미야자키 슈이치 참모장(라바울 주재)으로부터 한 통의 메모와 적 진지 항공사진을 건네받고 마음이 흔들린다. 메모의 내용은 이러했다. "비행장 남측의 적 방어가 강화되고 있다. 이는 항공사진을 보더라도 명백하다. 그러므로 진지 공격 준비를 한층 더 철저히 할 것."
제1선 사단은 벌써 움직이기 시작했으나, 가와구치 소장은 이번 공격로가 제1차 총공격 당시 실패했던 에드슨 고지 경로와 같았기 때문에 망설이고 있었다. "이것은 계란으로 바위를 치를 격이다. 제대로 한번 싸우기도 전에 실패할 것이 뻔했다. 나는 고민했다. 그리고 이 진지를 피해 멀리 적의 좌측 배후로 우회공격을 하는 것이 현명하다고 판단했다"(가와구치 수기).

가와구치 소장은 22일 마루야마 길의 분기점에서 쓰지 참모를 만나, 정면 공격이 아니라 좌측 배후로 우회하겠다는 의견을 피력, 제2사단장에 전달해 줄 것을 요청했다. 가와구치는 쓰지 참모에게 말했으니 사단장도 허락할 것이라고 믿고 23일 우회 공격을 준비한다. 그때 참모장에게서 전화가 왔다. 참모장은 가와구치의 의견에 반대했다. 그렇게 되면 공격 개시가 하루 늦어지게 된다는 것이 이유였다. 참모장은 당초 예정대로 정면 공격을 실시하라는 지령을 하달했다. 이에 가와구치는 "정면 공격은 부대장으로서 책임지기 힘들다. 부탁드리지만, 한 번 더 사단장에게 제 의견을 전해주길 바란다"라고 말한 후 최종 답변을 기다렸다. 약 30분 후 전화벨이 울렸다. 가와구치가 받아들자, "각하는 우익 부대장에서 파면되셨습니다. 후임은 쇼치 대좌입니다"라는 내용이 전달되었다. 이렇게 가와구치 소장은 총공격 직전에 파면되었다.

《전사 총서》에 따르면, 당시 군 전투 사령부는 이 파면을 전혀 몰랐고 오직 사단장, 참모장, 쓰지 참모만이 알고 있었다고 한다.

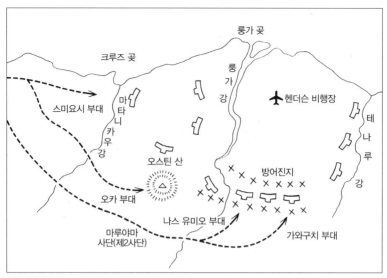

그림 2-6 제2차 총공격 진로도

10월 24일 해질 무렵, 드디어 제2사단이 야습을 개시했다(그림 2-6).

그러나 이 야습의 각 부대 행동은 지금도 잘 파악되지 않고 있다. 가와구치 소장을 대신해 지휘관을 맡았던 쇼치 대좌의 우익 부대에 대해서는 "공격하지 않았다", "일부는 돌입했지만, 주력 부대는 늦었다", "일부가 비행장까지 진출했지만, 후속 부대 없이 적과 대치했다"라는 각기 다른 3가지의 자료가 있을 뿐이다. 쇼치 대좌는 "우익 부대는 초원을 북진해 0시에 적 진지에 근접했지만, 적 포화를 맹렬하게 받아 더 이상 전진할 수 없었다. 그래서 적과 대치한 상태로 25일 아침을 맞았다"고 회상하고 있다. 어쨌든 결론은 혼란한 지휘통제 때문에 우익 부대의 공격은 실패로 돌아갔다는 사실이다.

나스 유미오 소장이 이끄는 좌익 부대(29연대 주력)는, 센다이 야습 사단의 전통을 물려받아 용전 분투의 기세로 적진에 돌입, 적 초계선을 돌파한다. 그러나 제2, 제3의 방어선을 뚫지 못하고 오히려 적의 엄청난 포화로 피해가 속출하는 등 더 이상 진전이 없었다. 연대장 고미야 대좌는 연대기(旗)와 함께 행방불명되었고, 대대장과 중대장 반 이상이 죽었다. 이런 사태에도 불구하고 그날 밤 '반자이'* 신호가 사단 사령부로 전해져, 사령부는 환성을 지르며 기뻐했다. 이모토 참모는 그날 업무 일지에 '천하일품의 밤'이라고 기록할 정도의 들떴으나, 나중에 오보로 정정된다. 이 오보 사태는 일본군의 빈약한 정보 처리 능력을 보여준 사례라고 할 수 있다.

제2사단장 마루야마 마사오 중장은 25일 아침 비록 사단 손실이 크긴 하지만, 제29연대가 적진에 돌입해 있는 상황을 확인하고 그날 밤 다시 전 병력을 투입해 야습을 감행한다는 명령을 내린다. 좌익 부대에는 보병 제16연대가 추가되었다. 이 야습에서 나스 소장은 선두에서 돌진하다가 적의 맹포화를 입고 전사한다. 그 외에도 제16연대장 히로야스 대좌가 전사하고, 제29연대장 고미야 대좌가 (전날) 행방불명되었으며, 대대장과 중대장 다수가 전사 또는 부상당하는 바람에 일본군의 공격은 적 제1선 진지조차 뚫지 못한 채 끝나고 만다. 제29연대가 입은 손해는 약 50퍼센트에 달했다.

26일 동이 트기 전 제2사단 다구치 참모는, 이 상황에서는 26일

---

* 반자이(万歳) : 비행장 점령을 의미하는 암호 – 原註., 한국말로 '만세' – 역주

안에 적 진지를 돌파할 가능성이 희박하다는 뜻을 마루야마 사단장에게 보고했다. 쓰지 참모도 같은 취지의 견해를 표출했다. 제17군 사령관은 오전 6시 공격 중지 명령을 내린다.

이렇게 복잡한 과정을 거쳐 이뤄졌던 과달카날 섬에 대한 제2차 총공격은 막을 내렸다.

철 수

대본영은 육해군과 더불어 겉으로는 과달카날 섬을 탈환하겠다는 방침을 고수하고 있었다. 그러나 제1선 부대는 물론 중앙에서도 '탈환은 어렵지 않겠느냐'는 회의심이 고개를 들었다. 그럼에도 탈환이 불가능하다고 공식적으로 말하는 사람은 없었다.

"빈 반합을 손에 든 채 길바닥에서 죽은 병사들의 시체에 구더기가 우글거리고 있었다."

11월 24~25일 양일간 쓰지 참모는 육군부와 해군부의 작전 관계자에게 과달카날 섬의 참상을 설명했다. 그러나 그 역시 '철수'라는 두 글자는 말하지 않았다.

당시 육군과 해군 사이에는 은근한 알력이 있었다.

"쌍방 수뇌부는 이전부터 줄곧 대립 관계를 형성해 오면서 자신들의 체면을 중시하는 바람에 나약한 소리는 내지 못했다. 당연히 어느 한쪽이 철수 의사를 보일 때까지 다른 쪽은 절대 그 말을 꺼내서는 안 된다는 경향이 뚜렷했다"(이모토 구마오《작전 일지로 보는 태평양 전쟁》).

그러는 사이 과달카날 섬의 제17군은 점점 극한 상황에 몰리게 된다. 미군은 갈수록 전력이 강해졌으며, 또 굶주림이라는 보이지 않는 적군이 맹공을 퍼부은 것이다.

12월 6일, 다나카 신이치 작전부장은 과달카날 섬 작전을 계속 진행하기 위해 선박 징발을 16만 5천 톤 늘려달라고 요구하지만, 각료회의는 8만 5천 톤만 허가한다. 이 소식을 전해들은 다나카는 분을 이기지 못해 도조 총리를 향해 "바카야로!"라고 외치는 바람에 경질된다. 12월 8일, 해군은 육군에 구축함을 동원해 과달카날 섬으로 드럼통을 수송하는 일을 중단한다고 통보한다.

12월 31일 나가노 군령부 총장과 스기야마 참모총장은 과달카날 섬 철수안을 천황에 올린다. 비로소 천황은 "이 방침에 최선을 다하도록"이란 말을 덧붙여, 철수를 수락한다. 1943년 1월 4일, 대본영은 철수 명령을 내렸다. 대본영 참모가 철수를 고려하기 시작한 때로부터 무려 2개월 뒤였다. 그동안 과달카날 섬에 있는 일본군에게는 기아와 질병이 급속도로 퍼지고 있었다.

과달카날 섬 철수 작업은 1943년 2월 1일, 4일, 그리고 7일의 3차에 걸쳐 매번 구축함 20척을 동원해 이루어졌다. 육군 9,800명과 해군 830명이 무사히 철수했다.

과달카날 섬에 투입된 병력은 약 32,000명으로 그 중 전사자가 12,500여 명, 부상을 입고 죽은 장병이 1,900여 명, 병으로 죽은 장

---

* **바카야로(馬鹿野郎)** : '바보 자식'이라는 뜻의 욕 - 역주

병은 4,200여 명, 그리고 행방불명된 장병이 2,500여 명이었다. 이에 비해 미군 희생자는 미 육군이 공식 간행한 전쟁사에 따르면 전투 참가 병력 60,000명 중 전사자는 1,000명, 부상자는 4,245명에 불과했다. 굶어 죽은 미군 장병은 단 한 명도 없었다.

또 과달카날 섬을 둘러싸고 벌어진 수차례의 해전과 선단 호송으로 일본 해군은 함정 56척이 침몰, 115척이 손상되는 피해를 입었다. 그 중 구축함만 보면 침몰 19척, 손상 88척에 이르렀으며, 항공기 손실도 약 850기에 달했다.

● 분 석

근 4개월에 걸쳐 전개된 과달카날 섬을 둘러싼 공방전을 상세하게 기술한다면 아마 책 한두 권으로는 담을 수 없을 것이다. 그러나 패전 분석만을 놓고 본다면 이 이상 깊이 파고들 필요가 없지 않을까 한다. 지금부터는 과달카날 전투의 패인을 고찰해 보고자 한다.

전략상의 커다란 밑그림이 없었다

미군에게는 기본 밑그림이 있었다. 즉 일본 본토로 진격하려면 과달카날 섬이 필요하다고 생각했다. 만약 과달카날 섬을 손에 넣을 수 있다면 비행장을 활용해, 당시 뉴기니에서 미국과 호주의 해상 수송로를 위협하던 일본군 기지를 손쉽게 공격할 수 있게 된다.

또한 과달카날 섬 공략은 다음 단계인 라바울 공략의 발판으로 삼을 수 있으며, 이렇게 되면 일본 본토로 직접 상륙하는 것도 가능해진다. 이 때문에 미군은 당시 일본군이 서둘러 완성하려던 과달카날 섬 활주로를 일본군 항공전대가 사용하기 이전에 한시라도 빨리 섬을 점령하려고 했다.

한편 태평양 전쟁 후반에 일본 육군이 펼쳤던 기본 전략의 무대는 태평양이 아니라 중국 대륙이었다. 즉 중국 대륙에 있는 주력으로 충칭(重慶) 공략 작전을 펼치는 것이 기본 전략이었고, 이를 통해 미국을 중심으로 한 연합군에 대항하여 일본의 불패 태세를 확립하는 것이었다. 따라서 주요 공략 지역은 충칭과 인도양 방면이었다. 단 남태평양 방면에 대해서는 미국과 호주의 해상 지원과 교통을 차단할 필요가 있었고 이를 위해 라바울과 뉴기니 동부에 역점을 두었다. 즉 해군의 솔로몬 해역 작전은 육군으로서 그다지 중요하지 않았다. 당시 육군 수뇌부에는 과달카날이라는 이름조차 모르는 사람도 있었다. 태평양은 해군 담당이므로 관심을 기울이지 않았던 것이다. 물론 미군의 반격 작전에 대해서도 깊게 연구하지 않았다.

예를 들어 8월 7일 미군이 과달카날 섬을 공격했던 바로 그날, 대본영 육군부 수뇌는 오후 3시부터 시작된 제2부 제6과(대미정보과) 주임참모 스기타 이치지 중좌의 '최근의 미국 동향' 설명을 듣고 있었다. 당시 미국통으로 불리던 스기타 정보참모는 미 육군 병력을 중심으로 설명하면서 태평양 방면보다 소련령 극동 지역과 인도차이나 방면이 중요하다고 지적하고 있었다. 즉 그 누구도 미군이 해병대 위주의 상륙작전을 전개해 태평양 정면에서 직접 본토를 노리고 진격해 오리라고는 꿈에도 생각지 못했다.

한편 해군은 미 함대 주력을 솔로몬 해역 부근으로 유인한 뒤 격파해 전쟁을 끝난다는 방안을 생각했는데 이 결전에서 성공하려면 항공 기지인 과달카날 섬을 탈환해야 한다고 여겼다. 그러나 해군도 미군의 상륙작전을 전혀 예측하지 못했고, 태평양 제도를 둘러싼 공방전을 어떻게 펼쳐갈 것인지에 대해서도 거의 연구하지 않았다.

이처럼 일본군에는 전략상의 밑그림과 현실 인식이 없었다. 그래서 육해공 합동 작전의 필요성도 못 느꼈고, 나아가 이치키 지대, 가와구치 지대, 아오바 지대, 제2사단, 제38사단 등의 전투 부대를 순차적으로 투입한 것이다.

공세 한계점을 넘었다

당시 과달카날에 파견된 육군에는 기본적으로 병참선이라는 개념이 없었다. 즉 그들에게 보급이란 적군에게서 빼앗거나, 또는 현지에서 조달하는 것이 상식이었다. 해군 역시 주요 목표가 미 해군 기동부대를 격멸하는 것이었지, 보급 물자를 수송하고 수송선단을 호위하는 것이 아니었다.

과달카날 섬은 지리상으로 라바울보다 560마일 떨어져 있었고 중간 기지도 만들지 않았기 때문에, 한때 경이로운 항속 거리를 자랑하던 제로센 21형을 동원해 선단을 호위하려고 해도, 과달카날 섬 상공에 떠 있는 시간은 고작 15분에 불과했다. 이렇게 공세 한계점을 넘은 지역에서 다수의 수송선단이 미 항공 전력에 의해 격침되는 일은 어찌 보면 당연한 결과였다.

합동 작전이 없었다

미군의 상륙작전은 활발한 무선 통신 시스템을 이용한 후 일본군의 중요 거점을 포·폭격하는 식으로 진행되었다. 당시 미 해병대는 포탄을 목표 지점에 정확히 떨어뜨리고, 중요 거점을 정확히 포·폭격하기 위해 해군 포격 관측원과 항공 요원을 배치했다. 또 각 전투 조직은 정보 시스템 망으로 긴밀하게 연결되어 정보를 주고받는 등 통합되고 조직적으로 운용되었다.

육해공을 통합해 하나의 목표를 집중 공격하려면, 각 조직 단위가 효과적으로 연락을 취할 수 있게끔 정보운용체제를 정비하고 완성도 높은 고성능 통신 시스템을 갖출 필요가 있는데, 미 해병대는 이를 잘 정비하고 있었다.

이에 비해 일본 측은 효과적인 통신 시스템도 없었고, 통신도 긴밀하게 이루어지지 않아 신속하게 공격하지 못했다. 공동의 목표에 집중하고, 조직을 통합 운용해야 할 상황에서도 육군과 해군은 따로따로 전투를 벌였다. 공군과 해군 전력은 짧은 시간 동안 띄엄띄엄 투입되었고, 보급도 필요한 양의 3분의 1 정도를 수송했을 뿐이었다.

자율성을 억압하고, 현장의 의견에 귀 기울이지 않았다

작전 사령부에는 병참을 무시하고 과학적 사고를 경시하는 풍조가 있었다. 그뿐만 아니라 일본군의 전략은, 경직되고 관료적인 사고에서 나오는 탁상공론이 많았으며, 상당히 추상적이었다. 그나마 제1선에서 이들 명령을 수행할 수 있었던 것은, 숙련된 전투 부대가 신속 과감하게 작전을 전개하여 추상적인 전략을 보완하고도 남을 정도로 기량을 발휘했기 때문이다. 장병들은 제국 육해군 부대의 혹독한 훈련을 통해 전투 기량을 극대화했으며 이는 전장에서 발휘되었다. 그래서 제아무리 조잡한 전략이더라도 각각의 전투에서 제1선은 숙련된 전투 기술을 통해 이를 만회하는 전과를 올렸던 것이었다.

만일 제1선에서 반복적으로 축적한 하나하나의 전투 경험을 전략·전술의 수립에 귀납적으로 반영할 수만 있었다면, 전투 환경이 바뀌더라도 과감한 대응책을 마련할 수 있었을 것이다. 하지만 제1선으로부터의 작전 변경 요청은 대개 거부되었고, 따라서 제1선에서 보내오는 의견이나 건의를 작전에 반영하는 일도 없었다.

대본영의 엘리트 역시 현장을 직접 체험하는 등의 노력을 기울이지 않았다.

공격하는 족족 궤멸 상태에 빠져버린 과달카날 섬의 전투는, 지금까지 일본 육군이 한 번도 겪어보지 못한 경험이었다. 6천 킬로미터 떨어진 도쿄에선 도무지 상상하기 힘든 광경이었던 것이다. 몇 명의 참모가 현지를 방문해 그 실정을 보고해도 수뇌부는 그 진상을 믿지 못했다. 병력 운용의 고급 책임자들이 직접 현지에, 적어도 라바울까지는 나와서 제1선의 실정을 파악할 필요가 있었다(이모토 구마오《작전 일지로 본 태평양 전쟁》).

조직 내에서 합리적인 논의가 이루어지지 못했고, 상황을 유리하게 타개하기 위한 대안도 풍부하지 못했다. 따라서 제국 육군이 자랑하는 죽을 각오로 전군이 돌격을 감행하는 전술의 고수 밖에는 없었다.

임팔 작전 - 도박의 실패

일부러 할 필요가 없었던 작전. 전략마저 불합리하기 짝이 없던
이 작전이 어떤 과정을 거쳐 실시되었을까? 작전 계획을 결정하기까지의
과정에 초점을 맞추어 인간관계를 과도하게 중시했던 인정주의와
한 개인이 강렬한 돌출 행위를 하도록 허용했던 시스템을 밝혀본다.

🏵 프롤로그

임팔 작전은 태평양 전쟁 당시 오른쪽 전선의 거점이던 버마*를 방
위할 목적으로 1944년 3월에 시작되었다. 이 작전은 악화 일로에 있
던 전황을 타개하고, 전세를 만회하기 위해 계획된 것으로 도박의 성
격이 짙었다. 그러나 일본군의 희망과 달리 막대한 희생을 치른 채
참담한 실패로 끝났다(참가 병력 약 10만 명 중 전사자 약 3만 명, 부상 및
병으로 후송된 장병 약 2만 명, 그리고 살아남은 장병 약 5만 명 중 반수 이
상이 환자였다). 이뿐 아니라 4개월 후 겨우 작전이 중지되었을 때는

---

* **버마** : 오늘날의 미얀마. 1989년까지 버마로 불렸다 - 역주

버마 방위도 끝이 났다. 게다가 작전에 참가했던 3개 사단의 사단장이 모두 경질되는 이상한 사태까지 벌어졌다.

이처럼 납득하기 어려운 엄청난 희생이 발생한 가장 큰 원인은, 작전 계획 자체가 엉터리였기 때문이다. 즉 임팔 작전의 문제는 왜 실패했느냐가 아니라 왜 무모한 작전을 수행하기로 결정했느냐이다. 여기서는 주로 작전의 결정 과정에 분석 초점을 맞추되 이런 말도 안 되는 작전 계획이 왜 그리고 어떻게 결정되었는지 샅샅이 밝히는 것으로 작전 실패의 원인을 살펴볼 것이다.

● 작전 구상

인도 동부 진공 작전 구상

일본군은 버마 공략 작전이 예상보다 빨리 끝나자(1942년 4월) 곧바로 인도로 진공할 작전을 구상한다. 당시 일본군 남방군은 마침 인도 국내 정세가 불안하므로 버마 공략의 성과와 그 여세를 몰아붙이면 얼마든지 인도 동부 지역으로 진공할 수 있으리라고 판단했다. 중국의 장제스 정권을 굴복시키고, 영국을 쓰러뜨려 태평양 전쟁을 끝낼 기회를 잡으려던 대본영은 남방군이 세운 이 계획에 동의해 1942년 8월 말, 21호 작전(인도 동부 진공 작전)을 준비하라고 지시한다.

그러나 현지에서 버마 방위의 주축을 담당했던 제15군과 그 예하에서 21호 작전의 주력 부대로 예정되었던 제18사단(사단장 무타구치 렌야 중장)은 이 작전에 동의하지 않는다는 의사를 밝혀왔다. 그들에게는 이 작전이 무모해 보였다. 우선 5월 말부터 9월 말까지는 우기로, 강수량이 무려 8,000~9,000밀리미터에 달해 작전을 펼치기가 불가능했다. 건기에 작전을 실시한다 하더라도 작전 지역인 인도와 버마 국경 지대는 지뷰 산 및 아라칸 산으로 구성된 험준한 산맥이 남북을 가로지르고 있었고, 또 친드윈 강을 비롯한 큰 강들도 작전의 방해 요소였다. 게다가 정글 지역이 대부분인지라 당연히 교통망은 빈약했고, 인구도 적었던 관계로 식량 등의 징발도 어려웠다. 또 그곳은 악성 전염병마저 창궐하던 지역이었다(그림 2-7 참고).

이렇게 현지군이 작전 지역의 조건이 나빠 작전을 수행하기 곤란하다고 의견을 피력하고, 그 뒤 과달카날의 전황이 악화되자, 대본영은 같은 해 11월 말, 작전 실시를 보류하라고 남방군에 지시한다. 단 이것은 어디까지나 보류일 뿐 작전 취소는 아니었다. 제15군은 이 명령을 액면 그대로 받아들였다. 그래서 이후 작전이 재개될 것을 대비하여 작전 도로를 구축하고 작전 계획의 세부 사항을 연구했는데 이것이 나중에 임팔 작전 계획으로 이어진다. 또 21호 작전을 짜면서 적의 반격 전력을 10여개 사단으로 예상하면서도 아군의 작전 주력을 2개 사단 이하로 잡은 것을 볼 때, 말레이시아 작전 및 버마 공략 작전에서 일본군이 경험했던 영국군 또는 영국·인도군의 전력을 과소평가한 것이 수정되지 않은 채 그대로 이어지고 있음을 알 수 있다.

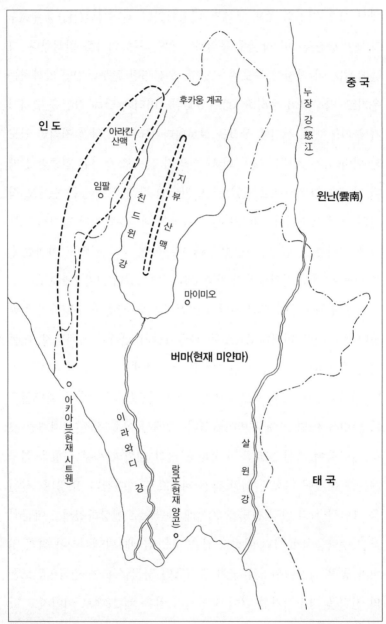

그림 2-7 버마 약도(1944년)

Map labels:
- 중국
- 인도
- 후카웅 계곡
- 아라칸 산맥
- 누장 강(怒江)
- 윈난(雲南)
- 임팔
- 지뷰 산맥
- 친드윈 강
- 망이미오
- 버마(현재 미얀마)
- 아키아브(현재 시트웨)
- 이라와디 강
- 랑군(현재 양곤)
- 살윈 강
- 태국

그러나 21호 작전과 임팔 작전 두 개가 반드시 직결된 것은 아니었다. 즉 21호 작전이 버마 공략의 여세를 잇는 적극적인 공격 작전 계획이라고 한다면, 그 후에 나온 임팔 작전은 일본의 전황 악화와 버마를 둘러싼 정세 변화에 따라 수립된 '버마 방위를 위한 방어 작전 계획'이었다. 21호 작전이 여러 불리한 조건 때문에 실시할 수 없다는 것이 명백히 밝혀졌음에도 불구하고 거의 같은 형태의 작전 구상, 즉 임팔 작전이 다시 부상한 배경에는 이런 전황 악화와 버마 정세의 변화가 있었다.

버마 정세의 변화

전황 악화에 대해서 자세히 기술할 필요는 없을 것이다. 전반적인 전세가 불리해짐에 따라 버마를 둘러싼 정세도 우려할 만한 상황으로 바뀌었다. 연합군의 버마 탈환 계획이 서서히 본격화했다. 연합군은 3개 지역(윈난, 후카웅, 임팔)의 정면에서 사전에 제한 공격을 실시한 후 이 세 방향에서의 공세와 함께 버마 남서 해안과 랑군에서 상륙작전을 감행, 총반격을 펼쳐 버마를 탈환한다는 구상이었다. 특히 후카웅 방면에서는 중국 주재 미군 사령관 조지프 스틸웰 중장이 버마에서 인도로 도망쳤던 중국군을 데려다가 미군식 훈련과 미군 장비로 무장한 제1군으로 재건하였고, 또한 인도에서 버마를 거쳐 중국으로 이어지는 수송로도 건설하기 시작해 1943년 우기에 들어설 즈음에는 버마 국경선까지 완성되기에 이르렀다.

한편 1942년 10월 이후 영국 · 인도군은 버마 남서 연안 아키아브 방면으로 진출했다. 당시 일본군(제55사단)은 이 병력을 격퇴했다. 그러나 1943년 5월까지 7개월간 계속된 이 제1차 아키아브 작전(31호 작전)을 통해 다음 2가지 사실이 분명해졌다. 즉 버마를 지역별로 분담했던 각 사단은 각자가 지켜야 할 방어 범위와 비교했을 때 병력이 부족했으며, 남동 방면(솔로몬, 뉴기니)으로 항공 전력을 이동시킴에 따라 버마 상공의 제공권이 연합군 측에 넘어갔다.

또한 연합군은 이 제공권을 이용해 버마 북부에서 원거리 공정 작전을 감행했다. 이 공정 부대는 여단장 오르드 윈게이트의 이름을 따서 윈게이트 여단으로 불렸다. 이들은 공중 보급을 받아가며 일본군 점령 지역 후방을 교란할 임무를 맡았다. 1943년 2월부터 5월까지 실시된 윈게이트 여단의 북부 버마 침입에 대해, 일본군은 처음부터 적 병력과 목적도 알아차리지 못한 채 소탕 작전에 나선다. 물론 1년 후에 전개될 대규모 공정 부대의 공격을 예상하지 못한 건 두말할 필요조차 없다. 반면 영국·인도군은 이 작전에서 공정 부대의 유효성을 확신하게 된다.

일본군은 윈게이트 여단 소탕 작전을 펼치는 동안 적 자동화기에 예상 밖의 피해를 입었을 뿐 아니라 장시간에 걸친 작전으로 피로해졌다. 또 5월 중순부터 우기가 시작되어 연일 엄청난 장맛비가 쏟아졌다. 무엇보다 일본군은 그때까지만 해도 지뷰 산맥에서 친드윈 강에 이르는 지역은 대규모 부대가 작전하기 힘든 곳이라고 생각해 왔다. 그래서 설마 적군이 이쪽으로 공격해 오리라고는 생각지 못했다. 그런데 윈게이트 여단의 군사 행동을 보고 반드시 그렇지도 않다는 것이 밝혀지는 바람에 일본군은 버마 방위 구상 자체를 재검토해야 했다.

이상에서 본 것과 같이 버마를 둘러싼 정세 변화와 정략적 관점(버마의 독립 준비'와 찬드라 보세가 이끄는 반영 인도 독립운동의 강화)에서, 일본군은 예상되는 연합군의 총반격에 대처하기 위해 버마 방위 구상을 새롭게 강화한다. 1943년 3월 말 버마 방면군이 신설되어 방면군 사령관으로 가와베 마사카즈 중장이 취임, 그 예하에 제15군을 배치, 군사령관에는 무타구치 중장이 승격했다. 그리고 북부 및 중부 버마의 방위와 작전 지휘는 제15군에 맡기고, 방면군은 아키아브의 제55사단을 직할 부대로 두어 버마 독립 준비와 대(對)인도 공작을 실시하는 등 정치와 군사 전반에 걸쳐 대응 가능한 포진을 구축한다(그림 2-8 참고).

이 방위 구상의 재편성에서 주목할 부분은, 종래의 제15군 참모진 대부분이 방면군 사령부 요원으로 차출되는 바람에 제15군 사령부 안에 버마 정세에 정통한 사람이 무타구치와 참모 한명을 빼놓고는 없었다는 점이다. 나아가 제15군은, 사령부 편성 완료와 동시에 윈게이트 여단 소탕전에 뛰어들게 되어, 신임 참모진은 전황 전반을 연구할 여유가 없었다. 이 때문에 무타구치 군사령관은 참모진의 보좌 없이 혼자 주도권을 쥐고 이후의 작전을 구상하게 된다.

----

* 일본군은 1942년 1월 버마를 침공, 1942년 5월 영국군을 몰아내고 버마를 점령한 뒤, 이전부터 지원해온 버마독립의용군을 앞세워 1943년 8월 1일 버마를 영국에서 독립시킨다 - 역주

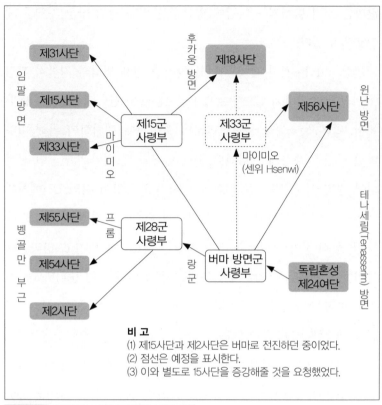

제18사단

후카웅
방면

제31사단

제18사단

임
팔
방
면

제15사단

제56사단

제15군
사령부

제33군
사령부

제33사단

마
이
미
오

마이미오
(센위 Hsenwi)

윈
난
방
면

테
나
세
림
(Tenasserim)
방
면

제55사단

프
롬

제28군
사령부

벵
골
만
부
근

제54사단

버마 방면군
사령부

랑
군

제2사단

독립혼성
제24여단

비 고
(1) 제15사단과 제2사단은 버마로 전진하던 중이었다.
(2) 점선은 예정을 표시한다.
(3) 이와 별도로 15사단을 증강해줄 것을 요청했었다.

그림 2-8 방면군 지휘 조직(1944년 1월)

즉 임팔 작전의 모든 결정 과정이 무타구치를 축으로 전개된다.

무타구치의 인도 진공 구상

무타구치는 제18사단장 시절 작전 지역의 환경 요건이 나쁘다는 이유로 21호 작전을 반대했다. 그러나 제15군 사령관에 취임하자 그의 판단은 180도 바뀐다. 즉 연합군이 3면 총공격을 준비하고 있다는 정보를 입수하고, 또 윈게이트 여단의 공정 작전을 지켜보았던 그는, 종래의 방어 중심이 아니라 공세 중심의 버마 방위론을 주창한다. 그의 판단은 이러했다. 윈게이트 여단의 행동반경을 감안하면 지뷰 산으로 설정한 현재의 방어 제1선으로는 적군을 막을 수 없다. 따라서 방어 제1선을 친드윈 강으로 넓혀야 한다. 그러나 건기에는 천연 요새 친드윈 강이 사라져 적의 진공이 방해받지 않게 되고 동시에 방위선 자체가 넓어지게 되어 아군에게 부담이 된다. 이럴 바에는 아예 처음부터 공세로 나서 연합군 반격의 진원지인 임팔을 공략하는 게 낫다. 이것이 무타구치의 판단이었다.

그러나 그의 구상은 단순히 버마 방위에 그치지 않고 인도 진공에까지 뻗었다. 그는 제18사단장이 21호 작전, 즉 인도 동부 진공 작전에 동의하지 않자, '필승의 신념'이 없는 태도로 군의 위신을 떨어뜨렸다고 질책하면서, 앞으로는 결코 상사에게 소극적인 의견을 표명하지 말고 적극적으로 상사의 의도를 받아들여 그것을 실현시켜 나가자고 결의했다. 위에서 기술했듯이 21호 작전은 취소된 것이 아니라 보류 상태였기 때문에, 무타구치의 생각으로는 작전 실시를 준비하는 것이 상사의 의도를 적극적으로 받아들이는 것이었다.

게다가 그의 인도 진공론에는 개인적인 심정도 얽혀 있었다. 그는 루거우차오 사건*의 책임자(연대장)였다는 자책감이 있었다.

----

* **루거우차오 사건** : 1937년 7월 7일, 중국 북경에 있는 루거우차오(蘆溝橋, 노구교)라는 다리 부근에서 일어난 발포 사건. 중일 전쟁의 도화선이 된 사건으로 중국에서는 7.7 사변으로 부른다 - 역주

"내가 루거우차오 사건의 계기를 제공했다. 이 사건이 커져 중일 전쟁이 되었고 결국 지금의 태평양 전쟁까지 확대되고 말았다. 혹시라도 내 힘으로 인도로 진공해 태평양 전쟁 수행에 결정적인 영향을 끼칠 수만 있다면, 태평양 전쟁의 원인을 제공한 나로서는 국가에 대해 죄책감을 다소라도 가볍게 할 수 있을 것이다."

아라칸 산맥의 방위선 추진 구상이 어떻게 인도 진공론으로 비약했을까? 아마도 무타구치의 이런 개인적 심정이 가장 큰 역할을 했는지도 모른다.

무타구치는 자신의 구상을 먼저 '부고(武号) 작전 구상'이라는 이름으로 구체화시켰다. 이 작전 구상은 인도 진공의 전단계로서 방위선을 친드윈 강 서쪽의 민타미 산으로 넓히려는 계획이었다. 구체적으로 장마 기간을 전후해 기습 공격을 개시하면 곧 장마가 본격적으로 시작되므로 적의 반격이 힘들어질 것이라고 판단하여 작전 개시를 5월 말로 정했다. 그러나 제15군 참모진은 이 작전에 무리수가 많다고 판단했다. 예를 들어 장마철을 대비한 작전 준비가 이루어지지 않았고, 작전 개시일까지 시간적 여유도 없었다. 또한 버마 방면군 편성에 따른 방위 관할 지역 이동과 윈게이트 여단 소탕전 때문에 부대원들은 잔뜩 지쳐 있었다. 그 외에도 보급 문제가 걸렸고, 전염병 다발 지역인 지뷰 산맥 서쪽 지구에 부대를 상주시키는 것도 위험 부담이 따랐다.

오바타 노부요시 참모장 이하 제15군 참모들은 군 사령관에게 부고 작전이 불가하다는 뜻을 전했다. 무타구치는 불같이 화를 냈다. 그는 공세방어가 군사적으로 옳은 판단이라고 강조하면서, 처음으로 아삼*으로 진공할 것이라는 의도를 분명히 말한다. 더불어 버마 전황을 타개해 전쟁 전반에 활력을 불어넣을 것이라는 소신도 피력했다. 사령관의 아삼 진공론을 처음 접한 참모진은 경악했다. 게다가 군 사령관의 이런 구상이 바뀌지 않을 것이라는 것도 깨달았다. 이에 오바타 참모장은 군사령관의 결심을 바꾸려면 외부의 힘을 빌려야 한다고 판단, 예하 제18사단장 다나카 신이치 중장을 찾아갔으나, 오히려 이러한 행동이 지휘 계통을 무시한 것으로 받아들여져 결국 오바타 소장은 참모장에서 해임된다.

4월 말, 제15군 부대장 회동이 처음 열린 자리였다. 무타구치는 그동안 흉중에 품고 있던 인도 진공론을 예하 사단장들에게 언급한다. 이를 들은 각 사단장들은 아연실색한다. 그러나 누구도 회의장에서 반론을 제기하지 않았다. 다만 주제와 동떨어진 잡담을 나누어, 군 사령관의 구상에 동의하기 힘들다는 의견을 간접적으로 드러냈을 뿐이다. 물론 누군가 직접 반론을 제기하더라도 무타구치는 수용하지 않았을 것이다. 한편 다나카 제18사단장은 결국 오바타의 부탁을 받아들여 부고 작전의 어려움을 제언했지만, 무타구치는 자신의 작전 의도를 바꾸지 않았다.

----

* **아삼(Assam)** : 인도 동북부에 있는 주 - 역주

부하의 반론에 귀를 기울이지 않는 무타구치의 적극론을 현지에서 제지할 수 있는 사람은 가와베 방면군 사령관 오직 한 명뿐이었다. 게다가 가와베는 루거우차오 사건 당시 연대장이었던 무타구치의 직속상관인 여단장을 맡고 있었으며 줄곧 절친한 관계를 유지하고 있었다. 그러나 무타구치가 임팔 공략론을 들고 나왔을 때 가와베는 "무슨 수를 써서라도 무타구치의 생각을 관철시키고 싶다"라고 말했다. 방면군 고급참모 가타쿠라 다다시 소장의 진술을 빌린다면, "우리 군사령관은 개인감정에 치우치는 바람에 무타구치의 행동을 막으려고 하지 않았다"고 한다.

부고 작전 구상은 임팔 공략론과 직결되었다. 버마 바깥으로 진출하는 작전은 제15군 독자적으로 결정할 수 없었던 관계로 시간이 지체되었다. 그렇게 어영부영하다가 장마철을 맞는 바람에 부고 작전은 자연스레 소멸되었다. 그러나 무타구치의 임팔 공략, 그리고 인도 동부 진공에 대한 열의는 전혀 꺾이지 않았다. 무타구치는 5월 중순 제15군 사령부를 방문한 이나다 마사즈미 남방군 총참모부장에게 "아삼이나 벵골에서 장렬히 죽고 싶다"고 말했다. 이 일화는 그의 개인적 심정이 얼마나 강렬했는지 잘 보여준다.

● 작전 계획 결정 과정

작전 목적과 계획을 둘러싼 대립

1943년 5월 초, 싱가포르 남방군 사령부에서 군사령관 회의가 열렸다. 여기에서도 무타구치는 임팔 공략론을 역설했다. 가와베도 아라칸 산맥을 중심으로 하는 방어선 유지를 주장, 무타구치의 주장에 힘을 실어 주었다. 그러나 가와베는 아라칸 산맥까지 진출하는 데만 동의했는데, 이것은 그가 무타구치의 아삼 진공론이 무모하다고 판단한 것이었다.

한편 남방군에서도 버마 방위를 위해서는 부분적이나마 공세 중심의 작전을 펼칠 필요가 있다는 의견이 나왔다. 즉 아라칸 산맥으로의 진출을 용인하는 견해였다. 적의 반격 태세는 나날이 거세지고 있는데, 줄곧 방어만 하는 것은 오히려 불리하다고 본 것이다. 그러나 이나다 총참모부장은, 이 공세방어는 어디까지는 부분적이고 한정적으로 진행되어야 하며, 생각대로 되지 않을 때는 즉시 중지할 수 있는 탄력이 있어야 하고, 동시에 보급과 지형도 확실해야 한다고 판단했다. 따라서 그의 눈에는 제15군이 구상하고 있는 임팔 작전 계획이 지형과 보급을 무시한 무리한 작전이며, 또 무타구치의 아삼 진공론도 작전의 한계를 넘는 위험한 공격으로 비쳐졌다. 결국 남방군은 공세방어가 필요하다고 인정하면서도 임팔 작전의 구체적인 계획에 대해서는 도상연습을 통해 충분히 검토하라고 방면군에 요청한다.

방면군 주최의 도상연습은 6월 말 랑군에서 실시되었다. 검토 결과, 방위 진출선을 민타미 산맥 안쪽으로 제한하더라도 영국 · 인도군의 반격을 맞아 어차피 전투가 벌어질 것이므로 처음부터 적의 진원지인 임팔을 공략할 것을 작전 목적으로 해야만 한다는 결론이 도출된다. 여기까지는 제15군의 희망과 거의 일치하였고, 동석했던 남방군 및 대본영 참모들도 반론을 제시하지 않았다. 그러나 제15군의 작전 계획에는 아직도 무리한 부분이 남아 있어, 이 계획의 수정 또는 변경이 이후의 중요한 논쟁점이 될 것으로 보였다.

제15군의 작전 계획은 아라칸 산맥에 있는 적을 기습 격파해 단번에 아삼 지역으로 진출하는 것이 목표였다. 이를 달성하기 위한 구체적 전술로 남쪽 및 동쪽의 제15사단과 제33사단을 동원해 임팔을 공격함과 동시에, 제31사단으로 하여금 북방 지역의 코히마를 공략, 적의 퇴로를 차단하면서 아삼으로 진출하기로 계획하였다(그림 2-9 참조).

이 계획은, 첫째 아삼으로 진출하는 구상이라는 점, 둘째 이를 위해 북방(코히마)에 중점을 두었다는 점, 셋째 급습 격파를 강조하는 것에서 보듯이 지형에 따른 보급과 이동의 어려움을 간과했다는 점에서 문제가 매우 많았다. 이나다 소장은 물론 방면군의 나카 에이타로 참모장도 이러한 문제점을 지적하면서 제15군에 작전 계획을 재고할 것을 요구했다.

나카 참모장은, 코히마 공략에는 제31사단의 일부만 투입하고 또 중점을 북방이 아닌 남방에 두어야 한다는 의견을 피력했다. 더 나아가 그는 제31사단의 주력을 군 예비 병력으로 제2선에 둔다면 만약 임팔 공략이 실패로 끝나더라도 필요 적절하게 전선을 정비할 수 있어 유연하고 튼튼한 방위선을 구축할 수 있다고 주장했다(그림 2-10 참조).

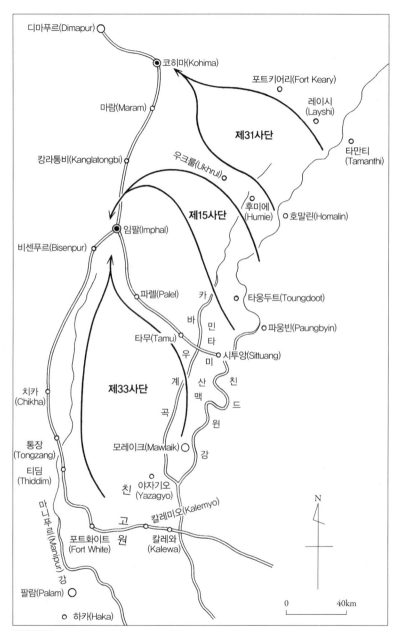

디마푸르(Dimapur)

코히마(Kohima)

포트키어리(Fort Keary)

레이시
(Layshi)

마람(Maram)

제31사단

타만티
(Tamanthi)

캉라통비(Kanglatongbi)

우크룰(Ukhrul)

후미에
(Humie)

호말린(Homalin)

임팔(Imphal)

제15사단

비센푸르(Bisenpur)

파렐(Palel)

카
바
민
타
우
계
곡

타웅두트(Toungdoot)

파웅빈(Paungbyin)

타무(Tamu)

미
산
맥

친
드
원
강

시투앙(Sittuang)

치카
(Chikha)

제33사단

모레이크(Mawlaik)

통장
(Tongzang)

티딤
(Thiddim)

친
고
원
강

야자기오
(Yazagyo)

칼레미오(Kalemyo)

마니푸르(Manipur)

포트화이트
(Fort White)

칼레와
(Kalewa)

N

팔람(Palam)

하카(Haka)

0   40km

그림 2-9 제15군 임팔 작전 구상도

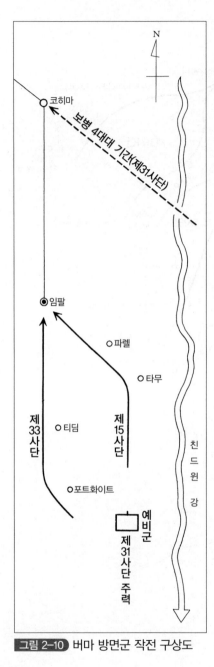

N

코히마

보병 4대대 기간(제31사단)

임팔

파렐

타무

제
33
사
단

티딤

제
15
사
단

포트화이트

친
드
원
강

예
비
군

제
31
사
단
주
력

그림 2-10 버마 방면군 작전 구상도

이나다 역시 보급의 중요성을 강조해 나카 참모장의 의견에 전적으로 동의했다. 그러나 제15군의 작전 계획을 보면, 확실히 아삼 진공을 더 이상 역설하지 않았지만, 다른 부분에 대해서는 그 어떠한 수정도 없었다. 그리고 나카는 이런 제15군의 태도에 대해 가와베 방면군 사령관에게 불만을 표출했지만, 가와베는 이 불만을 받아들이지 않았다.

가와베는 최후 결단은 자신이 내린다고 말하고, 방면군의 통수(統帥)가 무너지지 않는 한 무타구치의 열의와 의욕을 적극 존중하라고 나카에게 명령했다. 가와베는 단지 무타구치의 심정을 누구보다도 잘 알고 있다고 자부했을 뿐, 작전 목적을 철저히 검토하려는 노력을 기울이지 않았다.

무타구치의, 그리고 제15군의 작전 구상은 도상연습 결과의 영향을 전혀 받지 않았다. 무타구치는 원래의 명령 계통, 즉 상관에 해당하는 방면군 사령관 이외의 의견이나 견해에는 복종하지 않았다. 따라서 가와베로부터 분명한 지시가 없는 한 방면군 참모장 이하의 말에 귀를 기울일 필요가 없다고 여겨 자신의 소신대로 행동했다. 무타구치의 입장에서는 21호 작전을 연구하라는 지시는 아직도 살아 있었다. 따라서 상사의 의도를 적극 수행한다는 측면에서 어떠한 난관이 따르더라도 아삼 진공 작전을 연구하는 것은 부하의 당연한 임무였다. 무타구치는 나카와 이나다가 너무 소극적이라고 생각했다. 그 후 전황 전반이 악화되자 인도 진공을 통해 전쟁에 활력을 불어넣어야 한다는 의지는 점점 견고해졌다. 그러나 무타구치도 지금 상황에서는 상급 사령부가 아삼 진공 계획을 승인하지 않을 것이라고 판단했다. 그래서 일단 임팔 작전을 실시한 뒤 이 작전이 순조롭게 진행되면 기회를 보아 아삼으로 진공하자고 의견을 제시하리라고 마음먹었다. 또 제15군 참모진의 신중론이 군사령관에게 직접 전달되는 일이 사라진 것은 이미 오래 전이었다. 어떤 말을 해도 사령관이 귀를 기울이지 않을 것이라는 분위기가 제15군 사령부에 팽배했다.

이상과 같이, 1943년 시점에서 임팔 작전 자체에 관해서는 제15군과 방면군, 남방군 사이에 공세방어라는 합의가 이루어졌다. 그러나 남방군과 방면군은 이 작전의 한계를 명확히 했다. 즉 이 작전은 아삼 진공을 포함하지 않는 단순한 버마 방위 작전이며, 또한 보급은 매우 중요한 문제이므로 남방 지역을 중심으로 삼아야 작전의 유연성과 견실성을 확보할 수 있다고 생각했다. 그러나 남방군과 방면군의 이런 취지는 제15군에 제대로 전달되지 못했다. 아삼 진공 계획을 염두에 둔 채 북방 지역을 중심으로 삼아 적을 급습 격파한다는 제15군의 이른바 '히요도리고에 전법'은 절대 견실한 작전 계획이라고 할 수 없었다. 또한 남방군과 방면군은 제15군이 도상연습을 검토한 뒤 작전 계획을 수정할 것이라고 기대하는 바람에, 정작 제15군이 나카, 이나다의 의견 취지를 전혀 이해하지 못하고 있음을 알아차리지 못했다.

대본영의 인가

대본영에서는 임팔 작전에 대해 부정적인 의견이 유력했다. 도상연습에 동석했던 대본영 참모 다케다 노미야는 "15군의 전략은 철저하지 못할 뿐 아니라 오히려 마음 내키는 대로 수립한 적극책"이라고 보고했고, 또 작전 준비 상황을 고려하더라도 실시하는 것 자체가 무리라고 판단했다.

그러나 현지군이 공세방어가 필요하다고 합의한 이상 대본영으로서도 이를 무시할 수는 없었다. 더구나 대본영에게는 노림수가 있었다. 설령 임팔 공략이 실패하더라도 인도 한 귀퉁이에 당시 일본이 후원하고 있던 인도독립의용군의 본거지를 만들 수 있다면, 도조 정권의 전쟁 지도가 통했다는, 이른바 정치적 효과를 얻을 수 있다고 판단한 것이다. 결국 대본영은 실제 작전을 실시할지 말지는 나중에 결정하기로 하고, 일단 8월 초 남방군에 임팔 작전의 실시를 준비하라고 지시한다.

지시를 받은 남방군은 버마 방면군에 '우고(ウ号) 작전'의 준비를 명령한다. 그러나 여기서는 작전 목적을 버마 방위 강화, 그리고 그 목표를 임팔로 한정해 작전의 유연성과 견실성을 꾀하도록 요구했다. 남방군의 명령에 따라 방면군은 〈우고 작전 준비 요강〉을 작성하여 이것을 제15군에 전달했다. 이 요강에는 남쪽에 중점을 두라고만 적혀 있어 오해의 여지가 있었다. 그러나 방면군은 이 모호한 표현을 수정하지 않았다. 지금까지 취했던 연락을 통해 제15군이 충분히 그 취지를 파악했을 것이라 판단했기 때문이다. 결국 방면군의 본래 의도는 제15군에 제대로 전달되지 못했다. 오히려 제15군은 그 애매한 표현을 자기들 입맛에 맞게 해석한다.

8월 말에 열린 제15군 지휘관 회의에 참석한 방면군의 나카 참모장은 제15군의 작전 구상이 조금도 수정되지 않았음을 알게 된다. 그러나 그는 아무런 반론을 제기하지 않은 채 '히요도리고에' 작전 계획을 묵인하였다. 오히려 그는 9월 중순 남방군 참모장 회의에 출석해 "제15군이 심혈을 기울여 계획한 작전이므로"라는 말로 작전 계획의 채택을 요청했다. 이것은 방면군 사령관(가와베)의 의사에 따른 것으로 군사적 합리성보다 인간관계와 조직 내 융화를 중시하

---

* **우고(ウ号) 작전** : 일본 측은 임팔 작전을 우고 작전이라 불렀다 – 역주

는 분위기가 반영된 결과이기도 했다. 아무튼 방면군도 이 시점에서는 제15군의 기습 작전에 동조한 셈이다.

그럼에도 이나다는 랑군 도상연습에서 검토한 결과를 중시해 작전 계획이 수정되지 않는 한 허가할 수 없다는 주장을 굽히지 않았다. 그러나 그 역시 제15군의 작전 계획을 수정하기 위한 노력, 즉 데라우치 히사이치 남방군 사령관에게 수정 명령을 내리도록 요청하지 않았다. 그리고 10월 중순 결국 이나다는 전출되었고 그 후임으로 아야베 기쓰주 중장이 취임하면서 남방군도 제15군의 작전 계획을 묵인하는 방향으로 나아간다.

아야베가 결단을 내린 계기는, 12월 말 마이미오에서 열린 제15군 도상연습이었다. 당시 아야베와 동행한 남방군 참모 1명은, 제15군 참모나 작전 참가 사단의 다수가 작전 계획에 동의하지 않는다는 사실을 알았고, 또 보급에 무리가 있다는 관점에서 작전을 중지할 뜻을 아야베에 비쳤다. 그러나 아야베는 제1선 군사령관의 공세 의욕을 꺾는 것은 좋지 않다고 판단, 또 작전을 중지할 경우 발생할지도 모르는 군 내부의 혼란을 염려해 작전 결행 쪽으로 가닥을 잡고 있던 때였다. 결국 작전 중지를 권고한 참모 역시 이러한 아야베의 속내를 읽고 반대 의견을 철회했다. 아야베는 가와베 방면군 사령관의 확신을 확인함과 동시에 마침내 제15군의 기습 작전, 즉 '히요도리고에' 작전 계획을 용인한다. 여기서도 역시 군사적 합리성은 무시되고, 조직 내의 융화와 조화가 중시되는 분위기였다.

한편, 대본영은 이전과 다름없이 우고 작전의 결행에 소극적이었다. 특히 이탈리아가 전선에서 밀린 9월 이후 인도양의 영국 해군력이 증강될 것으로 예상되어 영국·인도군이 상륙작전을 감행할 위험이 높아지고 있었다. 대본영은, 이러한 상태에서 임팔 작전을 결행한다면 방면군 주력 부대가 버마 북부 및 중부에 주둔하게 되므로 버마 남부의 방위는 중대한 위기에 봉착하게 될 가능성이 있다고 판단했다. 이에 대해 남방군은, 오히려 그렇기 때문에 적의 기선을 제압하는 임팔 작전을 결행하여 적의 상륙 의지를 사전에 분쇄하고 작전 주도권을 확보해야 한다고 주장했다.

대본영 중추 기관인 참모본부 작전부장 사나다 조이치로 소장은 버마 방어는 전략 지구전으로 몰고 가야 하며, 임팔 작전처럼 위험한 도박에 손을 대서는 안 된다고 보았다. 이에 따라 1944년 1월 초, 아야베가 도쿄로 와 우고 작전의 허가를 요구했을 때에도, 사나다는 보급 및 제공권 불리와 버마 남부 방위의 우려 등을 지적하며 작전 개시는 불가하다고 못 박았다. 그러자 아야베는 이 작전은 불리한 전황을 타개하는 묘수로 데라우치 남방군 사령관이 강하게 희망하고 있다면서 대본영의 허가를 다시 요청한다. 이에 사나다는 전체 전황을 지도하는 것은 남방군이 아니라 대본영의 임무라며 반론을 제기하는데, 바로 이때 스기야마 참모총장이 데라우치가 그렇게 희망하고 있다면 남방군이 가능한 범위 내에서 작전을 결행해도 되지 않겠느냐며 사나다에게 넌지시 언급, 결국 사나다 역시 스기야마의 '인정론'에 굴복하고 만다. 이렇게 군사적 합리성을 내팽개친 채 '인정주의'와 조직 내 융화를 우선시한 또 한 번의 판단이 내려지고 만다.

총리 겸 육군대신이었던 도조 히데키는 작전 개시를 허가하겠다는 대본영의 의향을 전달받고 다음 다섯 개 항목을 질문했다고 한다.

(1) 임팔 작전 수행 중에 버마 남부 해안으로 영국 · 인도군이 상 륙하면 이에 대해 대응 조치를 취할 수 있는가?
(2) 임팔 작전에 추가 병력을 투입해야 할 경우는 생기지 않을까? 그리고 방어상 불리한 점은 없는가?
(3) 약한 항공 전력 때문에 지상 작전을 수행하는 데 지장이 생기 지 않는가?
(4) 작전 수행에 있어 보급은 충분한가?
(5) 제15군의 작전 구상은 견실한가?

다섯 개 항목 모두 작전 개시까지의 단계에서 문제시되었던 것들 로 어떻게 보면 당연한 질문이기도 했다. 그러나 이미 작전 결행을 결정한 대본영은 이 질문에 대해 문제없다고 답변하였다. 도조가 지적한 5개의 문제점에 대해 단 하나도 면밀한 검토를 거치지 않았 고, 아무것도 확신하지 못한 상태에서 결단을 내린 것이다. 심하게 말하자면, 기분 내키는 대로 결정을 내려놓고, 나중에 이유를 갖다 붙여 합리화했던 것이다. 이렇게 1944년 1월 7일 대본영은 우고 작 전(임팔 작전)의 결행을 승인했다.

● 작전 준비와 실시

히요도리고에 전법

제15군의 우고 작전 계획은 전략적 기습이 전제였다. 바꾸어 말하자면, 기습돌격으로 적의 지휘를 혼란에 빠뜨리는 동시에 사기를 꺾은 다음 그 여세를 몰아 단번에 승패를 결정한다는 것으로, 기습의 효과에 작전의 성패가 달려 있었다. 그런데 혹시 기습이 실패로 돌아가면 어떻게 되는 것일까? 실패를 대비한다면, 작전 변경 시기를 미리 정해두어야 확실한 방어선을 구축하며 후퇴 작전을 펼칠 수 있을 것이다. 그래야 완패를 피할 수 있다. 즉 컨틴전시 플랜(예상치 못한 사태에 대비한 계획)을 사전에 검토하지 않으면 안 되었다. 그런데 제15군은 불의의 사태에 대비할 필요를 전혀 느끼지 못했다.

무타구치는, 만약의 경우를 대비하는 것은 작전의 성공을 의심하는 것과 같으며 이는 곧 필승의 신념과 모순되기 때문에 부대 사기에 악영향을 끼친다고 생각했다. 제15군은 작전 기간을 3주로 예정하고 있었지만 이것은 작전이 아군에 불리한 상황으로 흐를 경우 3주 안에 그만둔다는 의미가 아니라, 3주 안에 임팔 작전을 반드시 승리로 이끈다는 '필승 신념'에 바탕을 두고 설정한 시한이었다. 게다가 무타구치는 변함없이 아삼 진공을 고집하고 있었다. 즉 그는 작전 성공을 낙관했으며, 따라서 컨틴전시 플랜을 검토할 필요가 없다고 여겼다.

그러나 험준한 지형을 극복해 3주 안에 임팔을 공략하기란 사실상 불가능해 보였다. 애초에 방면군이 이 작전은 남방에 중점을 두고 수행해야 한다고 강조한 이유도 결국 작전이 성공하지 못할 경우를 대비한 것으로, 컨틴전시 플랜의 하나였다고 볼 수 있다. 1943년 9월에 방면군이 제15군의 작전 구상에 동조한 이후에도, 예를 들어 나카 방면군 참모장은 그 다음해 1월 중순 제15군에 공격 명령을 내릴 때에도, 주공격 방향과 병력수를 방면군의 작전 구상에 명기하도록 강요하려고 했다. 그런데 가와베 방면군 사령관이 "거기까지 결정해 버리면 무타구치의 체면이 서지 않는다. 또 대군을 통수하는 사람으로서도 모양세가 좋지 않다"며 나카의 명령안을 고치도록 한다. 결국 여기서도 '체면'과 '인정'이 군사적 합리성을 능가해 버린 것이다.

한편 제15군의 히요도리고에 전법은, 싸우기도 전에 이미 그 효과를 잃고 있었다. 왜냐하면 윌리엄 슬림 중장이 이끄는 영국 제14군이 수색과 공중 정찰을 통해 일본군의 임팔 작전 개요를 거의 정확하게 꿰뚫고 있었기 때문이었다. 슬림 중장은 이렇게 파악한 정보를 토대로 주력 전장을 친드윈 강 동쪽으로 한다는 기존 방침을 폐기하고 후퇴 작전으로 전환했다. 물론 슬림 중장은 후퇴하면 장병들의 사기가 떨어지고 인도 국내가 잠시나마 동요한다는 사실을 알고 있었다. 그러나 이런 악영향을 감수한 이유는 그만큼 후퇴 작전이 유리하다고 판단했기 때문이다. 즉 일본군이 아라칸 산맥을 넘어오게끔 유인하면 그만큼 보급선이 늘어질 것이고, 이때 임팔 주변 지역에서 주력 부대가 공격하면 성공할 확률이 높다고 슬림

	15군 요구	방면군 요구	남방군 내정	대본영 실시
차량 중대	150	90	26	18
수송병 중대	60	40	14	12
수송 사령부	3~4	2	2	1
병참 지구대	4	3	1	0
병참 병원	3~10	6	3	0
병참 위생대	4	3	1	0
도로 개설대	4~5	3	2	2
독립공병연대	5	3	2	0

표 2-5 병참 부대 계획과 실시 상황

중장은 판단했다. 제15군이 적 작전 계획을 한 치도 파악하지 못한 것에 비해 영국·인도군은 사전 정보전부터 승리를 거두고 있었다. 결국 일본군의 전략적 기습 효과는 처음부터 기대할 수 없었다.

작전 준비

임팔 작전 계획은 컨틴전시 플랜이 없었기 때문에 작전의 유연성과 견실성이 담보되지 못했다. 그리고 영국·인도군이 정보전에서 이미 승리했기 때문에 운이 엄청나게 따르지 않은 한, 작전 실패는 처음부터 보증되어 있었다. 게다가 작전의 파탄 징조는 그 준비 단계에서 나타난 몇 가지 결함으로 더욱 분명해졌다.

최대의 결함은 보급 경시 및 준비 불충분으로, 당시의 병참 부대의 증강 계획과 그 실시 상황에 단적으로 드러나 있다(표2-5).

전황 악화로 선박 사정은 극도로 궁핍했고, 육상 교통 역시 적이 제공권을 쥐고 있어 거의 마비 상태에 가까웠다. 방대한 수송 부대의 증강은 처음부터 생각할 수 없었다. 보급이 이렇다면 작전 자체가 성립하지 못한다.

그런데 무타구치는 처음부터 병참을 중시하지 않았다. 진격 전법에 작전의 성패를 건 무타구치는 "이 작전은 일반적인 시각으로 본다면 처음부터 성립하지 않는 작전이다. 보급이란 원래 적에게서 취하는 법이다"라고 말해 방대한 병참 부대는 임팔을 공략한 후에나 생각할 일이라는 의견을 밝혔다. 무타구치는 임팔만 점령한다면 그 후의 보급은 어떻게든 될 것이고, 또 이 지역 자체가 적의 거대한 보급 기지이므로 이를 이용할 수 있다고 판단했다.

문제는 참가 부대가 후방 보급에 의존하지 않고 어떻게 자력으로 3주간의 진격을 계속할 수 있을 것인가라는 점이었다. 게다가 전략적 기습에 작전의 성패를 건 이상, 기습 효과를 깎아내릴 요소들을 가능한 한 배제하지 않으면 안 되었다. 각 부대는 중화기를 최소한으로 줄여 행군 속도를 높이는 한편, 산악 행군에 맞춰 코끼리·소·말을 이용한 식량·탄약·병기 수송 등을 계획해야 했다.

그러나 결과를 놓고 본다면, 중화기의 부족으로 포병력이 열세에 놓였고, 이 때문에 견고한 적 진지를 공격하기 어려웠다. 동물을 이용한 수송 역시 그 담당 인원을 따로 두어야 하는 바람에 전투 인원이 부족해지는 결과를 초래했다. 또한 도하·산악 행군에서는 뜻하지 않게 많은 수의 코끼리와 소가 죽는 바람에, 가령 제31사단의 경우는, 장병들이 쓸 보병 탄약이 절반밖에 도착하지 못했다. 게다가 이미 작전 개시 전에, 쌓아놓은 군수품이 적기의 집요한 폭격으로 상당 부분 손실되었다.

보급 · 병참의 준비 불충분 및 경시는, 기습 돌파 일변도의 작전 구상과 적 전투력의 과소평가에서 비롯되었다. 이런 상황을 무엇보다 잘 나타내고 있는 것이 바로 무타구치가 남긴 다음과 같은 언급이다.

"영국 · 인도군은 중국군보다 약하다. 과감하게 포위하고, 우회를 실행한다면 반드시 퇴각한다. 보급을 걱정할 필요는 없다. 말레이시아 작전의 경험에 비추어 보아도 과감한 돌진이야말로 승리의 지름길이다."

제15군은 같은 이유로 항공 협력에 대해서도 낙관하고 있었다. 친드윈 강을 도하할 때만 항공 지원이 필요하고 그 후엔 진격 전법을 구사할 것이므로 항공 협력이 없어도 작전 수행에 지장은 없다고 판단했던 것이다.

임팔 작전의 파탄을 운명 지은 또 하나의 원인은, 상급 사령부 간의 의견 불일치였다. 작전 구상에서의 의견 불일치는 앞에서 구체적으로 살펴보았다. 여기서는 작전 준비 단계에서의 사례로 제15사단의 태국 주둔을 살펴보고자 한다. 즉 임팔 작전에 참가하기 위해 중국 전장에서 내려오고 있던 제15사단은 남방군에 의해 의도적으로 버마에 늦게 도착하게 된다. 이나다 마사즈미가 제15사단을 태국에 주둔시킨 데는, 불리한 전황 때문에 태국이 동요되는 것을 막고 태국-버마 간의 수송로를 정비하기 위한 목적도 있었다. 그러나 진짜 이유는 제15군의 히요도리고에 작전을 걱정했기 때문이었다. 즉 제15사단을 태국에 둠으로써 제15군의 성급한 작전 개시를 견제·방지하려고 했던 것이다. 이나다가 전출당한 이후 남방군의 태도는 180도 달라졌지만, 버마에 늦게 도착한 제15사단은 준비 기간도 없이 곧장 아라칸 산중에 투입되었다. 게다가 사단 전체가 작전에 투입된 것도 아니어서, 임팔 작전에 나선 사단장이 자기 사단의 병력을 장악하지 못하는 상황도 발생했다. 또 작전 개시 직전에 사단의 중심이라고 할 수 있는 작전주임참모와 보병단장이 서로 자리를 맞바꾸는 등 이해하기 힘든 정기 인사이동마저 있었다.

무타구치는 버마 도착이 늦어진 제15사단에 대해 "싸우기 싫다고 해서 언제까지 태국에 머물 셈인가?"라며 역정을 냈다고 한다. 제15사단뿐만 아니라 다른 사단장과 무타구치 간의 의사소통 역시 원활하지 못했다. 그러나 무타구치는 예하 사단장과의 의사소통에 각별한 노력을 기울이기는커녕 오히려 그들과의 회합을 꺼렸다. 작전 결행 직전의 제15군 작전 회의를 보면, 무타구치는 사단장이 아니라 사단 참모장들을 집합시켜 회의를 진행했다.

작전 개시

임팔 작전 인가가 떨어진 후 방면군의 버마 방위 구상은 모두 임팔 작전을 중심으로 계획되었다. 그 개요는 먼저 아키아브 방면에서 견제 작전을 실시한 후 제15군 주력이 임팔 작전을 감행하고 그 사이 후카웅 및 윈난 방면은 지구전을 실시한다는 것이었다. 임팔 작전은 단번에 버마 방위의 성패를 가르는 중요성을 띠게 되었다. 모든 면에서 임팔 작전이 우선시되었다. 그래서 1943년 10월 말 새로 편성된 미중 연합군 제1군이 후카웅 방면으로 진출해 일본군 제18사단을 곤경에 빠뜨렸을 때도 무타구치는 임팔 작전에 지장이 있다는 이유로 제18사단의 증원 요청을 거부했다.

적은 이미 후카웅 작전을 통해 일본군의 전법을 훤히 알게 되었고, 덕분에 능숙하게 일본군을 따돌릴 수 있었다. 또 공중을 통해 보급을 받았기 때문에 행동반경에 제약이 없이 놀라울 정도로 자유롭게 이동했다. 일본군은 이렇게 적의 전력이 향상되었다는 점을 경시했다. 오히려 무타구치는 이렇게 꾸물거리다가는 적에게 선제공격할 기회를 주는 것이 아니냐며 우고 작전(임팔 작전)의 조기 결행을 재촉하기에 이른다. 결국 뒤에 나오는 윈게이트 공정 부대의 버마 북부 침입으로 제18사단은 후방까지 위협받아 임팔 작전 못지않은 비참하고 고통스러운 전투를 계속하게 된다.

한편 임팔 작전의 견제 작전으로 1944년 2월 초에 개시된 제2차 아키아브 작전(하고 작전)에서도 일본군(제55사단)은 예상치 못한 고전에 빠진다. 적은 일본군에 의해 포위되었으면서도, 우수한 화력을 바탕으로 원통진지를 구축, 공중 보급을 받아가며 계속 저항했다. 그러는 와중에 증원군이 일본군 후방에 도착, 결국 일본군 부대가 안팎으로 역포위되는 상황이 발생했다. 새로운 전법을 접한 일본군은 경악을 감추지 못했다. 그러나 제15군은 수차례 전투를 겪으면서도 이 전법에 대해 아무런 교훈을 얻지 못했고, 이후 진행되는 임팔 작전에서도 원통진지 전법에 상당히 고전해야만 했다.

임팔 작전 결행 직전인 3월 초 버마 북부에 다시 적 공정 부대가 강하하기 시작했다. 제15군은 당초 그 병력도 목적도 파악하지 못한 채 무타구치는 이를 단순히 후방 교란 작전으로 판단했다. 그러나 실제 이 새로운 윈게이트 부대는 3개 여단으로 그 규모가 커져 있었고, 후방 교란은 물론, 제15군이 전개하려던 임팔 작전의 허점을 노려 버마 북부 및 중부 일대의 일본군을 깡그리 소탕하는 것이 목적이었다.

단편적인 공중 정찰이긴 했지만 일본군 제5비행사단장은 사태의 심각성을 눈치챘다. 그래서 임팔 작전을 연기하고, 공정 부대를 소탕하는 것이 우선 과제라고 제언하지만 가와베도 무타구치도 이를 받아들이지 않았다. 두 사람은, 공정 부대의 진출은 적의 반격이 절박해지고 있다는 증거이므로 하루빨리 임팔 작전을 결행해야 하며, 게다가 지금 작전을 결행하면 적이 공정 작전에 전념하는 빈틈을 노릴 수 있다고 판단했다. 그리고 이미 강하한 공정 부대는 각개 격파로 간단히 처리할 수 있다고 보았던 것이다.

이렇게 임팔 작전은 개시되었다. 윈게이트 공정 부대의 진출로 후카웅 작전은 곤경에 빠졌지만, 임팔 작전만 성공한다면 다른 지역의 어려운 상황도 단번에 개선시킬 수 있었다. 즉 버마 방어의 장래는 임팔 작전의 성패에 모든 것이 달려 있었다.

작전 실시와 중지

실제로 전개된 임팔 작전의 세부 사항을 여기서 되풀이할 필요는 없다고 생각한다. 임팔 작전의, 그 비상식적이고도 비참한 현실은 너무나 잘 알려져 있기 때문이다. 물론 참가 부대가 용맹하게 전투에 임한 점은 칭찬받아 마땅하다. 그러나 작전 자체만 놓고 본다면 완전한 실패로 끝났다.

슬림의 후퇴 작전으로 제15군의 기습 작전은 아무런 효과를 거두지 못한다. 적 전투력을 과소평가하고, 화력이 열세라는 사실을 무시한 채 돌진을 우선시했고, 보급을 경시함으로써 적의 견고한 원통진지를 제대로 공략할 수 없었다. 참가 사단들은 3주간의 식량만을 받았고, 탄약도 재보급을 받을 수 없었다. 4월 말이 되자 전력은 임팔 작전 개시 당시의 40퍼센트 전후로 낮아졌다. 슬슬 한계에 다다르고 있었다. 게다가 장마는 예년보다 빨리 왔다.

분명, 이 작전을 실시하는 과정에서 각 부대의 지휘관은 착오나 오판을 어느 정도 저질렀다. 그러나 어느 전투에서나 오판과 착오는 따르는 법이다. 이 때문에 처음부터 오판과 착오를 염두에 두고 작전 계획을 수립한다. 하지만 제15군의 우고 작전(임팔 작전)에는 그런 유연성 없이 오직 돌진만을 강조하였다. 그리고 일련의 사태가 계획대로 진행되지 않을 때 제15군이 내놓은 작전들은 컨틴전시 플랜이 없었던 관계로 어떻게 하면 그 상황을 탈피할 수 있을까 하는 임기응변이 대부분이었다. 또 군사령부가 전투 현장의 실정을 제대로 파악하지 않았기 때문에, 군사령부가 내놓은 응급조치는 비현실적이기 일쑤였고, 이는 일선 전투 부대의 반감을 샀다. 덧붙여 군사령관과 각 사단장 사이에 의사소통이 부족했기 때문에 작전 지휘를 원활히 할 수 없었고, 사단장 경질과 해임, 그리고 유명한 '항명 사건'*까지 일어났다.

작전 실패는 명백했다. 그렇다면 현재의 작전을 중지하고 빠른 시일 안에 방위선을 재설정해야 한다. 그래야 피해를 최소한으로 줄이고 버마 방위의 파탄을 막을 수 있다. 그러나 컨틴전시 플랜이 없었기 때문에 전투태세를 제때 전환하거나 작전을 중지하기가 어려웠다. 또한 '체면'과 '보신', 조직 내 융화 중시, 정치적 고려 등의 요소가 필요 이상으로 작용해 작전 중지 결정이 늦어졌다. 이 때문에 결국 현지 부대는 장맛비와 불충분한 보급 속에서 가혹한 고통을 겪게 된다.

당시 남방군은 급박한 태평양 전황에 대비해 필리핀 및 서부 뉴기니의 방어 강화에 전력을 기울이느라 버마 전황에 신경 쓸 여유가 없었다. 또한 남방군은 임팔 전장에 단 한 명의 참모도 파견하지 않아 현지 실정을 전혀 몰랐음에도 불구하고 임팔 작전이 잘 될 것이라고만 생각했다. 4월 말에서 5월 중순에 걸쳐 남방 모든 지역을 시찰한 하타 히코사부로 참모차장은 그제야 임팔 작전이 생각보다

---

* 임팔 작전 자체에 회의를 느끼고 있었던 제31사단장 사토 고토쿠 중장이 코히마를 점령했음에도 불구하고 후방 지원이 없는 한 버티지 못한다고 판단, 1944년 5월 말 무타구치에 항명, 사단장 독단으로 코히마를 포기해 버린 사건. 일본 육군의 항명 사건 제1호 – 역주

어렵게 진행되고 있음을 눈치채고, 이이무라 조 남방군 총참모장과 가와베 방면군 사령관에게 작전 중지의 뜻을 내비치지만, 스스로 앞장서서 작전을 중지시킬 생각은 하지 않았다. 나중에 하타 참모차장은, 둘 다 중지 결정에 동의한 것처럼 보였기 때문에 조금만 기다리면 현지로부터 작전 중지 요청이 올 것이라고 보았고, 또 현지군의 발의에 따라 작전이 개시되었으므로 작전 중지 역시 현지군이 신청하는 게 이치에 맞다고 회상했다.

실제로 하타 참모차장은 "임팔 작전의 미래는 극히 곤란해 보인다"라는 작전 중지를 완곡하게 암시하는 내용의 시찰 보고를 올렸다. 그러나 당시 참모총장까지 겸임하고 있던 총리 겸 육군대신 도조 히데키는 이 보고를 듣자마자 "약해 빠진 생각"이라며 화를 냈다. 일본 국내에 화려하게 전해졌던 작전 초기의 성과(실제로는 이조차 슬림의 후퇴 작전에 의한 것이었지만)는 어쩌면 다른 전장의 전황 악화로 정권을 유지하기 어려워지고 있던 도조에게는 유일한 빛이었을 것이다. 도조의 입장에서는 임팔 작전이 성공한다면 전쟁 지도를 계속할 수 있고, 그 결과 정권을 유지할 수 있으므로, 작전 성공을 보증한다는 남방군의 보고가 올라온 이상 하타가 시사한 작전 중지는 받아들이기 힘들었다. 이렇게 하타의 보고는 실질적으로 무시되었고, 대본영의 작전중지론자들은 침묵으로 일관한다. 결국 도조가 표명한 적극론(작전계속론)은 현지군을 독려하는 결과를 빚어 임팔 작전을 궁지로 몰아넣는다.

6월 초 가와베는 제15군의 전투 사령부를 방문해 무타구치를 만

났다. 이미 작전 중지가 불가피한 상황이었다. 그럼에도 둘 다 '중지'를 말하지 않았다. 무타구치는 나중에 "내 안색을 보고 눈치채주길 바랐다"고 말한 바 있으나, 가와베 역시 무타구치가 말을 꺼내지 않는 이상 중지 명령을 내리기 힘들었다. 대본영과 남방군은 실정을 전혀 모른 채 전투를 독려하는 전보를 속속 보냈다.

6월 말 무타구치는 마침내 작전 중지를 결정하고, 그 뜻을 방면군에 올렸다. 그러나 방면군은 "이런 소극적인 의견을 접할 줄은 몰랐다"면서 오히려 제15군에 계속 공격하라고 명령한다. 가와베 방면군 사령관은 무타구치가 자살할지도 모른다는 생각에 일부러 공격명령을 내려 그의 기분을 맞추어 주려고 했던 것이다.

그렇다 하더라도 전황은 작전 중지 외에는 선택할 수 있는 대안이 없었다. 방면군, 남방군, 대본영 모두가 작전 계속이 불가능하다는 것을 인식하고 작전 중지 쪽으로 기울고 있었다. 방면군은 마닐라에 주둔하고 있던 남방군에 고급참모를 파견, 작전 중지의 의향을 전달했다. 남방군은 이를 대본영에 보고하였고, 대본영은 작전 중지를 허가했다. 7월 2일, 남방군은 마침내 임팔 작전의 중지를 방면군에 명령하게 된다. 가와베에 따르면 작전 중지를 생각하기 시작했을 때부터 2개월이 지난 후였다고 한다.

임팔 작전의 실패로 버마 방위는 모두 파탄 났다. 일본군은 후카웅에서도 윈난에서도 적의 반격을 받아 패주를 거듭한다. 그리고 일본은 임팔 작전 중지를 전후해 사이판 섬을 잃고, 결국 도조 내각도 총사퇴한다. 그러나 임팔로부터의 비참한 후퇴는 여전히 진행

중이었다.

● 분 석

임팔 작전은 필요한, 또는 가능한 작전이었나? 전황이 악화되기 전에 나온 21호 작전조차 물리적인 여러 조건의 제약 때문에 실시가 불가능했다는 점을 다시 한 번 상기해보도록 하자. 지형과 기후 등의 제약은 여전히 존재하고 있었고, 게다가 전황이 악화되어 물자와 병력의 수송이 곤란해 임팔 작전은 21호 작전 때보다 훨씬 어려운 여건에서 치러야 했다. 그런데 제15군, 방면군, 남방군 차원에서는 적어도 이러한 점들을 진지하게 논의한 적이 없다.

오히려 제15군, 방면군, 남방군은 전황이 악화되어 버마 정세가 풍전등화에 놓였기 때문에 임팔 작전이 필요하다고 판단했다. 즉 공세방어로서의 우고 작전(임팔 작전)이었다. 그러나 아무리 공세방어가 버마 방위에 타당하더라도, 당시 일본의 국력이 쇠약해지고 있었다는 점을 감안하면, 이 작전이 전체 전황에서 꼭 필요한, 또는 가능한 작전이었냐는 점에는 커다란 의문이 남는다. 물론 이 점에 있어서도 진지한 검토가 이루어진 흔적이 없다. 전체 전황과 관련해서는, 인도 독립 공작의 추진이나 도조 정권의 유지 같은 정략적 목적이 개입해 군사적 합리성을 제약했다. 또 버마 방위의 성패가 임팔 작전 하나에 달렸는데도 그 누구도 작전 실패가 초래할 끔

찍한 결과(버마 방위 파탄)에 대해 사전에 충분히 검토하지 않았다.

즉 임팔 작전은 군사 전략의 관점에서 봤을 때 꼭 필요한지 또한 가능한지가 매우 의심스러운 작전이었다.

그렇다면 관점을 바꾸어 버마 방어를 위해 공세방어가 필요하거나 혹은 가능했다고 가정해 보자. 이 경우에 문제되는 것은 제15군이 작전 계획을 짜는 데 있어 공세방어라는 원칙을 충분히 지키지 않았다는 점이다. 작전 목적을 두고 제15군(인도 진공)과 상급 사령부(버마 방어) 사이에 의사가 통일되지 못했다. 히요도리고에(기습 격파) 작전이라는 제15군의 계획은 보급을 경시한 채 전략적 기습에 모든 것을 맡겼고, 또 컨틴전시 플랜도 세우지 않았다. 따라서 영국·인도군이 후퇴 작전에 나섰을 때 히요도리고에 작전의 실패는 이미 예정되었던 것이다. 그리고 컨틴전시 플랜이 없었던 관계로 제때에 전투태세를 전환하지 못해 작전 중지가 늦어졌고, 보급도 불충분하고 아예 없는 상황에서 비참하기 그지없는 전투와 후퇴를 겪어야 했다.

제15군의 작전 계획은 엉터리였다. 보급을 경시한 결과 견실한 작전이 될 수 없었고, 컨틴전시 플랜이 없는 결과 유연한 작전이 될 수도 없었다. 그리고 그런 엉터리 작전을 낳은 주된 원인으로는, 적의 후퇴 작전이나 윈게이트 부대의 작전 목적을 꿰뚫어 보지 못한 것에서 볼 수 있는 빈약한 정보력, 중일 전쟁 및 말레이시아 작전에서부터 시작된 적 전력의 과소평가(특히 원통진지, 공중 보급의 중요성을 간파하지 못했던 점) 등을 꼽을 수 있다. 특히 임팔 작전 개시 전에 수차례 전투를 경험했음에도 불구하고 여전히 적 전력을 과소평가했던 점은 뿌리 깊이 박혀 있던 선입관을 드러내는 동시에 조직의 학습 능력이 부족하거나 결여되어 있음을 보여준다. '필승의 신념'이라는 합리적이지 못한 사고방식은, 공격을 해야만 적극적인 태도를 갖고 있다고 평가하고, 또한 그것을 과도하게 강조하는 바람에 이 엉터리 계획에 대해 의심을 품지 못하게 했다. 이것은 육군이라는 조직에 침투한 컬처(조직 문화)의 일부이기도 했다.

그렇다면 왜 이런 어이없는 작전 계획이 그대로 상급 사령부의 승인을 얻어 실시되었던 것일까? 여기에는 특이한 사명감에 불탄 나머지 부하의 반론을 억누르고 상급 사령부 참모의 의견에 따르지 않는 무타구치 제15군 사령관의 개인 성격, 그리고 그러한 무타구치의 행동을 허용한 가와베의 리더십 스타일 등이 관련되어 있다. 그러나 이보다 더 중요한 요인으로, 히요도리고에(기습 격파) 작전 계획이 상급 사령부의 동의와 허가를 얻는 과정에서 나타난 분위기를 꼽을 수 있다. 즉 인정이라는 이름으로 인간관계를 중시하고 조직 내 융화를 우선시하는 분위기가 이 무모한 계획을 허가하게 된 원인이라고 할 수 있다. 특히 이런 분위기 속에서는 아무도 남과 다른 의견을 내서 밉보이고 싶어 하지 않았던 것이다. 이것은 작전 중지 결정에서도 현저하게 드러났다.

인간관계와 조직 내 융화를 중시한 이유는, 군대 같은 상명하복의 관료제 조직이 경직화되는 것을 막고 그 역기능을 순화시켜 조직 효율성을 보완하는 역할을 하기 때문이다. 이렇게 역기능이 발생하는 것을 억제하고 완화하는 윤활제가 되어야 할 요소들이, 임팔 작전에서는 조직의 합리성과 효율성을 왜곡하는 결과를 초래했던 것이다.

⑤

레이테 해전 - 자기 인식의 실패

'일본다운' 치밀함의 극치를 보여주는 독창적인 작전 계획 아래
실시되었지만, 참가 부대(함대)가 그 임무를 충분히 파악하지
못한 채 작전에 돌입했고 지휘도 통일되지 못해 실패로 끝난다.
레이테의 패전은, 이른바 자기 인식의 실패라고도 할 수 있다.

● 프롤로그

레이테 해전은, 패색이 농후해진 일본군이 1944년 10월, 필리핀
레이테 섬에 상륙하려던 미군을 격멸하기 위해 벌인 작전이었다.
이 해전은 '쇼이치고 작전(일본 측은 필리핀 작전이라고 불렀다)'이라
고 불리는 육해공 합동 작전의 전반부에 해당된다. 그런데 레이테
해전의 결과로 이 작전의 성패가 좌우된다.

레이테 해전은 최대 규모의 해전으로 세계 해전사에 특별히 기술
할 만한 가치가 충분하다. 전투는, 일본의 약 1.4배에 해당하는 동서
600마일, 남북 200마일의 광대한 해역에서, 10월 22일부터 26일까
지 4일 밤낮에 걸쳐 진행되었다. 또한 일본 측에서는 4개 함대가 다

른 해역에서도 동시에 전투에 참가했는데, 이 함대의 총병력은 전함 9척, 항공모함 4척, 중순양함 13척, 경순양함 6척, 구축함 31척으로 모두 63척에 이르렀다. 이는 당시 일본 연합함대 함정의 80퍼센트에 해당하는 수치로, 일본 해군이 총력을 결집하여 전투에 임한 사실상의 최후 결전이기도 했다. 이에 대해 필리핀을 탈환해 전쟁을 끝내고자 했던 미군 측은 군함만 약 170척, 상륙용 함정 약 730척 총 900척을 투입, 그야말로 "사상 최대의 해전, 그리고 아마도 세계 최후의 대(大)함대결전일 것이다"(한센 볼드윈《해전》).

레이테 해전에 참가한 병력은 수상함 부대뿐이 아니었다. 일본 측만 하더라도 잠수함 12척, 항공기 716기(육해군기 합계)가 포함되었다(미군 측 1,280기). 이런 수치만 보더라도 레이테 해전은 육해공이 총동원된 대규모의 본격 합동 작전임을 알 수 있다. 또 양과 질에서 모두 열세인 항공 전력을 보완하기 위해 '특별공격(특공)*'이 조직적으로 채용된 것도 레이테 해전이 처음이었다.

작전 목적은 일본 본토와 남방 사이의 자원 공급선을 확보하기 위해 그 연결 지점인 필리핀을 미군의 진공으로부터 지키는 것이었다. 만약 필리핀이 미군의 수중에 떨어진다면 남방의 석유와 기타 전략 자원의 수송이 불가능해질 것이었다. 또 타이완과 오키나와 진공도 시간 문제였고 일본 본토 상륙도 단시간에 실현될 수 있었다. 특히 해군은 쓸모가 없어져, 비유하자면 종이호랑이 신세로 전

----

* **특별공격(特別攻擊)** : 생환 가능성이 제로에 가까운 항공기 등에 의한, 이른바 자살공격. 흔히 가미카제(神風)라고 부른다 – 역주

락한다. 필리핀에 미군이 상륙하는 일은 일본 본토의 생사가 걸린 문제였다. 따라서 대본영으로서는 미군을 막기 위해서라면 연합함대를 잃더라도 어쩔 수 없다는 입장이었다.

결국 일본 해군은 이 해전에서 엄청난 손실을 입어 이후 전투 함대로서의 해군은 존재하지 않게 된다. 또 일본 본토와 남방의 자원 지대를 연결하는 공급선도 끊어진다.

이 해전을 특징짓는 또 하나의 포인트는, 공격 주력인 구리타 함대(제1유격부대)가 최종 목적 지점인 레이테 만(灣) 돌입 직전에 반전(방향을 반대로 돌림)한 사건이다. 다 아는 바와 같이, 전후 이 구리타 함대가 행한 '수수께끼의 반전'은 그 옳고 그름을 놓고 수많은 논의를 불러일으켰다. 이 문제를 두고 지휘관 개인의 자질이나 책임을 물을 수도 있다. 그러나 여기서는 그러한 작전 계획과 통수, 전투 경과에서 밝혀진 일본 해군의 조직 체질과 그 특성에 주목한다.

● 쇼이치고 작전 계획*의 수립 경과

사이판 섬 함락 후

1944년 7월 9일, 미군은 큰 희생을 치르며 일본군이 점령하고 있던 사이판 섬을 함락한다. 이는 일본으로서는 '절대국방권역'의 붕괴를 의미했다.

일본군은 최후 결전장을 필리핀, 타이완 및 남서 제도(오키나와), 북동 방면(쿠릴 열도, 가라후토, 홋카이도) 중 어느 곳으로 할 것인지 검토했다. 대본영은 7월 18일부터 20일까지 3일간에 걸쳐 육해군 합동 연구를 실시, 건곤일척의 결전을 구상했다. 이것이 7월 24일에 재가를 받은 〈육해군 이후의 작전 지도(指導) 대강〉(이하 '대강')이다.

대강에는, "올해 후반 미군 주력이 진공할 것에 대비해 결전을 지도하고, 그 의도를 분쇄"하기 위해 "결전 시기를 대략 8월 이후로 예상"하고, "적이 결전 방면으로 공격해 들어올 때는 육해공 전력을 극도로 집중시키는 동시에 적 항공모함과 수송선의 위치를 파악해 반드시 격퇴하고, 또 적이 상륙했을 때는 지상에서 이를 반드시 없애며, 이때를 놓치지 말고 해공군이 서로 협력해 미리 대기시켜 놓은

---

* **쇼이치고 작전 계획(捷一号作戰計劃)** : 대본영은 쇼고 작전(捷号作戰)을 세워 미군이 침입해 올 경로를 예상해 1호부터 4호까지 지역별로 작전을 마련했는데, 1호 작전이 바로 레이테 해전이다. 대본영이 염두에 둔 2호부터 4호 지역(타이완, 규슈, 홋카이도 지역)에는 미군이 오지 않아 작전 자체가 성립하지 못했으므로, 쇼이치고 작전(捷一号作戰)을 쇼고 작전으로 부르기도 한다 - 역주

1944년 7월 24일		〈육해군 이후의 작전 지도 대강〉 재가
8월	4일	〈연합함대 쇼고 작전 요령〉 발령
8월	10일	마닐라에서 중앙과 실시 부대 간의 작전 회의
9월	10일	다바오 오보 사건
9월	12일	미 기동부대 필리핀 중부(세부, 바콜로드 지구) 공습
10월	10일	미 기동부대 오키나와 공습
10월 12일 ~ 14일		타이완 근해 항공전
10월	17일	미군 술루안 섬 상륙, 〈쇼이치고 작전 경계〉 발령
10월	18일	〈앞으로의 작전 지도 복안〉 지시
10월	20일	〈결전 요령〉 발령
10월	22일	구리타 함대 브루나이 출격
10월	23일	팔라완 해협 통과, 기함 아타고 침몰
10월	24일	시부얀 해전, 무사시 침몰
		15시 30분 반전
		17시 14분 재반전
10월 25일	00시 30분	구리타 함대 산베르나르디노 해협 통과
	03시 50분	니시무라 함대 수리가오 해협에서 괴멸
	04시 30분	시마 함대 후퇴 개시
	06시 59분	구리타 함대 사마르 섬 해역에서 추격전 돌입
	08시 30분 ~ 17시 40분	
		오자와 함대 엥가뇨 곶 해역에서 홀시 함대와 교전
	09시 11분	구리타 함대 추격전 중지, 북방 결집을 지시
	11시 20분	다시 레이테 만을 향함
	12시 26분	구리타 사령관 반전을 최종 명령

반격 부대를 동원, 적 반격에 주력할 것"이라는 내용이 있었다. 이것
이 바로 '쇼고(捷号)', '쇼고결전(捷号決戰)'이라 불리는 작전 계획의
기본 구상이었다.

이 대강에 기초해 군령부 총장 시마다 시게타로 대장은 〈연합함

대가 따라야 할 당면의 작전 방침)을 지시했다. 그 방침은 "현 전략 태세를 최대한 끌어올려 적 병력을 줄여가면서 기회를 노려 적 함대 및 진공 병력을 격파한다"는 것으로, 기지항공 부대, 기동부대, 그 외의 수상함 부대, 잠수함 부대를 포함한 연합함대의 남은 전력을 총동원해 작전을 전개하는 것이었다.

쇼고 작전은 예상되는 결전 구역에 따라 4개로 나뉘었다. 그리고 대본영은 이 구역 중 어디로 적이 공격해 오더라도 육해공 전력을 총결집해 기사회생의 결전을 감행할 계획이었다. 이 점에서 쇼고 작전의 실시, 특히 육해군의 항공 전력을 통일 운용할 필요가 있었다. 그러나 연합함대의 항공 부대는 이미 '아고 작전(1944년 6월 19일과 20일에 있었던 마닐라 해역 해전)'에서 치명적인 타격을 입은 상태였다. 즉 약 600기가 참가한 이 전투에서 3분의 2에 해당하는 395기를 잃고 말았다. 미군의 본격적인 진공은 1944년 후반으로 예상되고 있었으니 그 전에 일본군 항모와 항공 부대를 재건하는 것은 현실적으로 무리였다.

항공모함에서 항공기를 이착함하는 데는 고도의 기술 능력이 필요하다. 그러나 일본 해군은 미드웨이 해전과 그 이후의 작전에서 우수한 파일럿(항모 탑승원)을 많이 잃었다. 특히 마리아나 해전에서는 거의 괴멸 상태에 이르렀다. 그래서 쇼고 작전 준비는 기지항공 부대의 재건에 중점을 두었다. 결전 예상 시기까지 정비할 수 있는 실제 전력은 해군 1,300기, 육군 1,700기 총 3,000기로 예상되었다. 하지만 이 역시 연합군 전력의 3분의 1 수준에 불과했다. 당연히 육

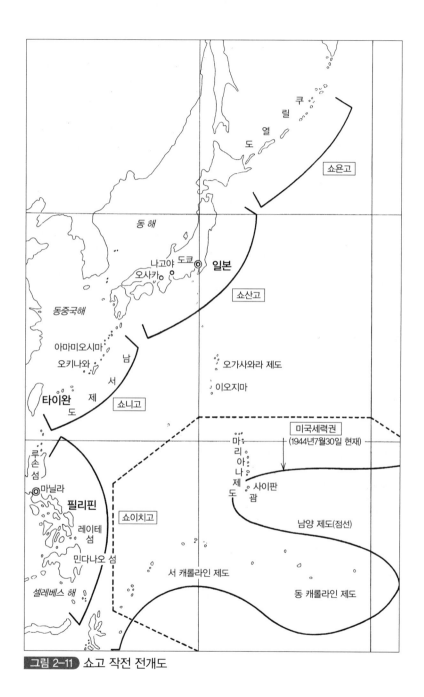

동 해

쿠
릴
열
도

쇼욘고

나고야 도쿄
오사카 일본

소산고

동중국해

아마미오시마
오키나와

오가사와라 제도

이오지마

남
서
제
도

쇼니고

미국세력권
(1944년7월30일 현재)

타이완

마
리
아
나
제
도

사이판
괌

루손
섬
마닐라
필리핀

쇼이치고

남양 제도(점선)

레이테
섬
민다나오 섬

서 캐롤라인 제도

동 캐롤라인 제도

셀레베스 해

그림 2-11 쇼고 작전 전개도

해군의 항공 전력을 통합할 필요가 있었다. 그러나 양쪽의 공격 목표가 엇갈렸다. 해군 측은 적 진공 의도를 분쇄하기 위해서는 진공 전력의 근간인 기동부대(고속 항모)의 격멸을 꾀해야 한다고 생각했다. 반면 육군 측은 지금까지의 해군 실적을 고려할 때, 적 기동부대의 공격을 맞아 전력을 온전히 보존한 채 공략 부대(함정, 수송선)를 주공격 목표로 삼아야 한다고 주장했다.

결국 육군과 해군의 항공 전력은 임무를 분담하기로 한다. 해군은 주로 항공모함을 공격하며, 육군은 공략 부대 공격 및 지상전 협력을 실시하기로 했다. 또 바다를 건너오는 적 부대에 대해서는 "일부 기습 병력을 동원해 적 항공모함의 숫자를 줄여나가고 동시에 적을 최대한 우리 기지 근처로 끌어들인 후 육해군 항공 전력을 모두 투입해 …… 적 항모와 수송선단을 동시에 격멸한다"는 절충안이 채택되었다.

연합함대의 쇼고 작전 요령

8월 4일 연합함대 사령관 도요타 소에무 대장은 〈연합함대 쇼고 작전 요령〉을 발령했다. 일본 해군의 주력 작전 세력은 당연히 연합함대였다. 이 작전 요령의 원문은 남아있지 않다. 그러나 전후(戰後) 자료를 종합해 본 결과 실제로 발동된 쇼이치고 작전의 내용은 다음과 같았다.

(1) 작전 요령

기지항공 부대는 당초 적 기동부대의 공격을 회피하고, 제5, 6 및 제7기지항공부대는 전력을 집중해 적절히 진출한다. 수상함 부대도 적절히 진출해 적 상륙 지점으로 한꺼번에 몰려든다. 기지항공 부대는 오른쪽에서 서로 협조한다. 적이 이미 상륙했다면 적 증원 부대를 격멸해 적 증원을 저지하고, 아군 육상 병력의 반격과 더불어 적을 해안가에서 격멸한다. 또한 적 상륙 지점에 대한 수상함 부대의 돌입은 적 상륙 개시 후 2일 이내에 실시할 것이며, 항공격멸전은 수상함 부대의 돌입 2일 전에 개시한다.

이것에 기초한 각 부대의 작전 요령 골자는 다음과 같다.

하나. 항공 부대

1항공함대(제5기지항공부대)와 2항함(제6기지항공부대)은 모든 전력을 필리핀 섬에 집중한다. 적 공격전에 2항함(항공 함대)은 일본 본토 서부에 위치해 언제라도 빨리 필리핀 섬에 진출할 수 있는 태세를 갖춘다. 진출 시기는 연합함대 사령관이 지시한다. 3항함(제7기지항공부대)과 12항함(제2기지항공부대)은 제2선 전력으로써 내선에 대기, 특별 명령을 받아 필리핀 섬에 진출한다.

둘. 수상함 부대

제1유격부대(구리타 함대)는 링가 정박지, 제2유격부대(시마 함대)

와 기동부대 본대(오자와 함대)는 일본 해역 서부에 대기하고 있다가 적 공격이 예상되면, 제1유격부대는 브루나이 방면 서부로, 제2유격부대는 일본 해역 서부 또는 남서 제도 방면으로 진출해 대기한다. 기동부대 본대는 일본 해역 서부에서 출동 준비를 마친 후 특별 명령을 받고 출동한다. 적이 상륙했을 경우, 제1유격부대는 기지 항공 부대의 항공 격멸전에 호응해 적 상륙 지점에 돌입한다. 제2유격부대와 기동부대 본대는 적을 북방으로 견제 유인한다.

셋. 선발 부대(제6함대 - 잠수함 부대)

적 공격이 예상된다면 특별 명령에 의해 분산 배치하여 적 진공 부대를 발견해 격멸하고 제1유격부대의 돌입 작전에 호응해 결전 해역에 돌입, 적 함정을 공격한다.

이 작전의 시행 절차는 적의 공격이 예상되는 시기에 도달했을 때, 연합함대 사령관이 "쇼○고 작전 경계"를 발령하여 대본영의 결전 방면의 결정 지시를 받은 후 "쇼○고 작전 개시"를 발령하는 것으로 성립된다.

(2) 연합함대의 편성

쇼고 작전 전개를 위해 연합함대는 그림 2-12처럼 편성되었다.

마닐라에서의 작전 논의

작전 실시에 앞서 8월 10일 마닐라에서 쇼고 작전에 관한 사전

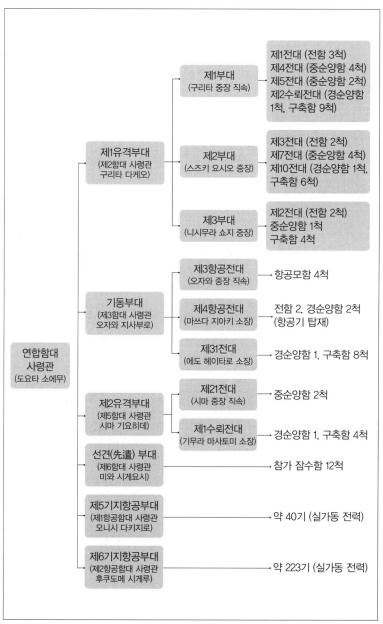

제1부대
(구리타 중장 직속)
제1전대 (전함 3척)
제4전대 (중순양함 4척)
제5전대 (중순양함 2척)
제2수뢰전대 (경순양함 1척, 구축함 9척)

제1유격부대
(제2함대 사령관
구리타 다케오)

제2부대
(스즈키 요시오 중장)
제3전대 (전함 2척)
제7전대 (중순양함 4척)
제10전대 (경순양함 1척, 구축함 6척)

제3부대
(니시무라 쇼지 중장)
제2전대 (전함 2척)
중순양함 1척
구축함 4척

연합함대
사령관
(도요타 소에무)

기동부대
(제3함대 사령관
오자와 지사부로)

제3항공전대
(오자와 중장 직속)
항공모함 4척

제4항공전대
(마쓰다 지아키 소장)
전함 2, 경순양함 2척
(항공기 탑재)

제31전대
(에도 헤이타로 소장)
경순양함 1, 구축함 8척

제2유격부대
(제5함대 사령관
시마 기요히데)

제21전대
(시마 중장 직속)
중순양함 2척

제1수뢰전대
(기무라 마사토미 소장)
경순양함 1, 구축함 4척

선견(先遣) 부대
(제6함대 사령관
미와 시게요시)
참가 잠수함 12척

제5기지항공부대
(제1항공함대 사령관
오니시 다키지로)
약 40기 (실가동 전력)

제6기지항공부대
(제2항공함대 사령관
후쿠도메 시게루)
약 223기 (실가동 전력)

그림 2-12 쇼고 작전 연합함대 편성표

논의가 진행되었다. 주요 참가자는 연합함대 사령부의 작전참모 가미 시게노리 대좌, 군령부 작전부의 에노 요시오 대좌, 그리고 현지 남서 방면 함대 사령관 미카와 군이치 중장과 예하 제1남부 선발 함대의 세토 참모였다. 구리타 함대 사령부에서는 참모장 고야나기 도미지 소장, 작전참모 오타니 후지노스케 중좌가 출석했다.

고야나기 참모장은 연합함대와 군령부의 작전 계획 설명을 듣고 다음과 같이 말했다. "이 계획은 적 주력 격멸을 내버려둔 채 적 수송 선단을 작전 목표로 삼은 것이다. 우리는 어디까지나 적 주력 격멸을 제1의 목표로 삼아야 한다고 본다. 적 항만에 돌입해서까지 수송선단을 격멸하라면 어떡하란 말인가? 도대체 연합함대 사령부는 이 돌입 작전에서 수상함 부대를 전부 잃어도 상관없다는 결심인가?"

이 발언에 대해 가미 참모는 "필리핀이 함락당하면 남방이 차단되어 일본이 말라 죽는다. 그렇게 되면 제아무리 함대가 많아도 쓸 데가 없다. 무슨 일이 있더라도 필리핀을 뺏겨서는 안 된다. 이 결전에서 연합함대를 전부 잃는다 하더라도 후회는 없다. …… 이것이 바로 사령관의 결심입니다"라고 대답했다.

이 대답을 들은 고야나기 참모장은 다음과 같이 의견을 제시했다. "연합함대 사령관의 결심이 그러하다면 잘 알겠다. 그렇지만 돌입 작전은 그렇게 간단치 않다. 적 함대 역시 전력을 다해 돌입을 저지하려고 할 것이므로, 적 주력과의 결전 없이 돌입 작전을 성공하기란 불가능하다. 따라서 구리타 함대는 명령대로 수송선단을 향해 적 항만으로 돌진하겠지만, 도중에 적 주력 부대와 대치하는 상황이 발생할 경우, 즉 둘 중 하나를 선택해야 한다면 수송선단을 포기하고 적 주력의 격멸에 전념해도 괜찮겠는가?"

가미 참모는 "괜찮습니다" 하고 고개를 끄덕였다. 이에 고야나기 참모장은 "이것은 정말 중대한 부분이니 사령관에게 잘 말해 달라"고 재차 강조했다(고야나기 도미지《구리타 함대》). 이 일련의 논의가 얼마나 중대했는지는 나중에 명백하게 밝혀진다.

● 쇼고 작전 계획 수립 후의 상황 추이

8월 4일 발령된 실시 요령에 기초해 연합함대는 제1유격부대(구리타 함대)를 수마트라 링가 정박지에, 제2유격부대(시마 함대)와 기동부대 본대(오자와 함대)를 일본에 대기시켰다. 또 제1항공함대(데라오카 긴페이 중장)을 필리핀으로 진출시키기 위해 조치를 취했다. 각각의 부대는 쇼고 작전을 효과적으로 수행하기 위해 밤낮 없이 준비 태세에 들어갔다. 그러나 미군의 필리핀 진공은 일본 측의 예상을 뛰어넘어 발 빠르게 준비되고 있었다. 미군이 진공을 서두른 이유는, 마리아나 해전에서 패한 일본군에게 항공 전력을 재정비할 시간적 여유를 주지 않기 위해서였다. 게다가 일본군은 다음에 언급할 몇 가지 전투에서 더더욱 큰 손실을 입었다.

다바오 오보(誤報) 사건과 그 여파

9월 9일, 홀시 대장 예하의 미 기동부대는 작전 중이던 파라오 제도를 벗어나 다바오를 중심으로 민다나오를 공격하였다. 공습은 다음날 10일 오전에 멈추었으나, 그날 아침 다바오의 사란가니 감시대는 적 상륙주정 접근이라는 오보를 내어 결국 존재하지도 않는 적군 때문에 현지 사령부가 후방으로 철수하는 상황이 발생했다. 그리고 연합함대와 남서 방면 함대 사령부는, 쇼이치고 작전에 준하는 조치를 취한 후 '쇼이치고 작전 경계'를 발령했다. 세부 섬에 주둔하고 있던 제로센 비행 부대(제로센 89기, 그 외 12기)는 일단 마닐라 방면으로 후퇴했지만, 남서 방면 부대 지휘관의 공격 명령을 받고 다시 세부로 진출했다.

9월 12일, 미 기동부대는 다시 중부 필리핀을 습격, 세부 및 바콜로드 지구의 항공 기지를 중심으로 공습을 전개했다. 이 공습으로 세부에 있던 1항함의 약 80기, 바콜로드 지구의 육군 제4항공군 약 65기가 파괴되었다. 또 세부 만에 정박 중이던 함정 24척이 격침당했다. 그 결과 1항함은 9월 1일 실제 동원 가능했던 전투기가 250기에서 단번에 99기로 줄어들었음은 물론 상당수의 베테랑 파일럿을 잃었다. 이로써 항공 전력을 온전히 보존한다는 쇼고 작전의 대전제가 흔들리면서 항공 함대 재건의 한 축이 무너졌다. 나아가 미 기동부대는 마지막 숨통을 끊기 위해 9월 21, 22일에 수도 마닐라를, 그리고 24일에는 다시 중부 필리핀을 공격했다. 그 결과 23일 현재 1항함의 실제 전력은 모두 63기로 감소했다. 또 1항함에 협력하기로 예정되어 있던 육군 제4항공군의 전투기 약 200기가 거의 대부분 파괴되고 만다.

오키나와 공습

10월 10일 미 기동부대는 함상기 합계 900기를 투입해 오키나와 본섬을 중심으로 남서 제도를 공습했다. 이때 미군 공격 부대는 중순양함 3척과 구축함 7척의 소규모였지만, "가능한 한 소란스럽게 움직여 대함대가 가까이 왔다는 인상을 줄 것"이라는, 이른바 레이테 상륙을 위한 교란 작전의 임무를 띠고 있었다. 일본군은 항공기 약 45기(해군기 30기 포함) 손실, 함정 22척 침몰이라는 커다란 타격을 받았다.

타이완 근해 공중전

미 기동부대는 10월 12일부터 14일까지 3일간에 걸쳐 도합 2,700기 이상의 폭격기를 투입해 타이완 대공습에 나섰다. 일본 측은 550~600기에 이르는 항공기를 한꺼번에 상실했다. 이때 일본군은 레이더 장비를 갖춘 정예 공격 부대를 선봉에 세워 항공 총공격을 감행해 막대한 전과를 올렸다고 여겼다.

따라서 대본영은 10월 19일 다음과 같이 발표했다.

(1) 아군 전과

함정 격침 - 항공모함 11척, 전함 2척, 순양함 3척, 순양함 또는

　　　　구축함 1척

　　격파 – 항공모함 8척, 전함 2척, 순양함 4척, 순양함 또는 구축함
　　　　1척, 종류가 불분명한 함정 13척

　　그 외 화염 및 불기둥을 확인한 함정이 12척 이상

(2) 아군 피해

미귀환 항공기 312기

　　만일 이것이 사실이라면 수세에 몰렸던 일본군이 단번에 전세를
호전시킨 막대한 전과였다. 10월 20일 〈아사히신문〉은 다음과 같이
보도했다.

　　"우리 부대는 …… 적 기동부대에 맹공을 퍼부어 그 과반수의 전
력을 궤멸시켜 패주하게 만들었다."

　　그러나 실제로 미군 함정은 단 한 척도 격침되지 않았고, 항공모
함 1척, 경순양함 2척, 구축함 2척 모두 5척이 피해를 입었을 뿐이
었다. 이렇게 커다란 차이가 나는 이유는, 명확하게 밝혀진 바는 없
으나, 야간에 벌어진 전투라서 아군과 적군을 식별하기 곤란했을
뿐 아니라, 파일럿들이 아직 전황을 파악하는 데 미숙했으며, 나아
가 돌아오지 못한 항공기에 대한 지휘관의 온정이 개입되는 등 몇
몇 원인이 겹쳐진 결과로 보인다. 여기서 중요한 것은 이 일본군의
전과에 대한 과대평가가, 앞으로 살펴 볼 레이테 해전에 엄청난 영

향을 미쳤다는 사실이다. 특히 해군은 16일의 정찰을 통해 적 항공모함과 기동부대 대부분이 건재하다는 사실을 확인했지만, 이를 대본영 육군부에 알리지 않았다.

타이완 근해 공중전이 끝난 10월 18일 시점에서 미군은 89기를 잃은 것에 비해, 일본 측 항공 전력은 제6기지항공부대(2항함)의 타이완 소재 전력이 300기 이상(약 60퍼센트)을 잃어, 실제 동원 가능한 항공기는 230기로 크게 줄었다. 또한 필리핀의 1항함이 35~40기, 육군 제4항공군도 70기 정도의 실제 전력을 갖고 있을 뿐이었다. 일련의 공습으로 일본군의 항공 전력 손실은 모두 700기 이상에 달했다(미군 측 자료에는 1,200기 이상이라고 기술되어 있다).

이때 미 공격군의 제3함대 사령관 홀시 대장은 도쿄방송을 통해 일본군의 전과 오인을 알게 된다. 홀시 대장은 니미츠 대장에게 "침몰 또는 손상된 제3함대의 각 함정은 벌써 해상 복구되어 적을 향해 고속력으로 퇴각 중"이라고 타전한 뒤, 항모 부대 일부를 루손 섬 공격으로 돌린다.

⬤ 쇼이치고 작전의 전개 – 레이테 해전

쇼이치고 작전 개시

링가 정박지에 머무르고 있던 구리타 함대는 10월 16일 오후 타

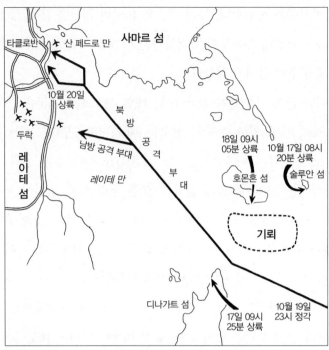

그림 2-13 미군의 레이테 진공(10월 17일 ~ 20일)

이완 근해 공중전의 '잔존 적 세력'이 타이완 동쪽에 있다는 정보를
입수, 이를 소탕하기 위해 출격 준비를 내렸다.

다음 날 17일 08시 정각(이하의 시각 표시는 미드웨이 해전과 같이
24시간 표시법을 따른다)을 지나, 구리타 함대는 돌연 레이테 만 입구
의 술루안 섬 해군 감시대로부터 미군 상륙을 보고하는 긴급 타전
을 받는다(그림 2-13).

이어 08시 55분에 연합함대 사령부는 "쇼이치고 작전 경계", 10시
정각에 "제1유격부대는 지금 당장 출격하여 브루나이로 진출할 것"

이라는 발령 전보를 타전했다.

홀시 대장이 이끄는 미 제38고속항모 기동부대는, 앞에서 보았던 것처럼 일본군의 판단과는 달리 타이완 근해 공중전에서 거의 손실을 입지 않았다. 이때 미군은 예정된 계획에 따라 이 홀시 예하 부대의 지원을 토대로, 맥아더 예하 부대에 의한 레이테 방면 공략을 기획하고 있었다. 18일 09시 정각에 미군의 기뢰소해함이 레이테 만내의 타클로반 근해에 모습을 드러냈다. 이어 11시 30분에는 함정 18척이 남하하고 있음이 확인되었다. 레이테 섬에 주둔하고 있던 육군 제16사단장(마키노 시로 중장)은 "적 함정 다수 레이테 만에 진입. 적의 공격인지 아니면 폭풍우를 피하기 위해서인지, 또는 타이완 근해 공중전에서 피해를 입은 함정의 진입인지 불분명함"이라는 전보를 제35군 사령부에 타전했다.

그러나 실제 레이테 만으로 진입하고 있었던 것은, 맥아더 장군 지휘하의 전투 함정 157척, 수송선 420척, 지원 함정 157척 합계 734척에 달하는 대규모 편성 미군 부대였다. 혹시라도 일본 육군이 정찰기를 출격시켰더라면 3일 전에는 이 대부대를 발견할 수 있었을 것이다. 그러나 육군은 타이완 근해 공중전에서 대승리를 거두었다고 굳게 믿고 있었다.

연합함대 사령부는 전날인 17일 08시 55분에 "쇼이치고 작전 경계"를 발령해 필리핀 결전을 준비하기 위해 필요한 조치를 취하고 있었다. 즉 기동부대 본대의 출격 준비, 선발 부대(잠수함 부대) 전력의 중남부 필리핀 방면으로 긴급 출격 준비, 제1유격부대의 신속한 브루나이 진출, 제6기지항공부대 남은 전력의 타이완 방면 집결과 필리핀 전진 등을 명령했다. 18일 오전, 레이테 만 부근의 적에 대해서는 단편적인 정보밖에 없었고, 이를 통해서는 적 의도를 파악하기 힘들었다. 그러나 연합함대 사령부는 타클로반 방면으로 상륙할 가능성이 크다고 판단, 11시 10분에 참모장은 〈이후의 작전 지도 복안〉을 다음과 같이 지시한다.

(1) 제1유격부대는 산베르나르디노 해협으로 진출, 적 공략 부대를 전멸한다.

(2) 기동부대 본대는 제1유격부대의 돌입에 호응하여 북방에서 견제함과 동시에 기회를 노려 도망치는 적을 격멸한다.

(3) 제2유격부대(제21전대, 제1수뢰전대)와 제16전대를 남서 방면 부대에 편입, 해상 기동반격 작전의 뼈대인 역상륙작전을 결행한다.

(4) 기지항공 부대의 전력을 필리핀으로 집중시켜 적 항공 부대를 철저하게 격멸한다.

(5) 선발 부대(잠수함 부대)는 피해 입은 적을 전력을 다해 처리함과 동시에 적 상륙 부대를 격멸한다.

(6) 제1유격부대의 상륙 지점 돌입을 X일로 하고 기동부대 본대는 X-1일 혹은 X-2일까지 루손 동쪽 해역에 진출한다.

(7) 따로 특별 명령을 내리겠지만, 현재로서는 24일을 X일로 한다. 한편 기동부대 본대의 출격은 제1기동부대 사령관이 결정

한다.

18일 17시 01분에 쇼고 작전 실시 방면을 필리핀으로 한다는 군령부 총장의 지시가 떨어졌다. 쇼이치고 작전 개시를 하부에 명령하는 것은 연합함대 사령관의 권한으로, 17시 32분, 드디어 사령관은 전 함대에 작전 개시를 명령했다.

일본군은 19일이 되어서야 통신 정보 등을 종합해, 적 주력은 레이테 섬 타클로반 상륙을 노리고 있으며, 그 기일은 22일 또는 23일이 될 것이라고 예상했다. 이에 따라 연합함대 참모장은, 제1유격부대의 레이테 만 돌입은 어떠한 일이 있더라도 24일 새벽까지는 결행해야 한다고 판단, 각 부대에 그 가능성을 타진했다(19일 14시 15분). 그러나 제1유격부대는 이미 링가 정박지를 떠나 브루나이로 이동 중이었고, 또 브루나이의 연료 공급 상황이 불확실해 참모장의 물음에 답할 수가 없었다. 그러자 연합함대 사령부는 최종적으로 X일을 25일로 결정하고, 기지항공 부대와 기동부대 본대는 그 전날(24일, Y일)에 적 기동부대에 대해 항공 총공격을 실시하기로 결정했다. 이에 도요타 사령관은 20일 08시 13분 〈결전 요령〉을 다음과 같이 발령한다.

(1) 연합함대는 육군과 협력, 전력을 다해 필리핀 중부로 공격해
   오는 적을 섬멸한다.
(2) 제1유격부대는 25일(X일) 여명에 타클로반 방면에 돌입, 먼저

해상 전력을 격멸한 후 적 공략 부대를 섬멸할 것.

(3) 기동부대 본대는 제1유격부대에 호응하여 루손 해협 동쪽 해역에 진출, 적을 북방에서 견제함과 동시에 기회를 노려 적을 격멸할 것.

(4) 남서 방면 함대 사령관은 필리핀에 집중한 전체 해군 항공 부대를 지휘, 제1유격부대에 호응하여 적 항공모함 및 공략 부대를 같이 격멸함과 동시에 육군과 협동하여 재빠르게 해상 기동반격 작전을 감행, 적 상륙 부대를 섬멸할 것.

(5) 제6기지항공부대는 24일(Y일)을 기해 주력을 동원하여 적 기동부대를 총공격하면서 필리핀으로 전진, 남서 방면 함대 사령관의 지휘에 따를 것.

(6) 선발 부대는 기존의 작전을 속행할 것.

이 결전 요령은 18일에 나온 〈작전 지도 복안〉과 기본적인 내용은 같지만, 몇 부분이 수정되어 있다. 먼저 X일, Y일이 각각 하루씩 늦추어졌다. 이는 작전의 중심 부대인 제1유격부대의 출격 일시를 확정할 수 없었기 때문이다. 당시 제1유격부대는 브루나이에서의 연료 공급이 가능한지 장담할 수 없었다. 두 번째로 달라진 점은, '복안'에서는 제1유격부대(구리타 함대) 임무가 '적 공략 부대의 전멸'이었던 것에 반해 '요령'에서는 '먼저 해상 전력을 격멸한 후 적 공략 부대를 섬멸할 것'으로 바뀌었다. 즉 공략 부대(상륙 부대)를 섬멸하기 전에 해상 전력을 격멸하라는 임무가 명확하게 부여되었다. 또 필리핀의 전체 해군 항공 부대의 임무도 '제1유격부대에 호응'하고, '육군과 협동'하게끔 수정되었다.

레이테 만 돌입 계획

25일 X일과 그 전단계인 24일 Y일의 작전 수행을 위해 연합함대 각 부대는 작전 준비에 박차를 가하고 있었다. 〈작전 요령〉에서 명시한 바와 같이 레이테 해전(해군 쇼이치고 작전)의 최대 목적은, 제1유격부대에 의한 레이테 만 돌입과 이를 통한 적 수상함 부대 및 상륙 부대의 섬멸이었다. 다른 부대의 작전 목적 역시 제1유격부대의 돌입을 직·간접적으로 지원하는 것이었다. 따라서 앞으로 기술할 작전 행동 전개는 제1유격부대, 특히 이 가운데 주력 부대 역할을 수행한 구리타 함대의 행동에 초점을 맞출 것이다.

원래 제1유격부대는 16일 타이완 동쪽 방면의 '잔존 적 세력 소탕' 명령을 받았다. 그러나 그 다음날인 17일에 "쇼이치고 작전 경계"가 발령되어 브루나이에 진출하게 된다. 부대의 출격 준비가 이미 진행된 상황에서 명령만 바뀌었던 관계로, 제1유격부대는 예정일인 18일에 브루나이에 도착할 수 있었다.

그리고 18일 저녁에는 〈작전 지도 복안〉을, 20일에는 〈레이테 결전 요령〉이 연합함대 사령부로부터 하달된다. 이 결전 요령의 발령과 함께 20일 저녁, 제1유격부대는 기동부대 지휘관 직속 부대에서 연합함대 사령관 직속 부대로 소속이 바뀐다. 한편 20일 현재 미일 양군의 위치는 그림 2-14와 같았다.

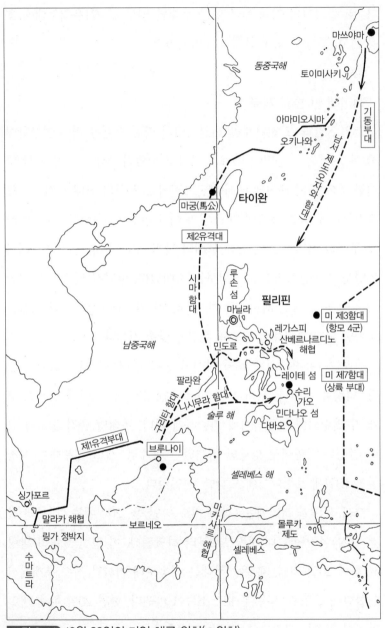

그림 2-14 10월 20일의 미일 해군 위치(● 위치)

제1유격부대는 브루나이 정박 중에 연료 보급과 레이테 돌입 계획을 세웠다. 21일, 연합함대 참모장은 "사전 도상연습 결과 전체 함대를 한쪽 방면으로 진출시키는 것보다 남북 양쪽 방면으로 분리시켜 진출시키는 것이 유리하다"는 통지를 보내 왔다. 이 점에 대해서는 제1유격부대 사령부도 생각이 같았다. 특히 제2전대(니시무라 함대)는 속도가 느린 구식함이 주력이었으므로 이들을 별동대로 삼아 최단 항해 거리인 수리가오 해협으로 돌입하기로 했다. 이에 따라 제1유격부대는 주력인 구리타 함대(제1, 제2부대)와 지대인 니시무라 함대로 나뉘었다.

구리타 사령관은 "연합함대 〈결전 요령〉에 따라 기지항공 부대, 기동부대 본대와 협동해 10월 25일 여명에 맞추어 레이테 섬 타클로반 방면으로 돌입, 먼저 해상 전력을 격멸한 후 적 공략 부대를 섬멸"하는 것이 제1유격부대의 임무임을 각 부대에 주지시켰다. 그리고 작전 개시 전 사전 협의에서도 다음과 같이 훈시했다. "우리 함대는 연합함대의 명령을 받들어 온 힘을 다해 레이테 만에 돌입할 것이지만, 혹시라도 적 주력 부대를 격멸할 호기가 보인다면 건곤일척의 결전을 단행할 결심이다."

사실 10월 21일 소속 함대에 하달된 명령을 보면 그 주요 임무로써 주력 구리타 함대(제1, 제2부대)는 (1) 적 수상함 부대 격멸, (2) 적 선단 및 상륙군 격멸이 명확하게 지시되어 있으며, 나아가 그 작전 요령에서는 10월 22일 08시 정각 브루나이 출격, 10월 24일 일몰시에 산베르나르디노 해협을 돌파해 사마르 섬 동쪽 해역에서 야간 전투를 벌여 적 수상함 부대를 포착 격멸한 후, 10월 25일 여명에 타클로반 방면으로 돌입해 적 선단 및 상륙군을 섬멸할 것을 명하고 있다. 여기서 각 부대의 역할을 요약해 보면 다음과 같다(그림 2-14 참조).

(1) 구리타 함대는 전함 야마토와 무사시를 주축으로 한 수상함 부대를 이끌고 북방에서 레이테 만으로 돌입한다.

(2) 니시무라 함대와 시마 함대는 각각 남방으로부터 구리타 함대와 동시에 레이테 만으로 돌입한다.

(3) 오자와 함대는 구리타 함대가 우세한 적 기동부대에 들키지 않도록 유인책을 맡아 적을 북방으로 끌어낸다.

(4) 항공 부대는 이 함대 작전에 앞서 적 항공모함을 공격해 레이테 만으로 돌입하는 아군 함대를 적 항공 공격으로부터 최대한 보호한다.

이상과 같이 연합함대의 작전은 주력 함대에 의한 두 방면에서의 돌입 작전과 이를 위해 1개 함대(오자와 함대)가 생사를 건 유인 작전을 펼친다는, 이른바 "일본다운 교치(정교하고 치밀함)의 걸작"이었다(오오카 쇼헤이《레이테 해전(상)》).

브루나이 출격
구리타 함대는 보급 부대로부터 긴급 급유를 하루 늦게 받았지만, 예정대로 22일 08시 정각에 브루나이에서 레이테를 향해 출격했다(레이테 해전 전체의 전투 경위는 그림 2-17 참조).

(1) 팔라완 수로의 적 잠수함 공격

브루나이를 출항한 다음날(23일) 아침 팔라완 수로를 통과하던 구리타 함대는 잠복하고 있었던 적 잠수함 2척의 어뢰 공격을 받아 기함 아타고를 시작으로 2척의 중순양함이 침몰하고 1척이 손상하는 피해를 입었다(그림 2-15 참조).

(2) 시부얀 해전

24일 시부얀 해역에 들어선 구리타 함대는 5회에 걸쳐 적 함재기의 맹공을 받았다(그림 2-16).

이 공격으로 구리타 함대는 주력 전함 무사시를 잃었으며 중순양함 1척과 구축함 2척을 후퇴시켜야만 했다. 24일은 항공 총공격 실시일(Y일)임에도 불구하고 기지항공 부대의 공격은 전혀 효과를 보지 못했다. 구리타 사령관은 제2항공함대(후쿠도메 사령관)에 몇 번에 걸쳐 도움을 요청했지만 어떠한 대답도 들을 수 없었다. 후쿠도메 사령관은 적 기동부대를 직접 공격하는 것이야말로 수상함 부대를 엄호하는 것이라 생각했기 때문이라고 한다. 그러나 23일, 그리고 24일의 항공 총공격은 기상 조건의 악화와 항공기 성능 및 파일럿의 미숙 등으로 인해 눈에 띄는 성과를 거둘 수 없었다. 아니, 성과는커녕 다수의 소중한 항공기를 잃었다.

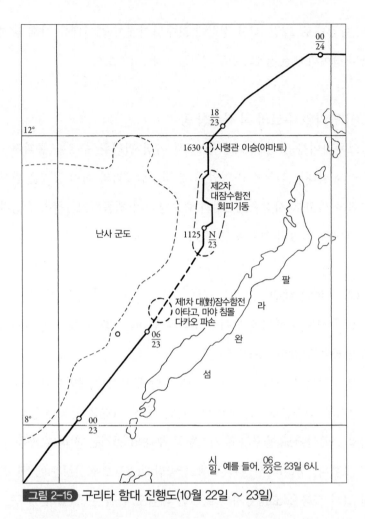

00 / 24

18 / 23

12°

1630 사령관 이승(야마토)

제2차
대잠수함전
회피기동

난사 군도

1125 N / 23

제1차 대(對)잠수함전
아타고, 마야 침몰
다카오 파손

팔

라

완

섬

06 / 23

8°

00 / 23

시
일. 예를 들어, 06 / 23은 23일 6시.

그림 2-15 구리타 함대 진행도(10월 22일 ~ 23일)

구리타 사령관은 결국 15시 30분, 일단 반전*하여 적의 공습을 일시적으로 회피할 결심을 한다. 반전 보고는 30분 후 도요타 연합함대 사령관 이하 각 함대 사령관에 타전되었다. 그 후 적 항공기가 모

* **반전(反轉)** : 방향을 돌린다는 의미로 '후퇴'와 비슷한 의미지만, 보다 작전적인 의미를 강조할 때 사용하는 개념이다 – 역주

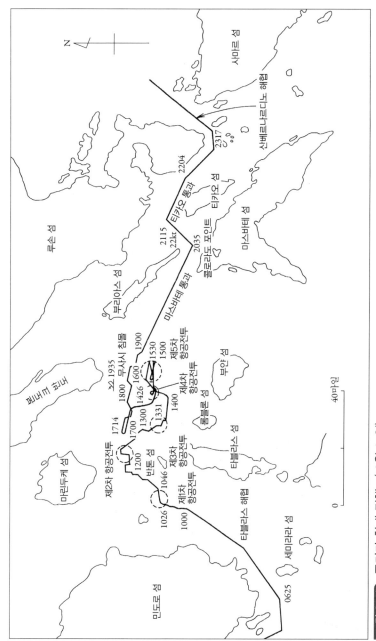

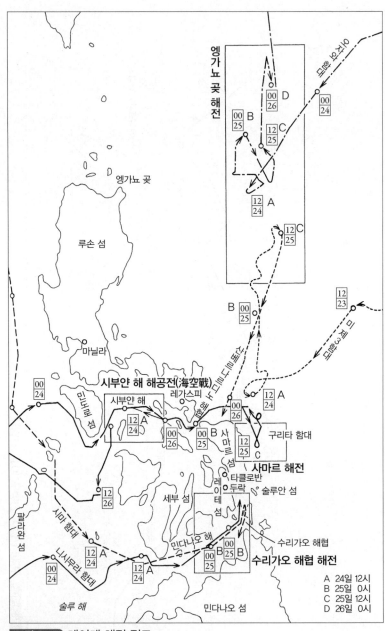

엥가뇨 곶 해전

엥가뇨 곶

루손 섬

$\begin{array}{|c|}00\\24\end{array}$

$\begin{array}{|c|}00\\25\end{array}$ B

$\begin{array}{|c|}00\\26\end{array}$ D

$\begin{array}{|c|}12\\25\end{array}$ C

$\begin{array}{|c|}12\\24\end{array}$ A

$\begin{array}{|c|}12\\25\end{array}$ C

B $\begin{array}{|c|}00\\25\end{array}$

$\begin{array}{|c|}12\\23\end{array}$

마닐라

민도로 섬

시부얀 해 해공전(海空戰)

시부얀 해

레가스피

$\begin{array}{|c|}00\\24\end{array}$

$\begin{array}{|c|}12\\24\end{array}$ A

$\begin{array}{|c|}00\\26\end{array}$

$\begin{array}{|c|}00\\25\end{array}$

$\begin{array}{|c|}00\\26\end{array}$

$\begin{array}{|c|}12\\24\end{array}$ A

$\begin{array}{|c|}00\\26\end{array}$

B 사마르 섬

$\begin{array}{|c|}12\\25\end{array}$ C

구리타 함대

사마르 해전

$\begin{array}{|c|}12\\26\end{array}$

세부 섬

레이테 섬

타클로반

두락

술루안 섬

팔라완 섬

시마 함대

$\begin{array}{|c|}12\\24\end{array}$ A

니시무라 함대

$\begin{array}{|c|}00\\24\end{array}$

$\begin{array}{|c|}12\\24\end{array}$ A

민다나오 해

$\begin{array}{|c|}00\\25\end{array}$ B

$\begin{array}{|c|}00\\25\end{array}$ B

수리가오 해협

수리가오 해협 해전

술루 해

민다나오 섬

A 24일 12시
B 25일 0시
C 25일 12시
D 26일 0시

그림 2-17 레이테 해전 전모

습을 감춘 17시 14분, 비로소 재반전을 실시하지만, 그날 아침부터 실시되었던 적 공습으로 예정시간보다 6시간이나 늦게 된다.

이즈음부터 연합함대 사령부(요코하마 히요시다이)와 구리타 함대, 그리고 관계 각 부대 간의 통신이 제대로 이루어지지 못했다. 도요타 연합함대 사령관은, 18시 55분을 전후하여 구리타 사령관의 최초 반전에 관한 보고전보를 건네받았다. 그러나 그 전인 18시 13분에 구리타 함대 및 다른 부대에 반전 금지의 결의를 담은 "천명을 믿고 전군 돌격할 것"이라는 전보를 타전했다. 구리타 함대 사령부는 도요타 사령관의 전보를 18시 55분에 수신한다. 구리타 사령부로서는 이 전보가 16시 정각에 보낸 최초 전보에 대한 답변이라고 생각했다. 그러나 앞에서 기술했듯이 이미 구리타 함대는 17시 14분에 재반전을 실시하고 있었다.

한편 도요타 사령관 측은, "전군 돌격" 전보를 내린 뒤에 최초 반전 전보를 받았고, 또 구리타 함대가 재반전을 보고하지 않았던 관계로 19시 55분, 다시 구리타 함대에 돌격 명령을 내렸다. 게다가 다른 생각 따윈 하지 말라는 의미인지 이례적으로 참모장 명의로 된 작전 명령 설명서가 첨부된다. 이런 이례적인 상황이 발생한 원인은, 통신상의 문제 때문에 시간이 엇갈렸고, 또 구리타 사령관의 재반전 보고가 늦어졌기 때문이다. 그러나 원인이 무엇이든 간에 이 일련의 사태 때문에 연합함대 사령부와 구리타 함대 사령부 사이에 묘한 불신감이 생겨나기 시작했다. 또 구리타 사령부는 가장 알고 싶어 했던 적 기동부대와 아군에 대한 정확한 정보를 여전히 포착하지 못한 상태였다.

구리타 함대 '반전'

25일 00시 30분경 구리타 함대는 산베르나르디노 해협을 통과했다. 한편 시부얀에서의 반전으로, 미 기동부대(홀시 대장 지휘하의 제3함대)는 해협 주변과 사마르 섬의 경계를 풀고 북쪽의 오자와 함대를 잡기 위해 홀시 특유의 과감한 돌진, 즉 '황소의 폭주(Bull's Run)'*를 감행하고 있었다. 이 덕분에 06시 정각, 구리타 함대는 아무런 저항도 받지 않고, 즉 애초의 작전 계획과는 달리 아주 쉽게 사마르 섬 해역에 진입할 수 있었다.

그러나 06시 45분, 돌연 여러 척의 함정과 적 함정공격기가 출현한다. 구리타 함대는 즉시 추격에 나서 결국 전투 상태에 돌입한다. 미군 부대의 정체는 킨케이드 중장이 이끄는 제7함대 소속의 제3호위항모분대(클리프턴 스프래그 소장)이었다. 그런데 전력 자체는 구리타 함대가 우세했다. 특히 미군 측은 전날 시부얀의 맹폭으로 구리타 함대가 패주했다고 판단했기 때문에 미군 입장에서는 그야말로 불의의 일격을 당한 셈이었다.

구리타 함대와 마주친 미군 항공모함은 선단 호위와 상륙 엄호를 위해 상선을 개조한 함정으로, 항공기의 적재 능력이 최대 30기(정규 항모는 80기 이상), 속력 17.5노트(정규 항모는 30노트 이상)에 불과

---

* 홀시 대장의 별명이 황소(Bull)였다 - 역주

했다. 그런데 구리타 함대는 이를 정규 항모로 착각했다. 개조 항모를 정규 항모로 오인하는 바람에, 그 주변의 구축함을 순양함으로, 호위구축함을 구축함으로 각각 과대평가하는 이중 판단 착오를 일으켰다. 또한 운 나쁘게 스콜**이 발생해 구름이 낮고 시계(視界)가 불량했다. 스프래그 부대는 미군 구축함의 연막과 스콜 덕분에 구리타 함대의 공격을 절묘하게 피할 수 있었다. 또한 미군이 공격받고 있다는 소식을 접한 펠릭스 스텀프 소장의 제2호위항모분대와 토마스 스프래그 소장의 제1호위항모분대의 함재기가 가세하는 바람에, 일본 측도 피해를 입기 시작했다.

구리타 사령관은 고속 전함 및 구축함을 동원해 미군을 추격했지만 좀처럼 거리가 좁혀지지 않자 2시간 후(09시 11분) 레이테 만으로부터 24마일 떨어진 지점에서 추격을 중지한다. 그리고 자신들이 추격했던 적은 정규 항모 부대로 3개 부대 이상으로 구성되어 있다고 확신한다. 야마토에 승함한 구리타 사령관은 진영을 갖추기 위해, 일시적으로 전체 함정을 레이테 만의 반대 방향으로 북상시켜 집결시켰으나 집합 지점에 집결하는데 1시간 30분 이상의 시간이 소요되었다. 집결을 끝낸 구리타 함대는, 11시 20분, 방향을 다시 레이테 만으로 돌렸다. 3일 전 브루나이를 출항할 당시의 함정은 모두 32척이었는데 이때는 16척으로 줄어 있었다.

레이테 만을 향해 남하한 함대는 12시를 지날 즈음, 미군의 엄청

** **스콜(squall):** 적도 근처의 열대 지역에서 발생하는 집중 소나기 - 역주

난 공습에 직면하게 된다. 12시 26분, 구리타 사령관은 레이테 만을 목전에 두고 반전을 명령한다. 이 반전은 중대한 작전 변경이었다. 즉 쇼이치고 작전의 최우선 목표였던 레이테 만 돌입을 최종적으로 중지한다는 의미였기 때문이다. 이 때문에 당시의 반전은 훗날 '수수께끼의 반전'으로 불리게 된다. 반전 명령 10분 후인 12시 36분, 구리타 사령관은 연합함대에 다음과 같이 타전했다. "제1유격부대는 레이테 정박지 돌입을 그만두고, 사마르 동쪽 해안으로 북상하여 적 기동부대와 결전을 벌인 후 산베르나르디노 수로를 돌파할 것이다."

왜 구리타 사령관은 반전을 결심한 것일까? 이는 다음과 같은 판단이 섰기 때문이었다.

(1) 기지항공 부대의 협력을 받을 수 없을 뿐 아니라 통신 두절로 오자와 함대의 견제 효과도 명확치 않다. 현재 우리는 고립된 채 전투를 벌이고 있다.

(2) 미 전함 부대는 구리타 함대의 레이테 만 돌입을 예측하고 있다. 그래서 현재 레이테 만 입구에 전투 배치 태세를 갖추고 있다.

(3) 레이테 만에 돌입하더라도, 미 호위함대나 수송선단이 이미 레이테 만 외부로 탈출해 적군이 하나도 없을지 모른다.

(4) 북방 근거리에 있다고 예상되는 적 기동부대를 공격해 적의 의표를 찌른다면 전투 국면을 유리하게 이끌 수 있다.

구리타 사령관과 함대 사령부가 레이테 만 돌입을 중지하고 반전한 것은 위와 같은 판단에 기초한 선택이었다.

그러나 여기서 주의해야 할 점은, 이런 상황 판단이 대부분 잘못되었거나 부정확한 정보에 기초한, 즉 구리타 사령부의 상상에서 도출되었다는 점이다. 실제 기지항공 부대의 일부는 가미카제 전법으로 어느 정도의 전과를 올리고 있었고, 오자와 함대는 홀시 예하의 기동부대를 적절하게 북방으로 유인하고 있었다. 또 레이테 만에는 제시 올덴도르프 소장이 지휘하는 특별요격부대가 편성되어 있었지만, 그 전력이 구리타 함대를 압도한다고 말하기는 힘들었다 (전함 3척, 순양함 4척, 구축함 6척). 레이테 섬 육지에 설치된 임시 사령부에 있던 맥아더 대장은 "지금 단계에서 내가 해야 할 일은, 부대를 강고히 다지고 전선을 단단히 구축하면서 언젠가는 도착할 해전 결과를 묵묵히 기다리는 것뿐이다. …… 전세는 이미 구리타 제독 쪽으로 기울고 있었다"고 회고록에 기록할 정도로 구리타 함대로서는 해볼 만한 상황이었다.

구리타 함대가 북방 반전을 결정한 최종 계기였던 적 기동부대는 사실 존재하지 않았다. 구리타 함대의 이런 판단은, 남서 방면 함대에서 적 기동부대를 발견했다고 보낸 정보에 기초한 것이었는데, 전쟁이 끝난 뒤 조사한 결과 어떤 일본군 부대도 그러한 정보를 발신한 적이 없다는 것이 명백하게 밝혀졌다. 일부에서는 미군의 가짜 타전이라는 설을 내놓기도 하지만 "생각해 볼 수 있는 가장 큰 가능성은, 아군 항공기가 구리타 중장의 부대를 발견해 미 함대로 오인하고, 그 내용을 정보로 취급해 작전 부대에 전달한 것이 아닐까 싶다. 즉 구리타 중장은 '자대(自隊)'를 공격하기 위해 반전해 북상한 셈이 되고 말았다"는 견해가 유력해 보인다(《전사 총서 대본영 해군부 · 연합함대 6》).

어찌됐든, 각 부대 및 그들 사이의 불신, 정보, 수색 능력의 부족 및 혼란이 직 · 간접적으로 작용해 '수수께끼의 반전'을 낳았음은 틀림없다. 또 이 시점에서 해군 쇼고 작전(레이테 해전)은 소기의 목적을 달성하지 못한 채 사실상 종료되었다.

● 분 석

레이테 해전 전체를 놓고 보았을 때, 미일 양쪽이 입은 피해 상황은 표1-6과 같다(10월 22일부터 27일까지 - 침몰, 퇴각 포함).

미 국	일 본
소형항모 1	전 함 3
호위항모 2	항공모함 4
구 축 함 2	중순양함 6
호위구축함 1	경순양함 4
	구 축 함 11
	잠 수 함 6

표 2-6 레이테 해전 피해(침몰, 퇴각 포함)

표를 보아도 알 수 있듯이 레이테 해전은 일본 해군의 참패로, 즉 미국의 압도적인 승리로 끝났다. 물론 일본 측의 손해에는 오자와 함대처럼 처음부터 전멸을 각오한 '유인책'도 포함되어 있기(실제로 그 임무를 충분히 수행했다) 때문에 피해 함정의 숫자만으로 전과를 논하는 것은 옳지 않을 수도 있다. 그러나 레이테에 상륙한 미군과 그 수상 함정을 '격파'하여 필리핀을 확보한다는 작전 목적의 수행에 완전히 실패했다는 점에서 본다면, 이러한 작전 전개 역시 커다란 '실패'라고 볼 수 있다.

일본 해군은 도대체 왜 이런 연합함대의 괴멸이라는, 결정적인 실패를 범하게 된 걸까?

작전 목적과 임무의 착오

먼저 쇼고 작전 자체가 어느 정도의 승산이 있었는지 살펴보자. 태평양 전쟁이 발발한 지 3년이 지났을 무렵, 일본 측의 피해가 누적되면서 일본과 미국의 생산력 차이는 더욱 크게 벌어지고 있었다. 해전에 있어 무엇보다 중요한 항공기 생산만 보더라도 일본이 크게 뒤처졌다.

원래 미군은 레이테 섬 진공 작전을 12월 20일로 계획하고 있었다. 그런데 왜 2개월이나 앞당겨 진공을 실시했을까? 먼저 미군은 일본군이 마리아나 해전에서 잃은 항공 전력을 재건하기 전에 공격하는 게 유리하다고 판단했다. 게다가 미군 측은 시기를 앞당겨서 진공할 수 있을 만큼 전력과 장비를 보유하고 있었다. 또 이를 뒷받

침할 수 있는 풍부한 생산력이 있었기 때문이라는 견해도 있다.

반면 일본 측은 전력과 장비 모두 충분하지 못했다. 특히 마리아나 해전에서 괴멸한 항공 부대의 재건에는 항공기 생산은 물론 조종사 훈련 및 양성이라는, 즉 단기간에 절대 만회할 수 없는 무형 전력의 문제가 도사리고 있었다. 수백 대 항공기도 설비만 갖추면 하루 만에 뚝딱 조립할 수 있을 것이다. 그러나 조종사는 그렇지 못하다. 이런 점을 볼 때, 일본군은 물적 자원뿐만 아니라 인적 자원도 열세였다.

이러한 객관적 전력의 열세 때문에 평범한 전법으로는 도저히 승산이 없었다. 이 작전에는 승리를 의미하는 명칭 '쇼(捷)'를 붙였지만, 실제 쇼고 작전(捷号作戰)은 전술상 극히 승산이 희박한 작전이었고 이를 극복하기 위해서는 목숨을 건 새로운 전법이 필요했다. 연합함대 사령부를 중심으로 한 작전 중심부는 이러한 상황에 대해 정확하게 인식하고 있었다.

도요타 연합함대 사령관은, 요나이 해군대신과 주고받은 말을 다음과 같이 회상했다.

"(내가 인사하러 갔을 때) 대신이 가장 먼저 물어온 것은 전황이 앞으로 어떻게 될 것 같으냐, 올해까지 버틸 수 있겠느냐는 질문이었다. 나는 '극히 힘들 것'이라고 지극히 간단하게 답변했지만, 이 질문을 통해 요나이 군이 전쟁 종결을 최우선 임무로 생각하고 해군대신의 자리에 앉았다는 것을 알 수 있었다. …… 힘들 것이라고 말하긴 했지만, 나는 연합함대 사령관이었다. 그래서 승산 없는 전쟁인 줄 알면서도 계속 빠져들고 있는 이 전쟁을 하루 빨리 끝내달라는 말을 차마 꺼내지는 못했다"(도요타 소에무《최후의 제국 해군》).

그리하여 수립된 것이 바로 '건곤일척', '기사회생', '구사일생'의 쇼고 작전이었다. 그러나 이렇게 승산이 낮은 작전을 승리로 이끌기 위해서는 그 전제로서 몇 가지 중요한 조건이 필요했다.

즉 이 작전을 전개하기 위해서는 적재적소에 맞아 떨어지는, 그야말로 복잡 다양한 전략적 대응이 요구되었다. 또 그 하나하나의 전략적 대응이 따로 놀아서는 안 되며, 모순된 전략이 있어서도 더더욱 안 되고, 나아가 전략적 일관성을 확보해야 일말의 성공을 기대할 수 있었다.

작전 성공을 위한 제1조건(전제)은, 무엇보다 작전 목적의 명확화이다. 그리고 이 작전에 참가한 주요 멤버들이 이 작전 목적을 공유해야만 한다. 또한 목적 수행을 위해서 자기의 임무가 무엇인지 정확히 인식해야 한다.

이 점에서, 특히 작전 수행의 핵심이었던 구리타 함대 사령부의 인식에 대해 검토하지 않으면 안 된다. 무엇보다 일본 해군은 일부 예외적인 사례를 제외하면, 전함과 거포에 의한 '함대결전'을 가장 중시했다. 구리타 함대 기함인 야마토와 무사시는 이런 사상의 정수 또는 결정체였다. 이러한 점들은, 8월 10일 마닐라에서 열린 연합함대 작전참모(가미 시게노리 대좌)와 군령부 작전참모(에노 요시오 대좌), 구리타 함대(제2함대) 참모장(고야나기 도미지 소장), 작전참모들이 벌인 사전 협의에서 이미 표면화되었다.

그러나 연합함대는 8월 4일의 〈작전 요령〉, 10월 18일 〈작전 지도 복안〉, 10월 20일 〈결전 요령〉에서 다룬 것처럼, 레이테 해전의 목적은 레이테 만 돌입과 그에 따른 적 수상함 부대의 격멸과 상륙 부대의 섬멸이라고 생각했다. 이러한 의미에서 볼 때 연합함대 사령부는, 구리타 함대의 '레이테 돌입'이야말로 쇼고 작전의 운명을 결정짓는 핵심이라고 판단했다.

두 견해(함대결전과 레이테 돌입)의 우열을 따지자는 게 아니다. 우리는 보다 근본적인 문제로서 작전의 입안자와 수행자 간에 전략 목적에 대한 중대한 인식 차이가 존재했다는 점을 지적하려 한다. 특히 다양한 전략적 대응이 요구되는 합동 작전의 경우, 이러한 인식 차이가 얼마나 중대하고 결정적인 결과를 낳는지 두말할 필요가 없다.

구리타 사령관이 레이테 만 돌입 직전에 실행한 수수께끼 반전의 원인, 아니 진짜 이유는 벌써부터 존재하고 있었던 것이다.

전략적 부적응

쇼고 작전 수립 후 발생한 몇 가지 중대한 상황 변화에 대해서는 앞에서 살펴보았다. 즉 (1) 다바오 오보 사건, (2) 오키나와 공습, (3) 타이완 근해 공중전 등으로 당초 쇼고 작전 수행에서 핵심적인 역할을 할 것으로 기대되었던 항공기의 전력 소실이 극심했다(합계

700기 이상). 이 피해는 항공기뿐만 아니라 베테랑 조종사의 손실을 의미하기도 했다.

이러한 엄청난 전력 저하가 있었음에도 불구하고 쇼고 작전은 방침대로 실시되었다. 작전 계획의 전제 조건에 영향을 미칠 만큼의 변화가 생길 경우에는 계획 자체의 부분 또는 전면 수정이 필요하다. 물론 현실적으로 시간적 여유가 없었던 것도 한 가지 이유였다. 그러나 "연합함대를 모두 잃어도 된다"는 전제 위에 수립된 작전이었기에 계획 수정은 결국 이루어지지 않았고 단지 작전을 실시한 부대의 임기응변에 맡길 수밖에 없었다.

대표적인 예로 오자와 함대를 들 수 있다. 오자와 함대(항모 4척)는 함재기가 모두 108기에 불과하였다. 이는 항공모함 1척분에도 미치지 못하는 숫자였다. 더구나 숙련도 부족으로 인해 대부분을 육상의 항공 기지로 보내야 할 형편이었다. 그 결과 오자와 함대는 대공 방위 능력을 전혀 갖추지 못한 채 작전 수행에 나서게 된다.

또한 항공 지원 임무를 담당한 제1항공함대는 빈약한 항공 전력을 보충하기 위해, 입안자(오니시 타키지로 중장) 스스로가 '작전의 외도'*로 불렀던 특별공격**을 감행, 계획과 실제 상황의 빈틈을 메우려고 했다.

이처럼 상황은 변했으나 적절한 대응책을 찾지 못한 '전략적 부

---

* **작전의 외도** : 정상적인 작전이 아니라는 의미 – 역주

** **특별공격** : 자살공격. 이른바 가미카제(神風). 줄여서 특공이라고 한다 – 역주

적응'은 작전 전개 중의 몇몇 중요한 국면에서도 나타났다. 가령 구리타 함대가 시부얀 해전에서 계획 시간을 지키지 못했음에도 불구하고 니시무라 함대가 오히려 계획보다 빨리 레이테에 돌입한 것도 전략적 부적응의 예라고 할 수 있다. 남과 북의 함대가 서로 호응하여 동시에 돌입한다는 작전의 기본 계획은 너무나 쉽게 깨져버리고 말았다.

시마 함대 역시, 아무리 함대 자체가 2류급 함정들로 구성된 소규모 부대라 하더라도, 구리타와 니시무라 두 함대와 전혀 호응하지 않거나 또는 호응할 수가 없게 되자 그냥 후퇴해 버리고 만다. 전략적 적응을 굳이 찾는다면, 오자와 함대가 적을 유인하기 위해 선발대를 기민하게 진출시킨 경우 정도이다. 그러나 오자와 함대는, 구리타 함대가 시부얀 해역에서 타전한 반전 전보는 수신했지만, 그 이후 재반전하여 레이테를 노리겠다는 전보는 받지 못했다. 이 전투가 끝난 후 오자와 사령관은, 구리타 부대가 재반전 후 레이테 만을 향해 돌격하고 있었다는 사실을 몰랐다고 말했다(사토 가즈마사 《함장들의 태평양 전쟁》).

또 주력 구리타 함대가 실제 존재하지 않았던 적 기동부대를 추격하기 위해 레이테 만이 아닌 북방으로 반전한 것을, 상황 변화에 따른 전략적 적응으로도 볼 수 있을지도 모르지만, 물론 이것은 적당한 예가 아니다.

정보 통신 시스템의 불비

레이테 해전처럼 광범위한 지역에서 동시 다발로 전개되는 전투에서는 정확한 정보 통신 시스템이 필수 불가결한 요소이다. 니미츠 제독은 "이 엄청나게 복잡한 대작전의 성패는 긴밀한 협동 작업과 완벽한 타이밍에 있었다"고 지적한 바 있다. 이 점에서 당시 일본 해군은 몇몇 중대한 결함을 지니고 있었다.

먼저 구리타 함대 기함이, 함대 측의 요구에도 불구하고 야마토가 아닌 아타고로 지정되었다. 이것은 아타고가 일본 해군의 선봉 지휘함이라는 전통과 야간 전투에 능했으며, 또 레이테 만 돌입도 새벽으로 계획되어 있어 대형 전함 야마토보다 신속하게 움직일 수 있는 중순양함을 기함으로 하는 것이 적절하다는 연합함대 사령부의 판단에 따른 것이었다. 그러나 아타고가 작전 개시 직후 팔라완 수로에서 미 잠수함의 어뢰 공격을 받는 바람에 사령부는 야마토를 기함으로 변경하고 사령부 장교들도 이쪽으로 옮겨 타게 된다. 이때 사령부 통신 요원의 상당수가 다른 구축함(기시나미)에 수용되지만, 기시나미는 어뢰 공격을 받은 아타고의 호위함 역할을 맡아 브루나이로 회항해 버리고 만다. 이 때문에 야마토의 통신 요원이 업무를 대신하게 되지만 기함 통신 업무에 익숙하지 못했고, 또 통신 요원 상호간 연락도 충분하지 못했다. 결국 이러한 요소들이 함대 사령부의 통신 능력 저하에 그대로 반영된 것이 아닌가 한다.

게다가 레이테 해전에 출격한, 구리타 함대를 포함한 4개 일본 함대 사이에 통신(무선)이 매우 나빠 부정확한 정보 및 오보가 난무하는 사태가 발생하기도 했다. 구리타 함대의 레이테 만 반전 역시 이런 통신 상황에서 빚어진 일이었다. 현대전은 광범위한 시공간에서 전개되는 총력전이다. 당연히 신경계 역할을 담당하는 정보 통신 시스템이 제대로 정비되고 또 효과적으로 기능해야 한다. 그러나 레이테 해전에 참가한 중순양함 하구로의 전투 상세 보고서에 "이 해전에서 기지항공 부대, 제1유격부대, 기동 함대 간의 협동 연계가 충분했다고 인정하기는 힘들다"고 기술하고 있는 것처럼, 통신 기능 장애가 작전 전개에 치명적인 영향을 미쳤다고 해도 과언이 아니다.

고도의 평범성 결여

해군 쇼고 작전은 작전만 놓고 본다면 일종의 변형 작전이었다. 또한 오자와 함대의 전멸을 전제로 적 기동부대 주력을 유인한 뒤 그 빈틈을 노려 구리타, 니시무라, 시마의 3개 함대가 두 방향에서 동시에 레이테 만으로 들어간다는 지극히 교묘한 작전이기도 했다. 사실 미군 측은 오자와 함대의 역할을 태평양 전쟁이 끝날 때까지 제대로 이해하지 못했다.

일본의 작전 의도는 꽤 맞아떨어진 것처럼 보였다. 그럼에도 불구하고 일본 해군은 괴멸적인 타격을 입은 데 반해 미군 측의 손실은 경미했다. 물론 일본군이 항공 전력이나 레이더 등의 군사 장비 면에서 열세했다는 점은 부인할 수 없다. 그러나 결과론이지만, 일본군에게도 기회가 아주 없었던 것은 아니다. 예를 들면 미군도 홀시가 '황소의 폭주(Bull's Run)'를 감행했기 때문에 레이테 만 주위를 제대로 방어할 수 없는 상황에 처하기도 했다.

　결론을 놓고 본다면, 일본군이 범한 실책이 미군의 실책보다 컸다. 일본군의 용맹함과 장교 개개인들의 우수함은 미군 측도 인정할 정도였다. 그러나 정작 거대하고 복잡하게 조직화된 현대전에서 성공을 거두려면 반드시 '고도의 평범성'(필드《레이테 만의 일본 함대》)을 갖춰야 했었다. 필드는 그 구체적인 현상으로 다음의 3가지를 들고 있다.

　(1) 기선을 제압하는 기발하고 독창적인 작전이 없었다.
　(2) 명령 또는 전투 수칙에 반하는 행동을 자주 보였다.
　(3) 거짓 성공 보고를 수차례 되풀이했다.

　하나하나의 작은 실책이 모여 작전 전체의 결과가 결정된다. 각자가 착오의 여지를 조금이라도 줄이기 위해서는 하지 않던 일을 계획해서는 안 된다. 즉 매일 하던 생각과 행동이 이어질 수 있도록 평범한 작전을 짜야 하는 것이다. 마찬가지로 예전과 다른 작전을 구사할 때는 작전 목적과 임무를 충분히 이해할 필요가 있었다. 이런 점에서 구리타 사령관은 쇼고 작전 전체의 목적과 자신에게 부여된 임무를 충분히 이해하고 있었다고 할 수 없다. 작전 목적과 자기 임무의 이해라는, 지극히 평범한 작전 실시의 기본 전제가 실제 상황에서 지켜지지 못했던 것이다. 군령부와 연합함대 역시 레이테 만 돌입을 가장 중요한 목적으로 설정한 이상, 이를 명확하게 지시해야 했고, 또 엄호를 위한 항공 전력 및 그 외 함대의 협력에 대해서도 철저한 조치를 취했어야 했다. 그러나 실전은 이 평범하고도 기본적인 전제를 무시한 채 진행되었다.

그리고 1개 함대(오자와 함대)를 소멸시킨다거나, 돌입 과정에서 주력 함대가 전멸되어도 상관없다는 식의 비정상적인 내용으로 구성된 쇼고 작전 자체가, (당시 일본 해군에 만연했던) 고도의 평범성을 벗어난 변형 작전이었다는 점에서도 실패의 원인을 찾을 수 있지 않을까 한다.

6

오키나와 전투 – 마지막 단계의 실패

작전 목적은 변함없이 애매했으며, 미군의 본토 상륙을 늦추기 위해
지구전과 항공결전 중 어느 것을 펼쳐야 하는지를 놓고 갈팡질팡했다.
특히 주목해야 할 것은 대본영과 오키나와 현지군 사이에 인식 차이가
있었음에도 불구하고 이를 하나로 통일하지 못했다는 점이다.

🔵 프롤로그

태평양 전쟁 당시 일본 영토 내에서 두 번의 전투가 벌어졌다. 그
중 하나가 이오지마* 전투이고, 다른 하나가 오키나와 전투이다. 오
키나와전은 1945년 4월 1일부터 6월 26일까지 약 세 달에 걸쳐 진
행되었다. 일본 병력은 우시지마 미쓰루 육군 중장이 이끄는 제32
군 장병 약 86,400명이었고, 미군 병력은 사이먼 버크너 육군 중
장이 이끄는 미 제10군 장병 약 238,700명이었다. 이 대규모 병력
이 오키나와에서 격돌을 벌인 결과, 일본군 약 65,000명, 일본 주민

---

* 유황도(硫黃島) – 역주

100,000여 명, 미군 12,281명이 사망했다.

미군은 압도적인 물량과 완전히 장악한 제공 · 제해권을 바탕으로 오키나와를 공격했다. 이에 일본군 제32군 장병은 오키나와 주민들과 함께 68일간에 걸쳐 지구전을 펼쳤다. 비록 패하기는 했지만 제32군의 저항으로 미군은 일본 본토 침공을 재고하게 되었으며, 일본으로서는 본토 결전 준비를 위한 귀중한 시간을 확보하는 등 성과가 적지 않았다.

그러나 용맹했던 제1선 장병들과는 달리 대본영을 중심으로 하는 상급 사령부와 현지 제32군 사이에는 작전과 병력 운용을 두고 근본적인 생각 차이가 있었다. 이런 의견의 차이가 조정되지 않은 상태에서 미군이 오키나와로 상륙하게 되고, 이 때문에 작전 수행에 중대한 문제가 야기된다. 이처럼 이견이 벌어진 이유는 작전의 목적이 달랐기 때문이다. 즉 이번 작전의 노림수가 본토 결전 준비를 위한 전략 지구전인지, 아니면 항공결전을 지원하는 공세 작전인지 의견이 통일되지 못했다.

오키나와 작전 당시 일본의 국력 · 전력은 거의 소진된 상태였던 반면 미국은 전혀 지친 기색이 없었다. 이런 상황에서 맞이한 미일 최후의 격돌로 일본군은 지금까지 되풀이됐던 문제점을 낱낱이 드러내게 된다. 작전 목적이 통일되지 못하면 작전이 성공하기 어렵다는 것을 군 지휘부에서 모를 리가 없다. 더구나 지상 지구전이냐 항공결전이냐를 두고 대립이 벌어졌음에도 불구하고, 대본영 등 상급 통수부는 이를 파악하고 조정하기는커녕 오히려 미군이 상륙한 이

후 현지군의 작전 지휘에 일일이 간섭하였다.

그렇다면 먼저 이런 문제점을 불러온 오키나와 작전의 준비에서 실시에 이르는 경위를 살펴보자.

● 오키나와 작전의 준비 단계

제32군의 창설

1944년 2월 17~18일에 걸쳐 미 기동부대가 일본군 연합함대의 근거지인 트럭 섬을 기습해 왔다. 이 공격으로 일본은 1943년 9월 30일에 설정한 '절대국방권역'에 중대한 위협을 느꼈다. 충격을 받은 대본영은 절대국방권역의 최전선인 중부 태평양 섬들의 강화를 꾀하면서 동시에 그 후방 중요 지역의 방위 강화에도 별도의 대책을 마련했다.

이 후방 방위 강화의 하나로 남서 제도를 담당하는 제32군이 창설되었다. 제32군은, 1944년 3월 22일 대본영 직할 부대로 지정받았다. 당시 대본영의 대미 작전 기본 구상은 항공결전 지상주의였기 때문에 제32군은 결전 전력인 항공 부대의 기지 방위라는 단순한 임무를 띠고 있었다. 자연히 병력은 최소화할 수밖에 없었다. 제32군의 수뇌부는 이런 상황을 마뜩찮게 여겼다.

특히 제32군 고급참모 야하라 히로미치 대좌는 항공 전력 지상주의를 채택하고 있던 대본영의 작전 구상에 대해 회의적인 시각을 갖고 있었다. 이것이 단순한 전략 이념이라면 몰라도 일본군 항공 전력의 실태와 그때까지 벌여온 항공 작전의 경과를 볼 때 과연 군사적으로 합리적인 판단인지 의문스러웠던 것이다.

대본영 작전 구상에 따라 항공 기지 진지 정비에 매진하고 있던 제32군은 1944년 5월 5일 돌연 대본영 직할에서 서부군 예하 부대로 편입된다. 이어 7월 초 절대국방권역의 요충지인 마리아나의 사이판 섬이 함락되자 서부군에서 타이완군(이후 제10방면군으로 불림) 예하로 들어간다. 본래 제32군은 대본영 직할 부대가 되기를 바라고 있었다. 그러나 짧은 기간에 수차례에 걸쳐 지휘 예속 관계가 변경되는 바람에 대본영의 통수에 불신감을 품게 된다.

대본영은 마리아나 함락으로 절대국방권역의 작전 구상이 사실상 붕괴된 후, 국운을 건 '쇼고 작전 계획'을 수립해 건곤일척의 작전 태세에 나섰다. 남서 제도 방면은 타이완과 함께 쇼니고(捷二号) 작전의 결전장으로 예정되어 제32군에도 대병력이 충원되었다. 즉 4개 사단, 혼성 5개 여단의 대병력이 증원되어 제32군은 더 이상 항공 기지 방위군 수준이 아니었다. 제32군 수뇌부는 결전 준비에 모든 노력을 쏟아 부어 언젠가 공격해 올 미군을 반드시 격멸하겠다는 필승의 신념을 불태웠다.

그러나 10월 10일 레이테 결전으로 쇼이치고(捷一号) 작전이 발동되자, 대본영은 병력 운용이 필요하다는 이유를 들어 오키나와 본섬에 있던 정예 제9사단을 차출해 타이완으로 전용한다는 결정을 내리게 된다.

타이베이 회의

쇼이치고 작전의 지휘를 위해 필리핀으로 출장을 나왔던 대본영 육군부 작전과장 핫토리 다쿠시로 대좌는, 11월 4일, 오키나와에 주둔 중이던 제32군 고급참모 야하라 대좌에게 "제32군의 1개 사단을 차출해 필리핀 방면으로 전용하는 안을 협의하고 싶으니 타이베이로 올 것"이라는 전보를 친 후 타이베이로 향한다.

마침 야하라 대좌는 같은 날 우시지마 군사령관과 함께 오키나와 나카 비행장 남쪽에서 실시 중이던 제24사단의 훈련을 시찰하던 중이었다. 전보가 바로 전달되었다. 당시 제32군은 작전 준비에 한창이었고 부대의 사기도 높았다. 이런 상황에서 작전 준비의 근본을 뒤집는 이 전보는 마른하늘에 날벼락이었다.

야하라 대좌는 이후 자신의 수기에 "너무나 당돌한 전보였기 때문에 장군은 물론 나 역시 형언하기 힘든 충격을 받아 한동안 아무말도 할 수 없었다. 훈련, 축성, 하루하루의 진전, 희망에 들뜬 맹연습을 하고 있었던지라 그 충격은 엄청났다"고 회고했다.

야하라 대좌는 약 1시간 정도 깊이 생각한 후 〈군사령관 의견서〉를 기안해 군참모장의 문구 수정을 거친 후 군사령관에게 결재를 올렸다. 우시지마 중장은 평상시처럼 조용한 말투였지만, 결의는 단호했다. 나중에 타이베이 회의에서 제10방면군 참모장에게 건네질 〈군사령관 의견서〉는 다음과 같았다.

제32군에서 사단을 차출해 타이완 방면에 전용하는 안에 대한 군

사령관의 의견

하나. 오키나와 본섬과 미야코지마 양쪽을 확실하게 지키겠다는
방침이라면 1개 사단으로는 불가능하다.

둘. 1개 사단을 타이완 방면으로 전용한 후 다른 사단을 우리
군에 충당시킬 방안이라면 처음부터 후자를 타이완 방면으
로 전용하는 것이 낫다.

셋. 그럼에도 1개 사단을 차출하고자 한다면 오키나와 본섬과
미야코지마 둘 중 한곳은 포기해야 한다.

넷. 대국적인 관점에서 필리핀의 전황을 낙관할 수 없다. 장래
남서 제도의 가치를 고려한다면, 제32군의 주력을 중요하
다고 판단되는 지역에 전용해야 한다.

우시지마 중장의 결재가 떨어졌다. 평소라면 이런 상황에서 기쁨
을 감추지 못하던 (제32군 참모장) 조 이사무 소장이 야하라 대좌를
불러 싸늘한 표정으로 이렇게 말했다. "타이베이 회의에 참석하면
절대 말을 아껴라. 말을 많이 지껄여서 분란을 일으키면 안 된다. 군
사령관의 생각은 이 의견서 안에 강력히 표현되어 있다. 분위기를
우리 쪽으로 유리하게 이끌려면 침묵하는 것이 상책이다."

조 소장이 야하라 대좌에게 침묵을 명령한 이유는 확실하지 않
다. 다만 외교술에 능한 조 소장이 야하라 대좌의 서투른 교섭 능력
을 걱정한 것이 아닐까 한다.

이유야 어찌되었건 타이베이에 집합하라는 전보를 받고 출발하

기까지 불과 몇 시간 정도의 여유밖에 없었기 때문에, 결국 제32군은 충분한 대책을 마련하지 못한 채 회의에 참석하게 된다.

4일 저녁 타이베이에 도착한 야하라 고급참모는 먼저 제10방면군 사령부 회의에 참가했다. 대본영에서는 작전과장 핫토리 대좌와 참모요원 하루케 소좌가, 그리고 방면군에서는 참모장 이사야마 중장, 참모부장 기타가와 소장, 고급참모 기사키 대좌, 작전주임참모 이치가와 대좌 등이 참석했다.

회의에서 야하라 대좌는 먼저 〈제32군 사령관 의견서〉를 낭독한 뒤 "이상은 군사령관의 강고한 결의다"고 덧붙인 후 이사야마 참모장에게 건넸다. 그 후 야하라 대좌는 조 참모장의 훈시에 따라 침묵했다.

그런데 이런 야하라 대좌의 태도가 회의장 분위기를 무겁게 눌렀다. 핫토리 대좌는 야하라 대좌의 이런 차가운 태도에 놀라, 차마 "차출 사단의 보충은 나중에 고려하고 우선 전용부터 하자"는 말을 하지 못했다. 또 이사야마 중장 역시 별다른 말이 없었다.

다만 이치가와 참모가 타이완 방위의 중요성과 병력 부족을 호소했다. 그는 제32군은 제10방면군 예하이므로 방면군 사령관이 그 병력을 자유롭게 운용할 수 있다고 주장했다.

야하라 대좌는 오직 자기 부대만 안중에 있는 이치가와의 발언에 반론하고 싶었다. 또 필리핀 결전이 실패로 끝난다면, 타이완과 오키나와 둘 중 어느 쪽이 전략적 가치가 있는지를 판단하는 일은 응당 회의의 초점이 되고도 남을 사안이었다. 그러나 야하라 대좌는 오키나와에서 출발할 때 조 참모장의 "침묵하라"는 훈시를 떠올리며 일체의 발언을 삼갔다. 전쟁이 끝난 후 야하라 대좌는 "군의 운명을 결정짓는 이 중대한 회의에, 게다가 반드시 의견을 개진해야 할 사안임에도 단 한마디도 못한 내 자신의 태도가 후회스럽다"고 회고했다.

회의는 밤늦게까지 진행되었다. 그러나 진전이 없었다. 야하라 대좌가 제32군의 소신을, 그리고 이치가와 대좌가 제10방면군의 희망을 각각 개진한 것에 불과했다. 적극적인 논의는 전혀 이루어지지 않은 채 타이베이 회의는 별다른 성과 없이 끝나고 말았다.

오키나와 본섬에서 1개 사단을 차출하는 것은 제32군에 중대한 영향을 미치는 결정이었다. 그러나 핫토리 대좌는 야하라 대좌의 무뚝뚝한 태도에 분개한 나머지 타이베이 회의를 진행하고 싶은 마음이 사라져, 결국 치열하게 논의하며 소통하려는 노력을 기울이지 않았다고 전해진다.

또 제32군은, 상급 부대 제10방면군의 이사야마 참모장이 타이베이 회의에서 보인 애매한 태도와 이치가와 작전주임참모의 타이완 방위의 필요성만을 강조하는 발언을 접하며 상부의 통수를 강하게 불신하게 된다. 즉 제32군은 이 둘의 태도에서, 제10방면군이 대본영의 힘을 빌려 오키나와 1개 사단을 전용하려고 한다는 인상을 받았다.

결국 타이베이 회의는 결론 없이, 대본영과 제10방면군에 대한 제32군의 불신만을 키운 채 끝이 났다.

제9사단의 차출과 배치 변경

타이베이 회의가 끝나고 한동안 대본영과 제10방면군으로부터 아무런 연락이 없었다. 그러다 11월 11일 대본영은 중박격포 제5, 6대대의 필리핀 전용을 명령했다. 15센티미터 중박격포 24문을 보유하고 있던 2개 대대의 차출 전용으로, 제32군은 기대했던 포대의 교두보 섬멸 능력이 크게 약화될 것을 걱정했다.

이어 11월 13일 대본영은 제32군에 "오키나와 주둔 사단 중에서 최정예 1개 사단을 차출하기로 결정했으며 그 사단의 선정은 군사령관에게 일임한다"고 타전했다. 대본영의 전보를 수령한 군사령관과 참모장은 의외로 침착했다. 야하라 고급참모도 "어쩔 수 없다"는 자포자기의 심정이었다. 다만 그는 타이베이 회의에 제출한 논리 정연한 〈군사령관 의견서〉가 무시된 것이 아쉽다는 입장이었다. 야하라 참모는 1개 사단 차출이 아무리 불가피한 일이더라도 최소한 오키나와 본섬이 아니라 미야코지마에서 차출되기를 원했다면서 억울해 했다고 한다. 게다가 나중에 보충해줄 1개 사단에 관해서는 단 한마디도 듣지 못해 대본영에 대한 제32군의 불신은 커져만 갔다.

오키나와에 주둔하고 있던 최정예 사단이라면 제9사단과 제24사단 중 하나였다. 제9사단은 전통의 정예 사단이었지만, 아쉽게도 산포 등 포병 화력이 빈약했다. 제24사단은 신설 사단으로 교육 훈련과 지휘 능력 등에서 제9사단에 비해 부족했다. 그러나 15센티미터 포병 대대까지 있을 만큼 야포 장비가 충실했다.

야하라 대좌는 만약 보병 전력의 차이가 크지 않다면 포병 화력이 우수한 제24사단을 남겨두고 싶었다. 그래서 그는 전통 있는 최정예 부대인 제9사단을 차출 전용해야 한다고 제안해 결국 이것이 받아들여진다.

이 결정으로 7월 이후 오키나와에 적응해 가던 제9사단은 12월 중순부터 다음해(1945년) 1월 초에 걸쳐 타이완으로 이동한다. 제9사단의 전용은 필승의 신념에 불타고 있던 제32군에 커다란 심리적 충격을 안겨주었다. 오키나와 주민 역시, 다수의 지역 주민이 입대한 제9사단의 전출을 아쉬워했다. 강철 같은 심성의 조 이사무 소장 역시 상당히 낙담했다고 한다.

제9사단의 전용으로 제32군은 다시 작전을 짜야 했다. 그러나 제9사단 차출 이후 대본영 또는 제10방면군으로부터 오키나와 본섬 방위에 대한 특별 명령이나 지시가 없었기 때문에, 제32군은 보유 병력과 일본군 전반의 작전 요구를 감안해 최선을 다한다는 방침 아래 자주적으로 신(新)작전 계획을 수립하기에 이른다.

새로운 작전 계획 수립에 있어 가장 먼저 문제점으로 떠오른 것이, 군의 기본 임무를 어떻게 해석할 것인가 하는 점이었다.

쇼이치고 작전(필리핀 작전)이 발동되고, 오키나와 본섬에 주둔하고 있던 제9사단이 차출된 상황에서 쇼니고 작전의 준비 임무는 자연 소멸되었다고 보는 것이 합리적인 판단이었다.

따라서 제32군은 창설 당시에 부여받았던 임무, 즉 "해군과 공동으로 남서 제도를 방위할 것"이라는 극히 포괄적인 내용을 따르면

된다고 스스로 결정했다. 이렇게 중대한 군 기본 임무에 관한 결정을 두고 대본영 또는 제10방면군과 아무런 의견을 주고받지 않았다.

제32군은 제9사단 차출 후 그 공백을 메워줄 보충 사단을 염두에 두지 않고, 약 3분의 2로 감소된 2.5개 사단의 기간 병력을 중심으로 최선의 방위책을 위한 신작전 계획의 수립에 들어갔다.

11월 26일, 제32군의 새로운 작전 계획이 나왔다. 그 방침은 다음과 같았다.

제32군은 일부 병력을 동원해 가능한 한 오랫동안 이에지마를 사수함과 동시에 주력 부대로 하여금 오키나와 본섬 남부 시마지리 지구*를 점령케 하고, 시마지리 지구 주요 진지 연안으로 상륙하려는 적들을 분쇄하되, 북방 주요 진지 일대의 육지 정면에서는 전략 지구전을 꾀한다.

적이 기타 비행장과 나카 비행장 쪽으로 상륙해 올 경우는 주력을 동원하여 이 방면으로 출격한다.

새로운 방침에 따라 지금까지 오키나와 나카가미 지역에 주둔하고 있던 제24사단은 제9사단이 담당했던 시마지리 지구를, 그리고 비게 된 나카가미는 독립혼성 제44여단 주력이 담당하게 된다. 한편 구니가미는 제44여단의 제2보병대를 주축으로 하는 구니가미

---

* 오키나와 본섬은 크게 북쪽의 구니가미(国頭), 가운데의 나카가미(中頭), 남쪽의 시마지리(島尻)로 되어 있다. 기타·나카 비행장 지역은 나카가미 – 역주

헤도미사키

420

392

497

제2보병대
−1Bn, 3Bn
+1pt/100SABn2문

이에지마
192

360
449

이에지마 비행장은 45년 3월
중순에 파괴

운텐코
(해군 어뢰정대.
해군 표적대 기지)

세소코지마

278

다가와

게라마쇼토

민나지마

451

히라라

해상정진제1연대

나고 만

345
390

자마미토

도카시시마

마에지마

제3유격대

가도시마

오우라 만(灣)

제2전대
제3전대

325

제4유격대

362

구니

긴 만

해군 진양대 기지

자키미

220

긴미사키

기타 비행장

이케지마

도구치

이시가와

62D

미야기지마

가데나

IS

나카 비행장

32

헨자지마

5

구시가와

하마히가지마

시마부쿠로

헨나

우키바라지마

마키미나토

12

자탄

나카구스쿠 만

161

쓰케지마
FA1 Co
i1 Pt

24D
62D

나하

62D

오로쿠

요나바루

44MBs

슈리

마텐코

해상정진제27전대
해군 진양대 기지

해군

구다카지마

해상정진
제26전대

군포병대

15

이토만

166

32

해상정진제28전대
44MBs

89

32

긴미사키

간미사키

마부니

미나토가

24D

오키나와 본섬 주요 부대 구분

- 제32군사령부
- 제24사단
- 제62사단
- 독립혼성 제44여단
  MBHQ,15MR,3Bn/2i 기간
- 구니가미 지대
  제2보병대(−3Bn), 유격대,
  이에지마 부대를 포함
- 군포병대
- 고사포대
- 선박 관계 부대
- 통신 · 후방 부대
- 특편 부대
- 해군 부대
  전투 개시 후 제32군사령관의
  지휘 하에 들어감

그림 2-18 1945년 3월 말 오키나와 본섬 배치도

지대가 맡게 되었다.

그러나 새로운 부대 배치는 약점이 있었다. 즉 기타·나카 비행장 방면으로 미군이 상륙할 경우 순식간에 두 비행장을 잃어버릴 가능성이 크다는 점이었다. 그래서 일부 병력을 동원해 상륙 속도를 늦추고 주요 진지 내부에서 장사정포를 이용해 방해 사격을 실시하는 대처 계획을 세웠다.

새로운 작전 계획에서는 제9사단 차출에 따른 병력 감소를 이유로, 수시로 군 주력을 기동 집중해 결전에 나선다는 대본영의 쇼니고 작전 계획 방침을 채택하지 못했다. 제32군은 신계획을 통해, 전장을 오키나와 본섬 남부로 한정했다. 만일 미군이 아군 진지 주변으로 상륙해 올 경우엔 최선을 다해 격퇴하지만, 미군이 항공 기지를 구축하는 것을 저지하거나 아군의 병력이 미치지 못하는 곳에 위치한 적 항공 기지에 대한 방해 공작을 펼 때는 오직 장사정포만 의존하다는 점을 강조했다. 즉 현 보유 병력과 지형 등을 고려하여 나카가미 지구를 포기하고 시마지리 지구로 군 주력을 집중시켰던 것이다.

제84사단 파견 결정과 취소

제32군은 배치 변경이 끝난 후 진지 조직 상황을 상세히 검토한 결과 시마지리 지구 주진지(主陣地)는 병력에 비해 진지 정면이 너무 넓다고 판단, 보병 1개 대대가 진지를 사수하려면 정면을 2킬로미터 정도로 축소하지 않으면 안 된다는 결론에 도달했다.

이에 따라 1945년 1월 말, 제32군은 다시 한 번 진지 배치 변경 작업에 들어갔다. 그 내용은 나카가미 지구에 배치되었던 독립혼성 제44여단 주력을 남부 지역의 지넨 반도로, 제62사단 예하 보병 부대 제64여단을 사단 주력의 북쪽 정면으로 이동시키는 등 전반적으로 축소 배치의 형태였다.

이 배치 변경으로 본섬 남부의 시마지리 지구 방비는 견고해졌으나, 미군이 기타 · 나카 비행장 방면으로 상륙할 경우에는 아무런 대책이 없었다. 대본영 등에서 중시한 기타 · 나카 비행장의 사수는 더욱 어려워졌다.

지상 작전을 중시한 제32군의 배치 변경에 대하여, 항공 관계자 및 제10방면군은 기타 · 나카 비행장의 방어를 강화하라고 오키나와 작전의 전 과정에 걸쳐 요구하게 된다. 제84사단의 파견 지시와 취소라는 조령모개의 사건은 바로 이 미묘한 시기에 일어났다.

앞에서 기술한 바와 같이 타이베이 회의는 오키나와에서 1개 사단을 차출한 후 그 공백을 메울 사단에 대해 아무런 언급 없이 끝났었다. 또 제32군은 보충 사단을 아예 생각하지 않은 채, 현재 병력만으로 독자적인 작전 준비를 전개하고 있었다.

그러나 대본영 육군부, 특히 작전과장 핫토리 대좌는 주무자의 입장에서 오키나와 사단 보충을 심각하게 고려하고 있었다. 그는 1944년 12월 11일부터 13일까지 신임 작전부장 미야자키 슈이치 중장에게 상황을 보고하면서, 오키나와는 원래 3개 사단과 1개 여단이 주둔하고 있었으나 지금은 1개 사단이 부족하다며 보충의 필요성을 강조하기도 했다.

분명, 1945년 1월 16일자 대본영 신(新)작전 계획에는 일본 히메지 소재 제84사단을 오키나와 보충 부대로 파견하기로 되어 있었다. 그러나 동시에 언젠가는 벌어질 본토 결전을 대비해 일본 본토 사단을 보존해야 한다는 의견도 만만치 않았다.

대본영 육군부는 신작전 계획에 따라 제84사단을 오키나와에 파견한다고 천황에게 보고하고 1월 22일 이 사실을 제32군에 타전했다. 그러나 과달카날 섬에서의 숱한 경험을 통해 육지와 격리된 섬 방위가 얼마나 어려운지를 잘 알고 있고, 열렬한 본토 결전론자이기도 한 미야자키 작전부장은, 전보 발신 직후 제84사단의 파견 문제에 대해 심사숙고를 거듭했다. 그는 결국 "비록 그렇게 약속했다 하더라도 오키나와로 향하는 해상 수송이 위험하다는 것을 알고 있고, 또 단 한 명의 장병도 아쉬운 본토 방위력이 바닷물 속으로 사라지는 것을 두 눈 뜨고 지켜볼 수 없었다. 통수에 악영향을 미칠 수 있다는 것도 충분히 이해하지만 이번에는 그러한 점들을 감안하더라도 파견을 취소해야 한다"는 결론을 내린다. 다음날 아침 미야자키 작전부장은 참모총장 우메즈 요시지로 대장에게 제84사단의 파견을 취소해야 한다는 의견을 제시했다. 우메즈 참모총장은 "너의 신념에 따라 행동하라"고 미야자키의 의견을 받아들였다. 미야자키 부장은 즉시 제84사단의 파견을 취소한다는 전보를 제32군에 보냈다.

제32군의 기쁨과 환희는 결국 하룻밤 단꿈으로 끝나버렸다. 그야말로 조령모개의 본보기였다. 전쟁이 끝난 뒤, 미야자키 부장은 "어떤 비판이라도 감수할 각오로 결정했다"고 회상했다. 분명 미야자키 중장은 자신의 소신을 관철함으로써 참모총장을 보좌한다는 중차대한 임무에 최선을 다했다. 그러나 작전 지휘의 연속성이라는 관점에서 볼 때 대본영의 방침을 손바닥 뒤집듯이 취소해 버린 결정은 결코 적지 않은 영향을 끼쳤다.

이처럼 당돌하게 결정을 번복할 수 있었던 것은, 새롭게 부임한 작전부장 미야자키 중장의 이력 때문이다. 그는 그전까지 중국 대륙의 제6방면군 참모장으로 근무했기 때문에 중앙부와 밀접한 관계가 없었다. 그래서 인정에 구속될 필요 없이 자유롭게 행동할 수 있었다. 그러나 파견 취소에 이르는 그 경위가 어떠하든지 간에 이 문제는 심각한 후유증을 남겼다. 제9사단의 전용을 탐탁지 않게 생각하던 제32군 수뇌부는, 대본영을 포함한 상급 사령부에 대한 불신을 점점 더 키워갔다.

당시 대본영은 쇼이치고 작전이 좌절된 후, 필리핀 공략을 끝낸 미군이 단번에 일본 본토로 상륙할 가능성은 매우 희박하고, 본토 침공 이전에 반드시 한두 개 정도의 기지를 구축할 것이라고 판단했다. 이때 미군의 주요 침공 방면은 동중국해 주변이 될 것이며, 그 중에서도 특히 오키나와가 가장 유력하다고 보았다. 그리고 미군의 이 기지 구축이야말로 일본군에게는 중요한 전략적 기회이며, 이 기회를 잡아 큰 타격을 입혀야 한다고 생각했다. 이렇게 해서 나온 것이 일본 본토 인근의 미군에 큰 출혈을 입혀 그 전투 지속 의지를 깨뜨려 부순다는, 이른바 '덴고(天号) 작전 계획'이었다.

그런데 이 덴고 항공결전을 완수하기 위해서는 오키나와 본섬의 항공 기지 확보가 필수였다. 그러나 제32군은 일본 항공 전력이 덴고 결전을 수행할 만한 역량이 없다고 판단하고 지상전을 중시하는 종래의 지구전 작전 방침을 고수했다. 이 때문에 대본영 등이 전술상 반드시 확보해야 한다고 보았던 기타·나카 비행장은 제32군의 주진지 외곽에 방치된다.

대본영과 제10방면군, 연합함대, 육해군 항공 부대는 제32군에 기타·나카 비행장을 확보하라고 요구했다. 그러나 상급 부대의 통수를 불신한 채 별도의 작전 목적을 세운 제32군은, 이 요구를 수락할 짬도 없이 미군의 침공에 직면하게 된다.

● 작전 실시

오키나와 작전의 초동 항공 작전

1945년 3월 23일 이른 아침부터 남서 제도는 총 350기의 미군 항공기로부터 공격을 받았다. 대본영 해군부는 3월 18일부터 21일까지 치른 규슈 근해 공중전의 전과를 과대평가하고 있었기 때문에, 미 기동부대가 울리시 섬 기지로 귀환하던 도중 잠시 얼굴을 들이민 정도라고 가볍게 판단했다. 이것은 얼마 전에 있었던 타이완 근해 공중전에서 거둔 전과를 과대평가해 미군의 레이테 섬 침공 의도를 잘못 판단했었던 것과 비슷한 종류의 과실이었다.

3월 24일에는 전함을 선두로 약 30여척으로 구성된 미 함대가 오키나와 본섬의 남쪽 해역에 출현해 본섬의 남부 지역에 함포 사격을 개시했다. 26일 미군은 게라마 열도 상륙을 개시했다. 이로써 미군의 오키나와 침공 의도가 뚜렷해지자 연합함대 사령관은 같은 날 '덴이치고 작전'의 발동을 명령했다. 덴고 작전은 미 기동부대, 특히 상륙부대의 수송선단을 상륙 이전 단계에서 격멸한다는 것이었다.

그러나 해군 항공 전력은 이미 규슈 근해 공중전에서 대부분 소모돼, 3월 28~31일간 규슈 지역에 집결한 항공 전력은 약 220기에 불과했다. 게다가 육군 항공 전력의 뼈대인 제6항공군의 규슈 전개가 늦어지는 바람에 26일 시점에서 출격 가능한 항공기는 약 200기에 불과했다. 결국 미 침공 부대 선단을 상륙하기 전에 격침하는 것은 힘들어 보였다.

사실 미군의 오키나와 침공 직전인 3월 24~31일간, 오키나와 주변의 미군 함정을 공격한 일본 육해군 항공 부대는 항공기 출동 숫자도 적었을 뿐 아니라 그 공격도 효율적이지 못해 미군에 결정타를 입히지 못했다.

미군 침공 부대를 수송선과 함께 격침하는 것이야말로 덴고 작전의 주요 목표였으나, 이렇게 초동 작전의 호기를 아쉽게 놓친 것이 오키나와 작전을 패전으로 이끈 첫걸음이었다.

덴이치고 항공 작전이 초동 단계에서 실패했던 원인으로는 미숙한 작전 준비, 규슈 근해 공중전에서 입은 해군 항공 전력의 손실, 그리고 약 480기를 보유하고 있던 타이완 소재의 제8비행사단이 초동에 전력을 대대적으로 투입하지 않았던 것 등이 지적되고 있다.

이렇게 침공해 오는 미군을 해상에서 격파한다는 덴고 작전의 핵심 목적이 실패로 끝나자, 오키나와의 제32군은 4월 1일 상륙을 감행한 미군과 대면하게 된다. 미군 측에서 본다면, 미군은 상륙에 앞서 늘 쓰던 항공 격멸의 전법이 훌륭하게 성공했음은 물론 상륙 후 6일까지 일본군의 항공 공격을 전혀 받지 않은 채 작전을 수행할 수 있었다.

미군 상륙

4월 1일, 우시지마 미쓰루 중장 이하 제32군 수뇌부는 슈리다이에서 미군 함정 수백 척이 오키나와 본섬 서쪽 해역으로 진입하고, 기타 · 나카 비행장 정면이 폭격을 맞아 불길에 휩싸이는 광경을 목격하고는 드디어 올 것이 왔다는 비장함에 빠졌다. 고급참모 야하라 히로미치 대좌의 저서 《오키나와 결전》의 첫 장에 당시의 광경이 담겨 있다. 오키나와 방위전을 둘러싸고 일어났던 전략 · 전술 논쟁이 단번에 분출하는 문제의 장면이다.

"오전 8시, 적 상륙 부대는 수천 척의 상륙주정에 몸을 싣고 일제히 몰려들었다. 그 장대하고도 질서 정연한 모습, 스피드와 중량감이 넘쳐흐르는 당당한 돌진은 마치 쓰나미가 밀려오는 듯했다.

적장(敵將) 사이먼 버크너 장군이 이끄는 미국 제10군 주력의 4개 사단은 속속들이 상륙중이다. 그들은 (알래스카) 애투 섬 상륙 이

후 태평양의 섬들에서 일본군이 반복해 왔던 반자이 돌격을 당연히 예상했을 것이다.

그러나 지금 슈리 산 위쪽에 포진하고 있는 일본군 수뇌부는 전혀 그럴 기미를 보이지 않는다. 왜일까? 우리 일본군은 이미 수개월 전에 슈리 북쪽에 견실한 진지를 구축해 놓고 미군을 유인해 포격을 퍼부을 결의로 충만해 있기 때문이다. 준비는 이미 끝났고, 상황은 예상대로 진행되고 있다. 우리는 적이 가데나에 상륙한 뒤 내려오기를 기다리고 있다.

우시지마 장군과 참모들이 자신만만한 태도를 보이는 것은 당연하다. 그들은 단 한 점의 불안과 의심도 없었으며 오히려 강한 적과 대결한다는 생각에 가슴이 벅차오르는 것이 마치 무사가 된 듯한 기분이다.

게다가 거의 무방비에 가까운 해안을 필사적으로 상륙하는 미군을 보니 마치 지팡이를 잃어버린 맹인이 더듬거리며 도랑을 건너는 것 같아 정말 우스꽝스럽다. 게다가 막대한 물량을 낭비하고 있다(미군 측 전사를 보면, 미군은 이 상륙에 5인치 이상의 포탄 약 45,000, 로켓포탄 약 33,000, 박격포탄 약 33,000 등 다량의 포탄을 사용하였다). 방어하는 입장에서 볼 때, 이런 통쾌한 광경이 어디 있을까.

바로 이때, 이렇게 하늘에 대고 미친 듯이 발광하는 미군을 야유하듯이 지켜보고 있던 일본군 수뇌부는 갑자기 불안에 빠졌다. 왜냐하면 지금까지 아군 항공기가 단 1기도 전장에 모습을 나타내지 않았기 때문이다. 대본영 작전 방침에 따르면, 적이 오키나와를 공격했을 때 그들을 격멸할 주인공은 우리 항공대이어야 한다. 우리 제32군은 단역에 불과하다. 나아가 적을 격멸한 기회는 적 상륙 부대가 상륙하기 전, 그러니까 바다에 머무르고 있을 때라며 몇 번이나 강조하지 않았던가.

그래. 지난 1주일 동안 아군기는 해질 무렵, 밤중, 그리고 새벽녘을 이용해 오키나와 섬 주변의 적함을 공격하고 있다. 그렇다고 한다면 지금이야말로 가데나 해역에 한 덩어리로 모여 있는 적 수송 선단을 총력을 다해 집중 공격할 천재일우의 호기이지 않은가? 대낮의 특공은 적 항공기의 공격 때문에 실행이 불가능하다는 나약한 변명을 늘어놓을 때가 아니다. 그러나 우리 특공 비행대는 끝내 모습을 나타내지 않았다."

이상은 야하라 대좌가 기록한 오키나와전의 시작 단계이다. 이 글에는 최고 통수부의 항공 전력 지상주의에 대한 제32군의 뿌리 깊은 불신감이 잘 나타나 있다. 야하라 대좌는 그 불신감을 다시 한 번 다음과 같이 묘사하고 있다.

"지극히 기괴한 오키나와전 개막의 서막이다. 미군은 무방비나 다름없는 가데나 해안에 막대한 물량을 투입해 상륙하고 있다.

적을 바다에서 쳐부술 것이라고 큰소리치던 우리 항공대는 이 중대한 시기에 어디 있는 것인가?

일본군과 미군 사이에, 또한 아군의 항공 부대와 지상 부대 사이에는 생각과 강조점이 너무나 다르다. 무엇이 그렇게 만들었나? 이런 생각의 차이가 그 후의 전투에 얼마나 큰 영향을 미치고 말았던가? 왜 이런 차이가 발생했는지를 해명하는 것이야말로 오키나와전의 운명이 왜 이렇게 되었는지를 밝히는 키포인트이다.”

야하라 고급참모의 지적이야말로 최고 통수부가 주장한 항공결전 지상주의와 현지 제32군이 주장한 지상전 중시주의라는, 풀어서 말한다면 '이상'과 '현실'의 괴리를 단적으로 보여준다.

4월 1일, 이른 아침부터 미군은 전함 10척, 순양함 9척, 구축함 23척, 화력지원함정 117척을 포함하는 1,300척 이상의 각종 함정을 동원해 오키나와 본섬 가데나 해안에 대한 상륙작전을 전개했다. 일본군의 저항이 예상보다 미미해, 미군 전사(戰史)는 “놀라움과 두려움, 그리고 안도감이 밀려왔다. 상륙 부대는 실질적으로 저항이 없는 곳에 상륙했다”고 묘사하고 있다.

공격 부대는 순조롭게 상륙을 개시, 1시간도 지나지 않아 4개 사단 16,000명 이상의 병력이 상륙할 수 있었다. 뒤이어 전차 부대도 상륙했다. 미군은 순조로운 상륙이 꺼림칙했는지 거듭 정찰을 수행하지만 결국 일본군의 전술이 아니라고 판단하고 전진 공격에 박차를 가했다.

점심시간 무렵까지 미군은 요미탄(기타) 비행장과 가데나(나카) 비행장을 점령, 해가 질 무렵에는 넓이 약 13.5킬로미터, 길이 약 4.5킬로미터에 이르는 교두보를 확보했다. 첫날 미군의 상륙 병력은

6만 명을 넘었는데, 특히 사단 포병 병력은 모두 상륙했다. 이 날 미군의 손해는 전사 28명, 부상 104명, 행방불명 27명에 불과했다.

그렇다면 일본군은 상륙하는 미군에 대해 어떤 전략으로 전투에 임했을까?

일본군은 미군의 상륙 정면인 나카가미 지구(기타·나카 비행장을 포함)에 타이완으로부터 증원될 예정이던 독립혼성 제32연대를 배치할 예정이었다. 그러나 증원 부대가 아직 도착하지 않은 관계로 특설 제1연대와 독립보병 제12대대 중심의 가야 지대를 내보냈다.

가야 지대는 정예 부대이긴 했지만, 겨우 1개 대대 병력에 불과하여 수적으로 우세한 미군에 대적할 수 없었다. 게다가 주어진 임무 역시 나카가미 지구에 대한 미군의 전진 공격을 지연시키는 것에 불과했다.

따라서 대(對)상륙 전투를 실제로 담당했던 부대는 특설 제1연대뿐이었다. 그러나 특설 제1연대가 편성된 것은 3월 23일로, 진지 배치를 가장 빨리 끝냈던 부대가 3월 28일이었고 주력 부대는 3월 30일경에 배치를 완료했다. 게다가 3월 30일은 제32군 사령관의 명령으로 기타·나카 비행장의 파괴 작업에 참여해 조직적인 전투를 전개할 수 없던 상태였다.

또 특설 제1연대에는 자체 포병 전력이 없었고, 제32군 포병 부대의 지원도 받을 수 없었다. 결국 이 부대는 압도적인 물량을 자랑하는 미군을 맞아 추풍낙엽처럼 쓰러져 갔다.

한편 미군의 전진 공격을 지연시키라는 임무를 부여받은 가야 지대는 4월 1일부터 6일까지 미군 항공기 2기와 전차 10대를 격파하고, 미군에게 약 600명의 사상자 피해를 안겨주는 등 선전했다.

그러나 이 지연작전 역시 압도적인 미군 화력에 밀려 며칠 버티지 못했다.

기타 · 나카 비행장 상실에 대한 반향

미군은 상륙하자마자 가데나(나카) 비행장 수리에 들어가 그날 저녁 무렵에는 불시착 항공기를 받을 수 있을 만큼 말끔히 복구했다.

미군이 상륙한 지 하루 만에 기타 · 나카 비행장을 빼앗겼다는 사실은 대본영을 비롯한 관계자들에게 큰 반향을 불러일으켰다. 제32군은 4월 1일 저녁, 대본영과 제10방면군, 그리고 관계 각 방면에 대해 "기타 · 나카 비행장은 후퇴하면서 폭파, 파괴했지만 미군의 기술력을 생각한다면 빠른 시일 내에 복구할 것으로 보인다. 또 비행장을 지키는 미군 부대를 제압하기란 전방 부대의 전력상 장담할 수 없으므로 미군이 상륙 기지를 사용할 수 없는 3일 동안 미군을 철저히 공격해줄 것을 배려 받고 싶다"고 보고했다.

대본영과 제10방면군, 육해군 항공 부대 관계자는 이 보고에 큰 충격을 받았다. 특히 육해군 항공 부대 관계자들은 미군 상륙 직전에 실시한 기타 · 나카 비행장 파괴가 매우 불충분했으며, 미군의 기계화된 복구 능력을 감안한다면 미군 기지항공 부대가 빠른 시일 내에 오키나와 본섬으로 진출할지 모른다며 초조해했다.

4월 2일 밤, 대본영 육군부 작전과는 제32군이 병력 보존에만 급급한 나머지 지나치게 소극적으로 임한다고 여겨, "적이 피를 흘리게끔 공격해서 기타·나카 비행장 지역을 다시 확보할 것"이라는 요망 전보를 기안한다. 그러나 작전부장 미야자키 슈이치 중장은 "작전 개시 이후에 지나치게 간섭하는 것은 좋지 않다"며 이를 받아들이지 않았다.

미야자키 중장이 이런 결정을 내린 이유는 과거 그의 이력 때문이다. 그는 제17군 참모장 자격으로 과달카날 작전을 지휘한 경력이 있는데 당시 대본영으로부터 현지 실정에 맞지 않게 세세하게 간섭을 받은 기억이 있었다. 그는 현지의 작전 실행은 현지 지휘관에게 맡겨야 한다는 신념을 가지고 있었다.

이날 대본영 기밀일지는 "총리께서 오키나와의 전황이 어떤지 묻자, 제1(작전)부장은 결국 적에게 점령되어 본토로 외적들이 몰려오는 것을 피할 수 없다고 답했다"고 적고 있다.

4월 3일, 천황에게 전황 보고를 마치고 복귀한 참모총장은 미야자키 작전부장에게 제32군을 적절히 작전 지도할 필요가 없는지 물었다. 4일, 대본영 해군부는 연합함대가 오키나와 방면에 대해 항공 총공격을 감행하는 동시에 남아있는 함정을 동원해 해상 특공 작전을 펼칠 계획이라고 알려왔다.

그리고 4일 오후, 대본영 육군부는 참모차장 명의로 다음과 같은 요망 전보를 제32군에 타전한다.

"기타·나카 비행장을 제압하는 일은 제32군이 펼치는 작전에도 꼭 필요하며, 최근의 이오지마 섬 전투로 쇠약해져가는 전열을 쇄신해줄 것이다. 특히 적의 해공군 기지 구축을 분쇄하는 일은 오키나와 방면 작전의 근본 의의이며, 같은 방면에서 항공 작전을 수행하는 데에도 중대한 의의를 지니므로 만전을 기해 제압할 것."

한편 제32군의 직속 지휘관인 제10방면군 사령관 안도 리키치 대장은 원래부터 '수제격멸사상'을 신봉했다. 그는 미군이 기타·나카 비행장을 점령했다면 제32군이 도로 빼앗기는 힘들다고 보고 재빨리 공세로 전환해야 한다고 재촉했다. 대본영도 전날인 4월 3일 방면군 참모장에게 "수제격멸의 호기를 노려 공세 방법을 찾아볼 것"이라는 전보를 보내 공세에 나설 것을 강하게 요구했다.

기타·나카 비행장의 탈환을 열망하는 현지 항공 작전 부대도 있었다. 타이완 소재의 제8비행단장 야마모토 겐지 중장은 제10방면군 사령관에게 "적이 무혈상륙에 성공해 오키나와 기타·나카 비행장을 점거했음에도 불구하고 제32군은 아직 반격할 생각조차 없다. 이대로 가다간 우리 사단은 정말 걱정스러운 상황에 봉착하게 될 것"이라며 "전반적인 상황을 고려할 때, 제32군은 지금 바로 반격에 나설 필요가 있다"고 강조했다.

대본영 해군부 및 연합함대 사령부는 이전부터 오키나와 작전에서는 미군 상륙 이전과 상륙 시점에 맞춰 급습을 해야 미군 격멸

---

* **수제격멸사상(水際擊滅思想)** : 바다나 강 같은 물가에서 전투를 벌인다는 전술 사상으로 험준한 밀림이나 산속에서의 전투는 반대한다 - 역주

의 실마리를 잡을 수 있다고 생각했다. 따라서 현지의 제32군이 기타·나카 비행장을 확보해 항공 부대가 미 함정을 공격할 기회를 만들어주기를 바라면서 기타·나카 비행장 주변의 방위를 강화할 것을 강하게 요구했었다.

그러나 기타·나카 비행장은 미군 상륙이 시작된 바로 그날 하루 만에 빼앗겨 버렸다. 게다가 제32군은 이것을 도로 찾으려는 적극적인 태도를 보이지 않았다. 일본 해군으로서는 미군이 비행장을 이용하게 된다면 미 기동부대의 포착 격멸은 어려워지고 항공결전도 수행할 수 없지 않을까 크게 걱정했다.

이리하여 4월 2일, 연합함대 참모장은 제32군 참모장 앞으로 다음과 같이 타전했다.

"덴이치고 작전의 성패는 적이 기타·나카 비행장을 사용하기 전에 적 상륙선단을 철저히 타격할 수 있는가에 달려 있다. …… 한편, 적 기동부대(정규 항모군)의 행동 기간이 예전에 비해 줄어들었다 해도 약 10일 후에는 행동에 들어갈 것이라고 판단하고 있다. 지금부터 열흘 사이가 우리가 노릴 수 있는 유일한 약점이다. …… 따라서 귀 부대는 현재 준비 중인 것은 알고 있지만 약 10일간만이라도 적이 기타·나카 비행장을 사용하지 못하게끔 수단 방법을 가리지 말고 방해할 것. 그런 다음 아군 주력이 당면한 적 주력을 향해 공세를 취할 것을 바랄 것."

결국 미군이 오키나와 상륙을 시작했을 때 제32군은 거의 저항하지 않았고, 기타·나카 비행장은 상륙 하루 만에 미군의 손에 들어갔다. 그런데 이것은 예정된 작전 전개로 제32군은 그 후에 펼칠 조직적인 진지 지구전에 큰 기대를 품고 있었던 것이다. 그러나 대본영 등은 눈 깜짝할 사이에 기타·나카 비행장을 뺏겼다는 사실에 커다란 충격을 받아, 제32군에 두 비행장을 탈환하기 위해 "공세를 적극 펼치라"고 집요하리만큼 반복해서 요구한다.

대본영, 제10방면군, 연합함대, 육군 항공 부대와 현지의 제32군 사이에 있었던 작전 목적에 관한 근본적인 생각 차이는 미군이 오키나와 섬을 상륙함과 동시에 본격적으로 터져 나왔다. 이 생각의 차이는 겉으로는 단지 기타·나카 비행장의 탈환 문제였지만 그 내막은 오키나와 작전의 기본 방침을 좌우하는 중대한 문제였다. 그리고 대본영 등이 "공세를 적극 펼치라"고 요구하면서 압력을 가해 오자 그때까지 추호의 흔들림 없이 작전 준비에 노력해 왔던 제32군 사령부 내부에 커다란 균열이 생겼다.

제32군 사령부의 내부 논쟁

제32군 수뇌부는, 미군이 가데나 해안에 상륙했을 때 기존 작전 방침에 따라 슈리 북방의 주진지 지대를 중심으로 강인한 지구전을 전개하고자 했다. 그러나 각 방면으로부터 공세를 요망한다는 전보가 쇄도하자 군 사령부의 분위기는 점점 미묘하게 변해 갔다.

상급 사령부로부터 기타·나카 비행장을 탈환하기를 요망한다는 내용의 전보가 도착할 때마다 야하라 대좌는 군사령관과 참모장에게 우리의 지구전 전략 방침이야말로 가장 올바르다고 강하게 주장했다.

조 참모장도 처음에는 지구전 전략 방침을 지지했다. 그러나 군사령관 우시지마 미쓰루 중장의 입장을 고려한다면 일본군 전반의 작전상 요구를 모두 무시할 수는 없다는 판단에 이른다.

결국 조 참모장은 4월 3일 밤, 제32군의 공세 전환 문제로 참모연구회의를 개최했다. 참모장은 각 방면에서 보내온, 공세 전환을 요망한다는 내용의 전보를 모두 읽어주었다. 그리고 다음과 같이 전황 판단과 대응책을 제시한 뒤 참모들의 의견을 물었다.

"미군은 아직 진지 공격 태세를 갖추지 못한 상황이다. 우리는 변함없이 적의 포격을 격렬히 받고 있지만, 참모차장이 4월 2일에 보내온 전보에 따르면 우리 군의 특공으로 미군은 항공모함 8척, 전함 또는 순양함 4척, 순양함 18척, 구축함 22척 등 합계 91척의 손실을 입었다고 한다. 이런 유동적인 전세 기회를 놓치지 말고 군 주력을 공세로 전환한다. 구체적으로는 서서히 스며드는 대규모 삼투전진으로 전장을 분산시켜 적의 우세한 포격 위력을 봉쇄하면서, 아군의 특기인 근접 전투로 적을 격멸한다."

이런 참모장의 제안에 대해 참모들은 대부분 공세 전환에 찬성했다. 그 찬성 의견을 종합 정리하면 다음과 같다.

"군의 작전 지휘는 대본영 또는 방면군 작전 구상에 따라야 한다. 상급 지휘관이 육해 항공 주력을 동원해 적극적인 작전을 펼치기를 꾀하고 있는 지금, 군은 당연히 이를 따라야 한다. 병력의 많고 적음을 따져서는 안 된다. 처음부터 미나토가와 정면과 기타 · 나카 비행장 두 방향으로 상륙해 올 경우, 미나토가와 정면에서 결전을 감행해 미군을 적극 물리칠 계획을 세우고 있었으니까 이번 기회에 같은 취지의 작전을 적극 감행해야 한다."

이 의견에 대해 작전주임 야하라 고급참모는 다음과 같은 강한 반대 의견을 피력한다.

"제32군은 이전부터 전략 지구전의 기본 방침을 확립해, 밤낮을 가리지 않고 그 작전 준비에 몰두해 왔다. 미군은 우리가 예상한 지점에 상륙했고 또 남쪽으로 내려오고 있다. 따라서 현재 기본 방침을 바꿀 필요가 없다.

미군이 상륙한 직후이고, 아직 그 전투태세가 정비되지 않았다면 몰라도 적은 지금 전투 준비를 끝마친 상태이다. 이런 상황에서 공격을 감행한다면 우세한 병력의 미 육해공 전력의 반격을 받아 우리 군은 시마지리와 나카가미 양쪽 지역의 협곡에서 괴멸당할 가능성이 크다. 또한 과거 수개월간 심혈을 기울여 구축한 동굴 진지를 버리고 출격한다는 것은 자살 행위나 다름없다.

기타 · 나카 비행장에 관해서는 지금까지의 방침대로 장사정포로 공격한다면 단 한 명의 피해도 없을 것이며, 주력 부대가 공격하는 것보다 오랫동안 제압할 수 있다. 또 상급 사령부의 요망 전보는 지도에 불과할 뿐 명령은 아니다."

야하라 대좌는 속으로 이렇게 생각했다.

"기타·나카 비행장을 그대로 놓아둔 것이 엄청난 실수였다. 우리가 철저히 파괴해야 한다고 건의했을 때 이를 허가했더라면 지금과 같은 문제는 일어나지 않았을 것이다. 그 시기를 놓치고 나서 이제 와서 공격하라니, 이 무슨 바보 같은 짓인가. 방금 전 이오지마 섬에서 장렬한 최후를 맞은 구리바야시 중장도 '…… 사용할 항공기도 없는 상황이었다. 더구나 적이 상륙할 기미가 농후한 시기였다. 그런데도 수뇌부 해군 측은 제1비행장과 제2비행장을 확장하라고 지령을 내렸다. 나는 그쪽으로 병력을 돌릴 수밖에 없었고, 때문에 진지는 점점 약해져갔다. 너무나도 유감스럽다'는 교훈을 타전해 오지 않았던가?"

조 참모장 역시 속내는 공세 전환에 반대하고 있었다. 그러나 군사령관의 의도가 명확한 이상 참모장으로서 따르지 않을 수 없었다는 의견도 있다.

이렇게 두 의견으로 갈라져 대립하였지만, 결국 제32군은 기타·나카 비행장 방면으로 공세를 펼친다는 결론을 내린다. 우시지마 사령관은 4월 7일 밤에 공세를 발동하기로 결정하고 야하라 대좌에게 공격 계획을 수립하라고 명령한다.

공격 계획의 방침은 "제32군은 4월 7일 밤 전력을 다해 공세로 전환, 상륙한 적을 격멸해 220고지(요미탄 산) 동서로 진출한다"는 것으로 1선에 제62사단, 2선에 제24사단, 3선에 독립혼성 제44여단, 4선에 해군육전대를 배치했다.

4일 밤에는 각 사단장에게 공격 계획이 통보되었다. 모 사단장은 이 계획의 성공을 확신할 수 없다고 말해, 조 참모장을 침통한 심정에 빠뜨리기도 했다.

각 사단장이 공격 계획을 전달받고 각자의 사령부로 돌아가고 있을 때, 군 사령부에 새로운 정보가 도착했다. "약 50척의 선단이 남동 해역에 출현. 미나토가와 정면으로 상륙할 가능성 큼." 이 새로운 정보에 의해 제32군은 4월 7일로 예정되어 있던 공세를 중지하는 결단을 내리고, 이 사실을 대본영 등 각 방면에 알렸다.

제10방면군은 4월 7일 밤 공격을 개시한다는 제32군의 전보를 접하고 만족스러워하고 있다가, 그 다음날 공격을 중지한다는 전보를 받고는 아연실색하고 만다.

제10방면군 사령부는 다른 부대와의 협력 관계에 미칠 영향을 우려, 또 일본군 전반의 작전 계획에도 중대한 영향을 미칠 것이라 판단, 이번 기회에 제대로 된 조치를 취해야 할 필요가 있다고 보았다. 제10방면군은 "지상 작전 개시를 4월 8일 밤으로 결정해 공격을 실시하라"는 전보를 보낸다.

제10방면군의 공격 재촉을 받은 제32군 사령부는 4월 6일 14시 경이 되어서야 "4월 8일 밤을 기해 공세로 전환한다"는 총공격 명령을 각 부대에 하달했다.

그런데 4월 7일 오후, 우라조에와 나하, 미나토가와 방면에 적의 함포 사격이 시작되고, 동시에 제62사단 왼쪽 해역에 약 100척의 적 선단이 출현하는 사태가 발생했다. 공세 전환 의지를 굳힌 제32군이 었지만, 혹시라도 제62사단 쪽으로 미군이 상륙해 온다면 공세 작전의 실패는 불 보듯 뻔했다. 그래서 일단 8일 공격을 중지하게 된다.

이렇게 일본군의 공격 계획이 오락가락하는 동안 북방 최전선의 전황은 시시각각으로 변했다. 특히 미군은 일본군의 전진 진지를 돌파하여 제62사단 주진지 지대까지 돌입해 오고 있었다. 제32군 사령관은 제62사단장에게 8일 밤에 진전출격(陣前出擊)*할 것을 명령했지만, 2번에 걸친 총공격 중지의 심리적 후유증으로 인해 제62사단의 야간 공격은 실패로 돌아갔다. 미군의 공식 전사에도 이 진전출격이 기술되지 않은 점을 본다면 성과가 거의 없었던 것이 아닐까 생각된다.

한편 8일 오후, 조 참모장은 제62사단의 야간 공격과는 별도로, 제32군의 유력 정예 부대를 투입한 본격적인 공격을 구상했다. 즉 4월 12일을 기점으로 제62사단과 제24사단을 동시에 투입하는 공격 계획을 수립하라고 야하라 대좌에게 명령했다.

* **진전출격(陣前出擊)** : 진지에서 뛰쳐나와 적군을 향해 공격하는 것 - 역주

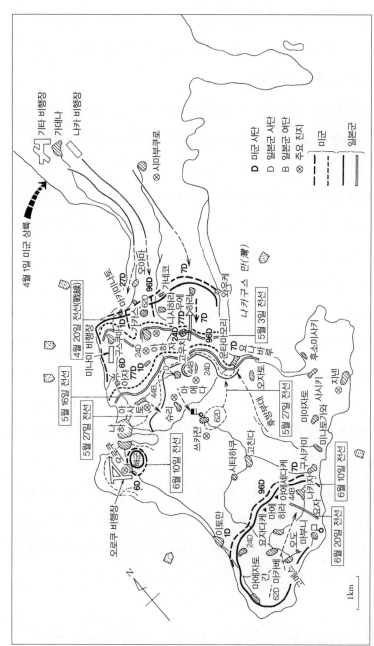

그림 2-19 작전 경과도(지구전 돌입 이후)

일본 제국은 왜 실패하였는가?

이 공격 계획은 기타 · 나카 비행장의 탈환이 아니라, 지금 아군 진지 앞에 포진해 있는 미군을 격파하기 위한 계획이었다. 즉 8일 밤에 실시한 진전출격 공격의 규모를 확대한 것이었다.

야하라 고급참모는 여전히 전략 지구전을 굳게 지지하는 입장이었고, 따라서 조 참모장의 공격 계획에 반대했다. 그러나 2번에 걸친 총공격이 무산된 탓인지 참모장은 승패를 떠나 군의 명예를 걸고 공격을 강행하라고 지시했다고 한다.

4월 12일의 야간 공격은, 두 번에 걸쳐 총공격을 결정하고 중지했던 통수의 혼란 때문에 실패로 돌아가고 말았다. 이런 공격을 감행하게 된 계기는 무엇인가? 조 참모장으로서는 대본영과 제10방면군, 그리고 육해군 항공 부대와의 관계를 고려해야 하는 입장이었다. 또 결과가 어떻게 나오든 한번쯤은 제대로 된 공격을 해보자는 조 참모장의 집념이 있었기 때문이다.

조 참모장 역시 이 공격의 성공을 기대하지는 않았을 것이다. 그는 우시지마 군사령관의 입장을 생각해 한번은 공세에 나서야 한다고 판단했을 것이다. 실제로 공격 계획 역시 상급 사령부에 면목이 설 정도의 병력을 투입하는 것에 그쳐 제32군 주력이 결전하는 것을 의도적으로 피한 기색이 엿보인다.

4월 12일의 야간 공격은 결국 성공하지 못한 채 끝났지만, 상급 사령부에 대한 체면치레는 할 수 있었다. 그러나 8일과 12일의 야간 공격으로 약 2개 대대 상당의 병력을 잃는 등 꽤 커다란 타격을 입기도 했다.

이렇게 하여 제32군은 미군 상륙 이후의 공세 전환을 둘러싼 모든 문제를 일단락 짓고, 지구전 태세로 들어갔다.

● 분석

제32군은 창설된 지 얼마 되지도 않은 시점에서 몇 번에 걸친 소속 변경으로 대본영과의 관계가 삐거덕거리기 시작했다. 또 제32군의 최정예 부대인 제9사단 차출의 계기가 된 타이베이 회의를 기점으로 대본영 및 제10방면군과의 소통에 벽이 생겼다. 뒤이어 제84사단의 파견 결정과 취소, 그리고 덴고 작전 항공 전력의 오키나와 추진 불발 등이 겹치면서 불신의 늪은 점점 깊어지고 관계는 점점 멀어졌다. 이런 시기에 기타 · 나카 비행장이 있던 가데나 해안으로 미군이 상륙했을 경우 제32군으로서는 어떻게 작전을 펼쳐야 하는가? 제32군은 대본영이 의도하고 있던 덴고 작전과 밀접한 관계에 있는 기타 · 나카 비행장 문제를 상급 사령부와 논의조차 하지 못한 시점에서 미군의 상륙 침공을 맞게 된다.

한편 대본영을 비롯한 관계 방면은, 제32군이 기타 · 나카 비행장 지구를 그렇게 맥없이 미군에 내주리라고는 상상도 못했다. 미군의 기지항공 전력이 기타 · 나카 비행장에 진출한다면 덴고 작전 자체가 힘들어지기 때문이었다. 상황이 이렇게 되자 대본영과 제10방면군, 특히 육해군 항공 부대는 미군이 비행장을 사용하지 못하게 막는 것, 즉 기타·나카 비행장의 탈환이 덴고 작전의 성패를 가르는 키포인트며 나아가 오키나와 지상 작전의 운명을 결정짓는 분수령이 될 것이라고 생각했다. 덴고 작전의 핵심은 항공결전이었으므로, 미군으로부터 기타·나카 비행장을 탈환하는 것은 당연한 작전이었다. 그러나 이 생각은 어디까지나 이상적인 계획에 불과했다. 만일 제32군이 처한 상황을 정확하게 인식했더라면 탈환 따위를 계획할 리 없었을 것이다.

제32군이 공세 요구를 받은 4월 3일 시점의 전황은, 과연 상급 사령부의 요망대로 공세가 가능했을까? 기타·나카 비행장에 배치된 특설 제1연대는 괴멸에 가까운 타격을 받았고, 가야 지대는 가까스로 지연작전을 펼쳤지만 물량을 앞세운 미군의 적수가 되지 못했다. 상륙한 미군은 이미 오키나와 본섬을 남북으로 갈라 주력은 남쪽으로 선회해 제62사단 정면에서 남하 공격을 개시하고 있었다. 미군 상륙 전후의 틈을 노려 기회를 잡으려던 전술은 이미 시기를 놓치고 말았다. 상급 사령부는 항공결전을 독려했지만 실제로 항공 전력을 발동하기까지 너무 많은 시간이 걸리는 바람에 미군 수송선 단은 거의 피해를 입지 않은 채 상륙을 끝마칠 수 있었다.

제32군은 상급 사령부 등에서 공세 요망을 재촉하는 바람에 2번이나 공세 전환 명령을 내렸다. 그러나 미군 수송선단이 접근한다는 보고 때문에 단 한 번도 실행에 옮기지 못했다. 그런데 만일 상급 사령부의 요망대로 공세를 감행했다면 사태는 어떻게 되었을까? 제32군이 혹시라도 총공격에 나섰을 경우, 야하라 고급참모가 걱정했던 것처럼 교두보를 구축하고 공세 태세를 갖추고 있던 미군의 강력한 화력에 제32군의 공격 부대는 엄청난 피해를 입었을 것이며, 자연스럽게 공격을 단념하고 말았을 것이다. 그리고 숫자가 급감한 나머지 병력을 이끌고 처음부터 의도했던 작전 방침인 전략 지구전으로 전환했을 터인데, 그렇다면 이들이 처음에 기대했던 지구전 기한까지 버틸 수 있었을까?

총공격은 미군의 항공 기지 구축을 지연시키는 데는 성공할지 몰라도, 아군 전력이 급속도로 소모되는 결과를 가져와 도리어 오키나와 함락 시기를 앞당겼을 것이며, 따라서 본토 방위를 위한 시간적 여유를 잃어버리게 되었을 것이다. 과연 당시 대본영과 제10방면군은 이러한 모든 상황들을 고려한 후에 제32군에 대해 공세를 요망했던 것일까?

대본영과 제10방면군은, 미군이 상륙 첫날 기타·나카 비행장을 점령한 것에 대해 대단히 충격을 받았다고 하지만, 이는 선견지명이 없었음을 스스로 폭로하는 것이다. 이것은 미군 침공 이전의 작전 준비 단계에서 예견할 수 있었던 문제로 당연히 대비했어야 하는 중차대한 일이었다. 제32군의 작전 구상이나 병력 배치 실태를 정확하게 파악하고 있었다면 기타·나카 비행장 지구가 얼마나 버틸 수 있는지 명확히 알 수 있었을 것이다. 만약 두서너 달 동안 지구전을 펼칠 수 있을 것이라고 기대했다면, 그것은 그저 단순한 희망 섞인 관측에 불과했다. 기타·나카 비행장 문제가 불거진 데는, 대본영과 제10방면군이 제32군의 실태를 파악하고 현실을 직시하려고 노력하지 않았다는 점, 그리고 일본군 전체의 전략 밑그림에서 오키나와전이 차지하는 지위와 역할을 숨김없이 보여주려는 노력을 게을리 했다는 점에 그 첫 번째 원인이 있다.

게다가 정식 합동 계획으로서는 처음으로 수립된 덴고 작전 계획도 그 기본 성격을 두고 육군과 해군 사이에 인식차가 존재했으며, 이것이 제32군의 지도에 미묘한 영향을 끼쳤던 점도 무시할 수 없다.

두 번째 원인은 제32군 사령부의 진지하지 못한 태도이다. 아무리 상급 지휘부가 현지 사정을 모른다 하더라도, 일본군 전반의 전략 밑그림과의 조화를 고려하지 않은 채 자신들의 작전 목적과 방침을 거의 독립적으로 결정하는 것은 군 통수 체계를 엉망으로 만드는 행위로 엄하게 지탄받아 마땅하다.

제9사단의 차출 전용을 계기로 새로운 작전 방침을 수립하게 된 제32군은 자신들의 기본 임무 해석에 대해 상급 사령부에 지도나 조정을 요청하지 않고 독자적으로 처리했다. 따라서 항공결전을 골자로 하는 대본영의 덴고 작전 계획과, 전략 지구전을 수립한 제32군의 지상 작전 계획은 사전에 그 어떤 조율도 거치지 못한 채 평행선을 그었다. 상급 지휘부가 제32군에게 불신을 조장하는 행동을 했다 하더라도, 착오의 연속으로까지 불리는 냉엄한 전장의 현실에서 본다면 아주 이해할 수 없는 것 또한 아니다. 군사적 합리성을 철저히 견지하는 시각에서 본다면, 이런 상황에서야말로 상하 간의 조화를 꾀하려는 노력이 반드시 필요하다.

결국 대본영과 제10방면군은 작전 준비 단계에서만큼은 제32군을 강력하게 지도했어야 했고, 이것이야말로 가장 중요한 통수 행위였다. 그러나 정작 제32군 사령관이 자유롭고 활달하게 전장을 지휘해야 할 실전 단계에서 작전 지도를 내려, 설령 본의가 아니었다고 하더라도 지휘를 간섭한 셈이 되고 말았다.

일본군의 기관총 사격을 피해 돌진하는 미 해병대원. 오키나와 1945년 5월 10일.
출처 : The U.S. National Archives and Records Administration (public domain)

제3장

실패의 **본질**
– 일본군의 **전략 · 조직** 실패 분석

여섯 개 작전의 공통점

1939년 일본과 소련 간에 일어난 노몬한 사건을 비롯해 제2차 세계대전 중의 미드웨이, 과달카날, 임팔, 레이테, 오키나와에서 싸운 6개 작전은 모두 일본군의 패배로 끝났다.

이 전투들은 시간과 장소뿐 아니라 병력과 군비, 보급도 저마다 다른 조건에서 발생하였다. 전투 상대 역시 매번 달랐으며, 피아(彼我)의 작전 전개 능력에도 커다란 변화가 있었다. 이런 의미에서 본다면 이 6개 전투는 어느 하나 공통점이 없으므로, 그 패배 원인 역시 개별 상황에서 찾아야 할지 모른다.

그렇지만 동시에 이 6개의 작전은 아무 연관 없이 따로따로 일어난 것이 아니다. 전략의 수립부터 실행까지 모두 일본군이라는 근대 조직에 의해 진행되었다는 사실을 부정할 수 없다. 또 하나하나의 작전은 태평양 전쟁의 패전, 즉 '무조건 항복'으로 이어지는 굵직 굵직한 매듭들이었다. 게다가 하나의 실패가 그 이후의 실패에 어떤 식으로든지 영향을 끼쳤기 때문에 이 6개 작전은 직·간접적으로 연결되어 있다. 우리는 일련의 실패를 통해서 이를 거듭해온 일본군이라는 거대한 조직의 실체를 엿볼 수 있다.

도대체 왜 일본군은 이런 실패를 범했던 것일까? 각각의 작전에 나타난 전략과 조직들은 과연 어디에 문제가 있었으며 어떠한 공통점이 있었던 것일까? 이번 장에서는 이러한 문제의식에 기초해 여섯 번의 패배에서 드러난 일본군의 조직 특성을 밝혀내려 한다. 달리 말하면, 조직으로서의 일본군이 성공하지 못한 이유를 조직론의 관점에서 논해 보고자 한다.

먼저 6개 작전에 공통으로 드러나는 성격이다.

(1) 복수 사단, 또는 함대가 참가한 대규모 작전이었다. 따라서 육군 참모본부, 해군 군령부 등 일본군 작전 수뇌부가 작전 계획 수립에 관여하였다.

(2) 이는 곧 작전 수뇌부와 실시 부대 사이에 시공간적으로 커다란 거리가 있었음을 뜻한다. 또한 실시 부대 내부에서도 정도의 차이는 있지만 비슷한 상황이 연출되었다.

(3) 전투를 직접 수행하는 부대가 고도로 기계화되어 있었고, 여기에 보급과 정보 통신, 후방 지원 등이 연결된, 이른바 통합 근대전이었다.

(4) 상대의 기습에 대응하기 위한 즉흥적인 작전은 거의 없었다. 처음부터 작전 계획을 세워 수행했다는 의미에서 조직적인 전투였다.

이와 같은 공통점은, 개별 전투 상황에서 지휘관이 저지르는 오판이나 작전상의 실수 차원을 넘어선 것으로, 오히려 이런 상황을 만든 일본군 조직의 특성, 즉 전략 발상의 특성과 조직 결함에 주목해야 한다는 점을 시사하고 있다.

일본군은 각각의 작전에서 조직으로서 전략을 수립하고 조직으로서 작전을 실시해, 결과적으로 조직으로서 패배했다.

태평양 전쟁 전체를 돌이켜 볼 때 일본군의 중요하면서도 가장 강력한 적은 미군이었다. 노몬한과 임팔을 제외한 나머지 4개 작전(미드웨이, 과달카날, 레이테, 오키나와) 역시 미군을 상대로 한 전투였다. 조직으로서의 일본군은 미군이라는 조직에 결정적인 패배를 맛보았다. 지금부터 우리는 일본군의 실패 요인을 검토하면서 동시에 각 작전에서 나타난 미군의 조직 특성도 비교하려고 한다. 이로써 일본군의 조직 특성을 보다 분명하게 밝힐 수 있으리라 생각한다.

전략상의 실패 요인 분석

애매한 전략 목적

모든 군사 작전에는 명확한 전략 또는 작전 목적이 있기 마련이다. 목적이 애매하면 작전은 실패한다. 왜냐하면 군대라는 대규모 조직은 명확한 방향이 없으면 지휘하고 움직일 수 없기 때문이다. 본디 통일된 목적이 없는 작전은 작전이 아니다. 그런데 일본군은 목적이 애매한 작전을 수차례에 걸쳐 실행에 옮겼다.

노몬한 사건에서도 일본군의 작전 목적은 불분명했다. 소련과의 국경선을 둘러싼 사단 규모의 전투였음에도 불구하고 최고 통수부였던 대본영이 명확한 판단을 내려주지 않아, 결과적으로 관동군의 독단전행(獨斷專行)을 용인한 셈이 되었다. 한편 관동군은 자신들의 시각과 판단으로 작전을 기획했고, 이 행태는 끝까지 계속되었다. 관동군은 〈만소 국경 분쟁 처리 요강〉을 발령함과 동시에 참모총장에게도 이를 보고했지만, 대본영은 이에 대한 구체적인 지시를 하달하지 않았다. 그 후 대본영 스스로가 작성한 〈노몬한 국경 사건 처리 요강〉도 어디까지나 복안에 불과했을 뿐 관동군에 정식으로 전달된 것은 아니었다. 대본영이 모호한 태도를 취한 이유는, 관동군의 지위를 존중해, 사용 병력을 줄이는 게 어떻겠느냐는 말로 중앙부의 의사를 전달하려고 했기 때문이었다. 정규군 사이의 대규모 작전임에도 불구하고 '눈치'를 보면서 의사소통을 하게 된 배경에는 대본영 스스로가 노몬한 사건에 대해 뚜렷한 전략 목적을 갖고 있지 못했기 때문이었다. 관동군으로서도 중앙부의 의도, 명령, 지시가 애매하다 보니 될 대로 되라는 식으로 작전을 실시했다.

작전 목적은 미드웨이와 레이테, 두 해전에서도 애매했다. 특히 함정과 잠수함, 항공기를 동원해 입체적으로 펼쳐지는 근대 해전에서 작전 목적이 명확하지 못하면 한순간에 중대한 판단 착오를 일으킨다. 목적을 하나로 삼고 거기에 병력을 집중시키는 것이 작전의 기본이다. 반대로 목적을 여러 개 세우면 병력도 분산시켜야 하므로, 그 자체만으로 패전의 조건이 된다. 목적과 수단은 서로가 들어맞아야 한다. 이 관계를 잘 나타내는 말이 "목적은 파리 점령, 목표는 프랑스군 격파"라는 표현이다(클라우제비츠의 《전쟁론》에 나오는 말로, 파리를 점령하기 위해서는 프랑스군을 격파해야 한다는 뜻).

미드웨이 작전의 경우, 처음에 군령부는 미군이 반격 기지를 아예 못 쓰도록 해야 한다고 생각해, 최대 기지였던 오스트레일리아와 미국의 연계를 차단하기 위해 피지와 사모아 섬을 공략할 계획을 세웠다. 그러나 야마모토 사령관이 지휘하는 태평양 연합함대는 미드웨이와 알류샨 열도를 공격해 미 함대를 하와이로부터 유인해낸 다음 격파해야 한다고 주장했다. 야마모토 사령관은 개별 전투에서 계속 승리하다 보면 최후의 결전에 들어갈 수 있다고 생각했다. 결국 야마모토 사령관이 반대를 무릅쓰고 강행해 작전을 수립하지만, 그 목적은 다음과 같이 애매했다.

미드웨이 섬을 공략해 하와이 쪽에서 우리 본토를 향해 펼치는 적의 기동 작전을 봉쇄함과 동시에, 섬을 공략할 때 반드시 나타날 적 함대를 격멸한다.

앞에서는 미드웨이 섬 공략이 목적이었고, 뒤에서는 미 함대 격멸이 목적이 된다. 니미츠 제독이 일본군의 작전 목적을 '이중 목적(dual purpose)'이라고 표현했던 것처럼, 일본군의 작전 목적은 서로 다른 성격의 두 목적을 하나로 합쳐놓은 알쏭달쏭한 것이었다.

나구모 사령관은 정찰기가 적 항공모함을 발견했다는 보고를 보내왔음에도 불구하고 즉시 공격기를 출격시키지 않고, 제1차 공격대 수용과 공격기 무장 전환 작업을 지시했다. 이는 기동부대의 항공결전 원칙에 맞지 않는 판단으로 작전 목적의 이중성이 투영된 것이라고 볼 수 있다. 제2차 공격대는 처음에 적 함대를 공격할 목적으로 어뢰로 무장한 채 항모 갑판 위에 대기하고 있었다. 그런데 공격 대상이 바뀌어 미드웨이 섬 공략을 위한 제2차 공격에 투입된다는 명령을 받고, 육지 폭격용 폭탄으로 교체하는 작업에 들어갔다. 바로 그때 적 발견 정보가 들어왔던 것이다. 물론 이는 철저하지 못한 수색 작업 때문이기도 하지만, 이런 상황들을 유발한 근본 이유는, 야마모토 연합함대 사령관과 기동부대 사이에 작전 의도가 통일되지 못했고 그로부터 발생한 작전 목적의 애매함 때문이 아닐까 한다.

이에 비해 미군 측이 열세한 전력에도 불구하고 승리를 거둘 수 있었던 이유는 무엇일까? 물론 뛰어난 암호 해독 능력도 한몫했다. 그러나 니미츠 제독이 작전 목적을 명확히 지시했다는 점을 간과해서는 안 된다. 즉 그는 일본 항공모함의 격멸 하나에 집중해 "항모 이외엔 손대지 마라"고 엄명을 내려 전력을 집중했다.

훗날 '역사상 최대의 해전'이라고 불린 레이테 해전에서도 일본군의 작전 목적은 애매했다. 전통의 함대결전사상과 그를 위한 대함거포주의*를 고수한 연합함대의 주력 구리타 함대는, 마지막까지 연합함대 사령부의 레이테 공략 작전을 이해하지 못했다. 연합함대가 침몰을 각오하고 뛰어든 것이나, 미 상륙군을 배후에서 공격한 것이나, 또 보급을 차단하기 위해 수송선단을 공격하는 것도 모두 레이테 작전의 주목적인 레이테 만 돌입을 위한 수단에 불과했다. 이것은 연합함대 사령부의 〈작전 요령〉이나 그 외 명령에 잘 나와 있다.

----

* 대함거포주의(大艦巨砲主義) : 대구경포를 장비한 대형 전투함이 해전에서 승리를 가져올 수 있다는 발상 – 역주

적어도 연합함대 사령부는 미군의 필리핀 진공을 저지하고 남방 자원 지대의 수송로를 사수하는 일이 최우선 과제라고 생각하고 있었다. 레이테 작전에서 이 과제는 상륙 미군에 대해 육군 정예 부대 제1사단을 포함한 대규모 지상 부대를 투입하는 등 육해군 합동 작전으로 나타날 예정이었다.

그러나 실전 주력 부대였던 구리타 함대의 인식은 연합함대 사령부의 생각과 많은 차이가 있었다. 고야나기 참모장의 다음 말이, 그 차이를 단적으로 보여준다.

"혹시 우리가 불행히 전멸하게 되더라도, 적도 쉽게 회복할 수 없을 만큼 많은 피해를 입혀야 한다. 그래야만 일미 해군 최후의 결전에 걸맞을 테니까. 그런 전투야말로 죽음으로 꽃을 피우는 행위이며 남자의 숙명이다."

고야나기 참모장은 주력 함대 간의 포격전을 그리며 이 말을 남긴 것이다. 당시 구리타 함대는 함대결전사상에 빠져 있었다. 또 일본 해군 역시 함대결전에 초점을 맞춰 오랫동안 군비를 정비하고, 장병들을 훈련시켜 왔다. 대본영과 연합함대 사령부, 구리타 함대 사령부가 참석한 마닐라 작전회의에서 작전 목적이 통일되지 못한 점은, 해군 중앙부가 자신들의 의도를 철저히 전달하지 못했다는 사실을 증명한다.

일본군 작전 계획은 일반적으로 선이 굵었으며, 세부 사항에 대해서는 중앙부의 참모와 실시 부대의 참모가 서로 협의하여 정하는 것이 상례였다고 한다. 그러나 레이테 해전의 경우, 협의해야 하는 세부 사항이 곧 작전의 핵심으로, 작전 목적과 그에 따른 구리타 함대의 목표와 임무에 관한 것이었다. 노몬한 사건 때도 육군 중앙부는 관동군의 자주성을 존중한다는 이유로 결국 작전 목적에 대해 의사 표시를 명확히 하지 않았다. 이런 사정은 레이테 해전에서도 되풀이되었다. 즉 중앙부로서는 실시 부대에 자유재량권을 주기 전에, 우선 작전 목적이 적 함대 격멸인지 아니면 레이테 만 돌입인지 명확히 하달할 필요가 있었다.

임팔 작전에서는 제15군이 인도 진공을 작전 목적으로 했던 것에 비해, 상급 사령부였던 버마 방면군과 남방군은 버마 방위에 초점을 두는 등 양쪽의 의사가 통일되지 못했다. 상급 사령부는 자기들의 판단을 제15군에 적극적으로 개진하지 않은 채 다만 제15군이 도상연습을 실시했으니 작전 계획을 수정하지 않을까 하고 막연한 기대를 품고 있었다. 대본영도 작전 실시가 불가능하다는 것을 이미 인식하고 있었지만, 현지군의 동의를 얻지 못할 것이라는 생각에 작전 준비를 남방군에 지시했던 것이다. 남방군은 이 명령을 받아 작전 목적을 버마 방위 강화로, 목표를 임팔로 한정시킬 것을 버마 방면군에 지시했지만, 정작 제15군이 상급 기관인 방면군으로부터 받은 명령은 여전히 애매하고 추상적인 표현들로 채워져 있었다. 이처럼 작전 목적과 그 준비, 실시에 관계된 모든 계층 사이의 의사소통은 철저히 이루어지지 못했다. 이는 미드웨이 해전에서 용맹무쌍한 활약을 펼쳤던 스프루언스 소장의 예와 대조를 이룬다. 즉 그는 항공모함 엔터프라이즈의 갑판을 참모와 함께 거닐면서 오랜 시간 논의를 거듭, 서로 신뢰를 쌓으면서 작전 계획을 검토해 의사를 통일했다.

작전 목적의 불일치는, 결국 미일 간의 최후 결전이 되어버린 오키나와 작전에서도 반복되었다. 상급 사령부는 항공결전을 주장하고, 현지 제32군은 지상 전투 중심의 장기적인 전략 지구전을 선택했다. 타이베이 회의의 침묵에서 잘 드러나듯이 상급 사령부와 현지군 사이에는 전략 사상의 통일을 꾀하려는 적극적인 노력이 거의 보이지 않았다. 상급 사령부는 현지 사정에 둔감했고, 현지군은 이를 상의하려고 노력하기보다는 독자적으로 작전의 기본 방침을 변경하였다.

일본군의 6개 작전은 모두 작전 목적을 공유하지 못한 결과, 실패로 돌아갔다. 그 중에는 몇 가지 육해군 합동 작전도 포함되어 있으나, 육군과 해군이 적당히 타협한 결과, 목적에 집중하지 못했던 사례가 대부분이었다.

이렇게 작전 목적이 다의적이고 불분명했던 가장 큰 요인은 개별 작전을 유기적으로 결합해 전쟁 전체를 가능한 한 유리할 때 끝낸다는 커다란 밑그림이 없었기 때문이었다. 그 결과 일본군의 전략 목적은 상대적으로 애매했다. 그런 의미에서 미군과 일본군의 대결은 합리성과 비합리성의 대결이라고 할 수 있다. 즉 전략 목적이 주관, 독선, 낙관에 좌지우지되는 일본군이, 전쟁의 현실과 합리적 논리에 의해 점점 패퇴해 가는 과정이었다.

이러한 과정을 밟게 된 이유는, 태평양 전쟁의 개시 및 종결의 목표가 추상적이었다는 사실에 기인하고 있으며, 실제로도 이것 때문에 전쟁 전반이 뒤틀리게 된다. 반면 미국의 대일 기본 전략은 일본 본토의 직접 공격, 직접 상륙작전에 의한 전쟁 종결이었다. 미국의 대일 기본 전략을 다룬 〈오렌지계획 개정안(1935년 4월)〉에는 다음과 같이 적혀 있다.

일본을 격파하려면 수많은 희생을 감수하며 장기간에 걸쳐 전쟁을 해야만 할 것이다. 필리핀을 빠른 시일 내에 함락하고, 마셜 및 캐롤라인 제도 등 일본의 위임 통치 지역을 차례차례 공략해, 서태평양으로 가는 연락선(線)을 확보하는 점진적인 작전 형식이 될 것으로 본다.

그 후 1941년 1월, 루즈벨트 대통령은 전략 방침을 지시하는 가운데, 미 해군이 일본 도시에 대해 폭격을 실시할 가능성이 있다고 명확히 밝혔다. 또한 같은 해 9월, 〈세계 전쟁의 통합 기본 전략 구상〉의 태평양 전략에서는, 대일 참전 후 전략 방식으로 "시베리아와 말레이시아 제도를 강력하게 방위하고, 경제 봉쇄를 단행하며, 공습을 함으로써 일본군의 군사력을 저하시킨다" 등의 내용을 담았다.

이런 내용을 종합해 볼 때, 미군은 중부 태평양 제도의 장악 없이

는 해군의 효율적 대일 진공은 불가능하며, 육군의 전진 기지 확보
도 곤란하다, 그리고 최종적으로 일본 본토를 공습해 군사 저항력
을 파괴할 필요가 있다는 등 전반적인 윤곽을 잡고 있었다. 이것이
대일 전쟁에 나서는 미군의 그랜드 스트래티지(grand strategy)였다.
일국(혹은 일련의 국가군)이 전쟁을 일으킬 때는 이루려고 하는 정치
목적(모든 정책은 이 목적을 달성하기 위해서 수립되므로, 이 목적이 기본
정책을 규정하게 된다)이 있기 때문이고, 이 목적을 달성하기 위해 모
든 자원을 조정하고 정렬시키는 것을 그랜드 스트래티지라고 한다
(리델 허트《전략론》). 미국이 진주만 공격을 당한 후 즉시 병력을 총
동원해 총력전 태세에 돌입했던 것은 이런 그랜드 스트래티지가 조
기에 확립되어 있었기 때문이다.

　이에 비해 일본군의 전략에는 처음부터 미국 본토를 상륙 공격하
여 전쟁을 끝낸다는 본토 직접 공격의 작전 구상이 포함되어 있지
않았다. 따라서 미국에 대해 전쟁을 개시하기 직전인 1941년 11월
15일(진주만 공격은 12월 8일)에 나온 작전 종결 스토리는 다음과 같
았다.

　하루 빨리 극동 지역의 영 · 미 · 네덜란드 근거지를 궤멸시켜 아
군의 자력 방위를 확립함과 동시에 적극적인 조치로 장제스 정권을
굴복시키고 독일 · 이탈리아와 제휴, 먼저 영국을 항복시킨 후 미국
의 전쟁 계속 의지를 꺾을 것(〈대(對)미 · 영 · 네덜란드 전쟁 종말 촉진
에 관한 복안〉)

여기서 강조된 논리는, 어느 정도의 인적 · 물적 손해를 입힌 후, 남방 자원 지대를 확보해 장기전 전략으로 나간다면 미국의 전의 상실과 함께 그에 따른 강화(講和)를 맺을 수 있다는, 그야말로 막연하고 애매한 전쟁 종말관이었다. 개개 작전 목적도 이런 사고방식에서 나왔기 때문에 애매할 수밖에 없었다. 과달카날 전투는 미일 간의 상이한 전쟁관이 가장 현저하게 드러난 예이다. 미군은 커다란 밑그림에 기초해 일본 본토를 직접 공격하기 위한 중간 단계로서 과달카날 작전을 전개한 것에 비해, 일본군은 과달카날 섬을 단순히 미국-오스트레일리아 루트를 위협하기 위한 하나의 전진 기지로 봤다. 그러다 보니 작전을 제대로 짜지 못한 채 무작정 전력을 축차 투입하는 작전으로 일관했다.

또 미국이 유럽 및 태평양의 몇몇 국가들과 연합국 합동 작전을 전개한 반면, 일본은 주축 동맹국이었던 독일, 이탈리아와 아무런 연계도 맺지 못한 채 종전을 맞이했다.

단기결전 지향의 전략

일본군의 전략은 단기를 지향하는 성격이 강했다. 일본군은 미국과의 여러 자잘한 전투에서 승리한 후 남방 자원 지대를 확보해 장기전으로 들어가면, 미군이 전의를 상실해 결국 강화 조약을 맺을 것이라고 막연하게 생각했다. 연합함대 훈련의 최종 목표는 태평양을 가로질러 오는 적 함대에 결전을 요구, 단숨에 끝장을 본다는 것이 유일한 시나리오였다. 그러나 결전에서 승리하면 그대로 전쟁을 끝낼 수 있는지, 또 패배했을 경우에는 어떻게 되는지 그 어떤 경우도 진지하게 검토한 적이 없었다.

일본은 확실한 장기 전망 없이 전쟁에 돌입했다. 당시 고노에 총리는 야마모토 이소로쿠 연합함대 사령관에게 일본과 미국이 전쟁을 벌일 경우 과연 누가 이길 것인지 물었다. 야마모토 사령관은 이렇게 답했다. "그런 상황이 닥친다면 처음 반년이나 1년 정도는 괜찮겠지만, 2~3년 정도 지속된다면 (승리를) 확신할 수 없습니다." 야마모토는, 일본이 강대국 미국을 상대로 장기전을 벌이면 가망이 거의 없기 때문에 무슨 수를 써서라도 단기전으로 결판을 내야 한다고 생각했었다.

당시 상당수의 최고 책임자들도 승리를 확신하지는 못했다. 1941년 9월 6일 열린 어전회의(御前會議)에서 미국과의 전쟁을 개시할 기한을 담은 〈제국 국책 수행 요령〉이 결정되었다. 그런데 바로 전날 육군 스기야마 참모총장과 나가노 오사미 해군 군령부 총장은 천황 앞에 섰다. 천황이 물었다. "반드시 승리할 수 있는가?" 스기야마가 대답했다. "반드시라고는 말씀드리기 어렵습니다. 다만 이길 가능성이 있다는 것만은 말씀드릴 수 있습니다. …… 꼭 이긴다고는 말씀드리기 어렵습니다."

나가노 역시 남방 지역 공략에 관한 제1단계 작전에서 "승리할 확률은 우리 쪽이 많을지라도"라고 운을 띄우면서도, 뒤에 "개전 후 2년 동안은 필승을 확신하지만 …… 그 이후는 어떻게 될지 예측할 수 없다"고 말한 바 있다. 또 개전 시의 최고 지도자였던 도조 히데키 총리 겸 육군대신도 "전쟁의 단기 종결에 관해 여러 희망 섞인 안들을 고려하고 있지만, 뚜렷한 대안이 없음. 적을 제압할 수단이 없다는 것이 정말 유감스럽다"고 말했다.

일본군의 전략이 하나같이 단기 지향이었다는 사실은 무엇을 의미하는가? 장기전에 대한 아무런 계획도 없이 미국을 상대로 전쟁을 일으켰다는 뜻으로, 일본군의 생각이 짧았음을 숨김없이 보여준다.

이 단기 지향성은 개개 작전 계획과 그 실시에서도 반영되었다. 개전 초기의 하와이 기습 공격만 하더라도 육상의 저장소나 공장 등 시설에는 전혀 손을 대지 않고 제1차 공격만 가하고 철수했다. 단순히 결과만 놓고 판단하는 것인지 모르지만, 몇몇 사람들은 왜 2차 공격을 감행하지 않았는지 비판하기도 한다. 이런 일회성의 공격 전법은 그 후 일본 해군의 수많은 해전에서도 종종 드러난다. 1942년 8월 일본 해군은 과달카날 섬에 양륙 중이던 미군 수송선단을 침몰시켜 미군의 공략 작전을 좌절시키기 위해 제1차 솔로몬 해전을 감행한다. 당시 미카와 함대는 야습으로 적 중순양함 4척 침몰, 그 외에 중순양함 1척, 구축함 2척을 크게 파괴하는 등 적 주력을 격파하는 엄청난 전과를 올렸다. 그러나 작전의 주목적이었던 수송선단은 한 번도 공격하지 않고 철수했다.

레이테 해전에서도 단기 지향의 일회성 전법으로 일관했다. 작전 자체가 면밀한 검토를 거치지 못한 채 급조되었다는 점도 있지만, 구리타 함대가 레이테 만에 돌입하여 적 공략 부대를 격멸한다는 제1목적의 실현은커녕 레이테 만 입구까지 도달했음에도 갑작스럽게 반전해 적 기동부대와의 결전을 노렸다는 것은 연합함대의 전략사상 근저에 자리 잡고 있던 함대 간 단기결전사상이 그대로 발현된 것이라 볼 수 있다.

장기적 전망이 결여된 단기 지향의 전략을 전개했다는 점에서는, 육군도 예외가 아니다. 이것은 수없이 되풀이된 병력의 축차 투입 방식에서 여실히 증명되고 있다. 노몬한에서는 처음 단계의 병력 투입이 너무나 미미하여, 그 후 병력을 순차적으로 투입하지만 압도적 우세를 자랑하는 소련군을 상대하기엔 역부족이었다. 태평양의 과달카날 섬에서도 이치키 지대, 가와구치 지대, 아오바 지대, 제2사단, 제38사단 등 대규모 병력을 차례차례 투입시켰다. 그러나 결국 전사자 12,500여명, 병사자 4,200여명이라는 큰 희생을 치르고서야 과달카날을 포기할 수 있었다. 임팔의, 이른바 3주간 격파를 노렸던 '우고 작전' 역시 급습에 의한 단기결전이라는 일방적 낙관론에 의해 전개되었다.

단기결전을 지향하는 전략은 단번에 승부를 보려는 것이 특징이다. 그래서 격파와 결전을 중시하게 된다. 반면 방어와 정보, 첩보는 소홀히 여긴다. 병력 보충과 보급·병참 역시 경시하기 쉽다. 먼저 방어 수단을 갖추지 못한 예를 들어보자. 해군은 해상 교통로 보호를 가볍게 여긴 나머지 적 잠수함과 항공기 공격에 큰 신경을 쓰지 않았다. 그 결과 수차례에 걸쳐 귀중한 전력과 물자를 잃어 작전 수행에 엄청난 지장을 초래했다. 뿐만 아니라 항공모함, 전투기, 공격기 등 실전의 중심이 되어야 할 무기 체계를 방어하는 기술도 부족했다. 미드웨이에서 괴멸된 나구모 기동부대의 항공모함 3척은 각각의 항모가 공격대 발진 준비를 끝낸 상황이었기 때문에 적 공격으로 인한 화염은 곧 연쇄 폭발을 일으켰지만, 피해를 최소한으로 줄이기 위한 피해 복구(damage control) 역량이 갖추어지지 못했던 관계로 적은 수의 폭탄(250~500킬로그램급 폭탄 2~4발)을 맞고 쉽게 침몰되어 버리거나 큰 피해를 입게 된다. 피탄 후의 방수, 방화, 기타 피해를 줄이기 위한 수단과 설비에 충분히 대응하지 않았기 때문이었다.

여러 전투에서 혁혁한 전과를 올린 제로센 역시 방어는 전혀 고려하지 않았고, 일본 해군의 조종사들 사이에서 1식(一式) 육상 공격기는 '1식 라이터'로 통했다. 너무나 쉽게 화염에 휩싸였기 때문이었다.

일본군은 첩보 능력이나 정보 활용 측면에서 미군에 뒤처졌다. 이는 개개의 전투에서는 미군과 동등하거나 또는 월등한 공격력을 보여주었던 일본 해군의 패배 원인으로 꼽히기도 한다. 군령부 제3부는 정보 담당 부서였지만, 그들은 중심이 아니었다. 그래서 그들의 의견과 판단이 적극 채용되는 경우는 드물었다. 사정은 육군도 마찬가지였다. 참모본부에서도 제1부 작전과는 최고의 엘리트 집단이었다. 이들의 자존심은 하늘을 찔렀고, 그래서 다른 부서들, 특히 업무상으로 관련이 매우 깊은 제2부(정보 담당)를 무시하는 경향이 강했다고 전해진다. 노몬한 사건이 일어나기 이전부터 일부 정보 관계자는 소련군 화력 장비가 우수하다고 지적했으나 작전참모는 이러한 정보를 모두 무시했다.

미드웨이 해전 당시 미군은 연합함대의 작전을 사전에 파악하고 있었는데, 그 이유는 일본군의 암호를 해독했기 때문이다. 반면 일본 측은 작전이 노출된 사실을 전혀 모르고 있었다. 임팔 작전 당시 제15군의 히요도리고에 전법이 효과를 보지 못했던 것은 영국·인도군이 수색과 공중 정찰을 통해 일본군의 작전 개요 및 준비 상황을 사전에 인지했기 때문이다. 그런데도 제15군은 영국·인도군의 작전상 후퇴를 단순한 퇴각으로 보고 급진 돌파 전법을 강행해 피해 규모를 키웠다. 여기서도 정보, 첩보, 수색을 경시하는 태도가 일본군의 실패로 이어졌던 것이다.

또 단기결전 지향은 보급·병참을 경시하는 태도와 연결된다. 이것도 태평양 전쟁 동안 일관된 사고방식이었다. 임팔 작전이나 과달카날 섬에서의 작전이 특히 그렇다. 연료, 탄약, 식량 등 물적 자원이 제대로 보급된 적은 단 한 번도 없었고, 파일럿이나 부사관, 장교 등 인적 자원도 전쟁 중반을 넘어서면서 급속히 부족해졌다. 구리타 함대가 사마르 만에서 적 항공모함을 추격하다 막판에 멈춘 것도 연료 부족을 걱정했기 때문이라고 전해진다.

단기결전에 집착하는 일본군의 경향은 뿌리 깊은 것이어서 개별 작전은 거의 단기결전으로 치러졌다. 그래서 장기 지구전을 펼쳐야 하는 상황에서조차 단기결전이 채택되곤 했다. 필리핀 루손 섬에서는 장기 지구전이 채택되었지만, 이건 전략적인 목적을 지닌 지구전이 아니었다. 즉 무기와 탄약, 식량이 바닥이 났고, 부대는 죽음을 기다리는 심정으로 어쩔 수 없이 지구전에 돌입한 것이다. 오키나와전 때는 제32군의 조 참모장 이하가 총공격을 주장해 밀어붙이는 바람에, 전략적 합리성을 기반으로 장기 지구전을 견지했던 고급참모 야하라 대좌는 점점 고립되어 갔다.

주관적이고 '귀납적'인 전략 수립 – 분위기'의 지배

전략 책정의 방법론을 조금 단순화시켜 말한다면 일본군은 귀납적, 미군은 연역적이라고 할 수 있다. 연역이란 일반적 법칙에 따라 개별 문제를 이해하는 것이고, 귀납이란 경험한 개별 사실을 종합하여 일반적 법칙을 발견하는 것이라고 정의할 수 있다. 물론 전략을 수립하는 입장에서는 두 방법론을 모두 고려해야 한다. 그러나 비교 분석을 위해 그 성향을 구분한다면 일본군은 귀납적, 미군은 연역적인 방법론을 채택했다고 볼 수 있다. 하지만 엄밀히 말하면 일본군의 전략 책정은 개별 사실에서 일반적 법칙을 도출하는 귀납법에 충실했다고 보기 어렵다.

일본군은 일정한 원리나 논리에 기초하기보다는 다분히 감정이나 분위기에 지배되는 경향이 없지 않았다. 이것은 아마도 조직의

---

* 여기서 말하는 분위기란, 분위기 파악 못해 눈치 없다고 면박을 받는 가벼운 수준이 아닌, 따르지 않을 때는 엄청난 지탄을 받는 무형의 압력이라고 할 수 있다. 이런 경향은 정도의 차이가 있을지라도 동아시아 국가들에 공통으로 존재한다. 일본어 원문은 '空氣(공기)'이다 – 역주

사고 습관이 아직 과학적이지 못했던 탓이 아닌가 한다. 얼핏 보기에는 과학적 사고처럼 보이지만, 실상은 '과학적'이라는 이름의 신화적 사고에서 벗어나지 못했다(야마모토 시치헤이《1990년의 일본》). 오키나와 작전의 수립 과정에서 마지막까지 과학적 합리성을 주장했던 야하라 고급참모가, 일본군은 정신력이나 임기응변식의 운용 효과를 지나치게 중시해, 과학적인 검토 자체가 크게 부족하다고 탄식했던 것이야말로 이런 일본의 성향을 정확히 꿰뚫고 있다. 제 15군이 버마에서 임팔 작전을 수립했을 때도 참모진들은 그 어떤 합리적인 말도 무타구치 중장의 '필승 신념'을 꺾을 수 없다고 여겼다. 이 무모한 작전을 변경 또는 중지시켜야 할 상급 사령부(버마 방면군과 남방군) 역시 조직 내 융화를 우선시하여 군사적 합리성을 내팽개쳤다. 또한 통수의 최고 책임자였던 스기야마 참모총장은, 데라우치 남방군 총사령관이 원한다면 작전을 허락해야 하지 않겠느냐며 사다나 작전부장을 설득, 반대 의견을 고수하던 사다나 부장도 끝내 스기야마의 '인정론'에 굴복한다.

오키나와전 당시 연합함대 사령부는 전함 야마토와 남은 함정으로 해상 특공대를 조직해 오키나와 서쪽 해면으로 돌입, 적 수상함 부대와 수송선단을 공격한다는 작전을 입안한다. 군령부조차 이 작전에는 쉽게 동의하지 않았다.

이 작전은 곧 장대한 자멸 작전을 의미했다. 야마토 이하의 전함이 호위기를 대동하지 않은 채 적이 완벽하게 제공권을 장악하고 있는 수역으로 진격한다 하더라도 오키나와까지 도달하는 것은 절대 불가능했기 때문이었다. 야마토는 결국 오키나와 북쪽 해상에서 미군기의 공격을 받아 침몰하고 만다. 사실 당시 연합함대 사령부 회의에 참석했던 지휘관과 참모들 중에 이 작전이 성공할 것이라 생각한 사람은 아무도 없었다. 이쯤 되면 '작전'이라는 말조차 붙일 수 없을 정도로 이성적 판단이 마비되었다고 할 수 있다. 감정이 이성을 대신해 버렸던 것이다. 군령부 차장 오자와 지사부로 중장은 이때를 회고하면서 "분위기로 봐서는 그때나 지금이나 (야마토의) 특공 출격은 당연한 일이다"라고 말하고 있다.

이러한 '분위기'는 노몬한에서 오키나와까지 줄곧 영향력을 행사했다. 한번 분위기에 휩쓸리면 중간에 벌어진 그 어떤 논의도 무용지물이 되었다. 물론 과학적으로 산출한 숫자나 정보, 합리적 논리에 기초한 논의가 전혀 없었던 것은 아니다. 다만 이런 논의를 진행할 때 어떠한 지배적인 분위기가 자연스럽게 형성되었다. 오키나와 작전의 수립 과정에서 개최된 타이베이 회의 당시, 야하라 고급 참모가 전략적 합리성이 높은 〈제32군 사령관 의견서〉를 낭독한 후 침묵을 지킨 장면이 나온다. 나중에 이 행동은 "회의 분위기를 어둡고 무겁게 만들었다"는 말을 듣게 된다. 나아가 육군 중앙의 실무 책임자였던 대본영 작전과장 핫토리 대좌는 야하라 대좌의 이런 태도에 놀라 구체적으로 논의할 '기분'이 사라졌다고 말한다. 결국 여기서도 회의 자체가 분위기나 기분에 좌우되어 아무런 논의도 진전시키지 못한 채 끝맺고 말았다.

일본군은 처음부터 커다란 전략 밑그림이나 어떤 원리를 갖고 있지 못했다. 그래서 현실에서 무작정 출발해 어떤 상황에 부딪히면 그에 맞게 대응해 나갔다. 그러면서 결과들을 도출해냈고 또한 그것들을 쌓아 가는데 익숙했다. 이러한 사고방식이 과학적 방법론을 채용하면 효과는 극대화될 것이다. 즉 객관적 사실을 존중하고, 행위의 결과를 피드백하여, 어떤 행동이 어떤 결과를 낳는지 일반적인 원칙을 도출하는 과정이 빈번하게 이루어진다면, 불확실한 상황에서 길을 찾아야 하는 사람에게 특히 유용할 것이다.

그러나 이미 지적한 바와 같이, 참모본부 작전부의 정보 및 병참을 경시하는 경향에서 볼 수 있듯이 일본군 평균 수준의 참모들은 과학적 방법과는 무관한, 독특하면서도 주관적인 축적 방식(인크리멘털리즘, incrementalism)에 기초해 전략을 수립했다.

미일 전쟁의 커다란 전환점이었던 과달카날 섬 공방에 대해 최근 아주 중요한 사실이 밝혀졌다. 당시 중립국인 스페인을 본거지로 활동하던 일본 첩보 조직은, 미국 - 카리브해상의 선박 - 마드리드 - 마드리드 주재 일본 대사관이라는 루트를 통해 도쿄에 연락을 취했는데 이에 따르면 미군의 과달카날 진공은 일본 본토 공격을 노린 본격적인 반격의 첫 신호이며 그런 이유로 미군의 대규모 함대가 출격했다는 것이다. 그러나 참모본부는 이 정보를 무시했다. 그들은, 개전 초기의 정세 판단을 고집한 나머지, 미국은 1943년 중반 이후에나 본격적인 반격을 개시할 것이라고 믿었다. 그래서 미군이 과달카날에 상륙했다는 소식을 접했을 때도 "적 해군의 전투 및 항공모함의 세력 등을 볼 때 과달카날 섬과 툴라기 섬에 대한 적 공격은 정찰 상륙이 그 목적으로 보인다"라고 오판했다. 이런 오판 때문에 일본군 공격은 전력을 축차 투입하는 소모전으로 치닫고 만다. 여기서도 명백한 정보 경시 태도와 주관적 전략 수립의 특징이 엿보인다.

일본군이 예외적으로 전략의 커다란 밑그림에 토대를 두고 펼쳤던 것은 진주만 기습이다. 진주만 기습은 항공기가 전함을 대신해 해상 병력의 주력이 될 수 있다는 것을 명확하게 보여준 사례였다. 이 기습 성공은 지금까지 고수해 왔던 대형 전함 간의 함대결전사상 및 대함거포주의로부터 벗어나야만 함을 암시했으나, 일본 해군은 끝내 전통의 작전 사상에서 벗어나지 못했다. 반면 미군은, 진주만 기습과 그 다음에 일어난 말레이시아 해전에서 영국 해군이 자랑하는 최신예 전함 '프린스 오브 웨일스'와 '리펄스' 2척이 일본 해군 항공 부대에 의해 격침되는 두 번의 경험에서 교훈을 얻어 재빨리 항공 부대 주력으로 전환했다. 일본군이 노몬한에서 소련군의 전력을 과소평가한 것이나 임팔에서 영국·인도군의 후퇴 작전을 미처 눈치채지 못한 것도, 현실을 객관적으로 직시하지 못했기 때문일 뿐 아니라 결과가 나쁘면 전략을 수정해야 하는데 그렇지 못했기 때문이다.

일본군이 개인 및 조직이 공유해야 할 전투에 대한 과학적 방법론을 가지지 못했던 것에 비해, 미군은 그야말로 논리실증주의가 구현된 전투 프로세스를 전개했다. 미군이 태평양 해전을 치르면서 처음부터 끝까지 일관되게 보여주었던 특징 중 하나가 바로 질과

양, 그리고 안정성을 확보한 후에 공세에 나섰다는 점이다. 수적인 우세가 분명하기 전까지는 공격을 극도로 피했다가, 물량을 갖춘 다음에야 비로소 공격에 나섰다. 과달카날에서는 일본군의 지구전 전력이 상당한 숫자였기 때문에 허술해 보이는 진지부터 먼저 공격했다. 강고한 진지는 일단 우회했다가 나중에 화력을 집중하여 한꺼번에 공격하는 전술을 택했다. 이후 미군은 이 방법을 뉴기니 일대에 적용하기도 했다. 이것은 합리적 법칙에 따라 작전을 세우고 실행했다는 의미에서 상당히 우수한 연역적 접근 방법이라고 할 수 있다.

과달카날의 실전 경험을 토대로 타라와 상륙작전, 이오지마 상륙작전, 오키나와 작전 등 태평양에서만 모두 18개의 상륙작전을 통해 미 해병대는 상륙작전을 더 완벽히 구축해 갔다. 즉 연역과 귀납을 반복적으로 적용하면서 보다 효과적인 방법을 찾아나간 것이다.

이에 비해 일본군 엘리트 중에는 하나의 개념을 창조하고 이를 실제 작전에 옮길 수 있는 사람이 거의 없었다. 작전 계획서는 "전기(戰機)가 무르익었음", "결사 임무를 수행하여 성지(聖旨)에 따를 것", "천우신조", "신명(神明)의 가호", "성패를 초월해 국운을 걸고 단행할 것" 등의 추상적이고 허무맹랑한 문구로 가득할 뿐, 그 문구를 구체적으로 어떻게 실현할지라는 방법론은 찾아볼 수 없었다. 따라서 사실을 정확하고 냉정하게 직시하지 않은 채, 상상의 세계에서 허우적거리거나 본질과 상관없는 자잘하고 일반적인 일에 몰두하는 상황이 빈번했다. 임팔 작전 당시 제15군 사령부에서 열린 부대장 회동에서 제15군의 우스이 보급참모가 보급이 원활할 것 같지 않다고 말하자, 무타구치 군사령관이 벌떡 일어서서 "뭐라고? 그딴 걱정은 하지 마. 적을 만나면 총구를 하늘에 대고 3발만 쏘아보라고. 그러면 자동으로 항복하게 되어 있어"라며 자신 만만하게 말했다고 한다. 이 말만 가지고선 농담인지 진담인지 분간하기 어렵지만, 결국 적의 식량을 탈취해 충당한다는 방침이 통과되고 말았다. 임팔 작전을 시작하고부터 식량과 탄약의 보급이 거의 이루어지지 않았다는 것이 일본군이 패하게 된 결정적인 이유였고, 나아가 그 피해를 더욱 크게 했다는 점은 두말할 필요도 없다.

또한 근대전의 전략 개념도 거의 영국, 미국, 독일에서 수입한 것이었다. 물론 개념을 외국에서 수입했다는 걸 비판하려는 것은 아니다. 문제는 그 개념을 충분히 이해하여 자기 것으로 만들려고 노력하지 않았다는 것, 나아가 현지에 맞는 새로운 개념을 창조하려고 시도하지 않았다는 점이다. 따라서 일본군 엘리트는 현장 체험을 통한 경험 축적 외에는 아무것도 학습하지 못했다. 지휘관, 참모, 병 모두가 기존의 전략 개념 안에서는 힘을 발휘하지만, 기존 전략의 전제가 무너지고 컨틴전시 플랜마저 없는 경우에는 전혀 다른 전략을 수립하지 못해 무기력해지고 말았던 것이다.

임팔에서 일본군과 싸운 영국군 제14군 사령관 슬림은 일본군의 이런 약점을 지적한 적이 있다.

"만약 작전 계획이 잘못되었다면 당연히 고쳐야 한다. 그러나 일본군은 이를 즉시 고치려는 마음이 없었다."

일본군의 전략 책정이 상황 변화에 적응할 수 없었던 가장 큰 원인은 조직 안에 논리적인 의논이 가능한 제도와 풍토가 없었기 때문이다. 일본군 최대의 특징은 "말을 빼앗긴 것이다"(야마모토 시치헤이《한 명의 초급장교가 본 제국 육군》)라는 지적에서 보듯이 전략을 잘못 수립했을 경우에도 수정하기보다는 그냥 밀어붙이다가 파국을 맞았다. 노몬한, 과달카날, 임팔 작전은 그 전형적인 사례였다.

좁고 진화하지 않는 전략 대안들

일본군이 선택할 수 있는 전략 대안들은 미군에 비해 그 선택폭이 좁았다. 일본군은 옛날부터 모든 싸움에서 단숨에 승리를 거둘수 있었던 기습 전법을 선호했다.

원래 육군은 대소련 전투를 지향했던 관계로 대미 전투의 밑그림을 그리지 못했다. 이에 비해 해군은 명확한 대미 전투의 밑그림을 완성해 그 목적을 달성하려고 오랜 시간을 연구하고 준비했다. 그럼에도 전략 개념은 지극히 협소했으며, 오히려 선제와 집중 공격을 구체화한 자잘한 전술에 능했다. 예를 들면, 밤을 틈타 구축함에서 어뢰를 발사해 적을 하나씩 줄여나가는 점감 작전이나, 초인적이라고까지 불렸던 견시 능력(우수한 수병은 야간에 약 8킬로미터 떨어진 해상의 군함을 식별할 정도였다)에 기대 대함대를 이끌고 야간 선제공격을 감행하는 것 등이었다. 그러나, 무릇 군대란 인간의 한계에 이를 정도로 맹훈련을 시켜 정예 장병을 만드는 곳이라는 생각이 지배적이었고, 이 때문에 정신력만 강하면 반드시 승리한다는 신념이 만연했었다. 반면 군사 기술은 정신력 다음이라고 여겨 경시되었다. 그런데 일본군이 이렇게 경시한 그 군사 기술이 레이테로 진출하기 위해 수리가오 해협을 북상하려 했던 니시무라 함대를 전멸시킨다. 당시 미 함대의 전함과 순양함들이 우수한 레이더 기술로 부대 위치를 정확하게 파악했기 때문이다.

간혹 자잘한 잔재주가 유효하게 작동해 전투에서 승리하는 바람에 전략·전술상의 실패가 드러나지 않고 그냥 넘어간 경우도 있었다. 과달카날의 제3차 솔로몬 해전 후, 룽가 근해에서 벌어진 야간전투가 좋은 예이다. 과달카날 섬에 물자를 수송하는 임무를 명령받았던 순양함 5척과 구축함 3척은, 사전에 그러한 의도가 미군에게 발각되었다. 미군은 순양함 5척과 구축함 6척을 잠복 대기시킨 후, 레이더로 계속 일본군의 행동을 감시하면서 기다리고 있었다. 미군이 잠복하고 있던 장소에 도달한 일본군은, 갑자기 출현한 적 함대의 포격 세례를 받지만, 사령관 다나카 라이조 소장은 "양륙 작전 중지, 전군 돌격"의 명령을 내린다. 이 돌격에서 다나카 부대는 1년 반에 걸친 맹훈련의 성과를 유감없이 발휘, 4척의 구축함이 동시에 36개의 어뢰를 발사, 미군 중순양함 1척 침몰, 3척 대파라는 성과를 거뒀다.

여기서 볼 수 있듯이 일본군은 전투에 있어서 치밀하고 용맹한 모습을 발휘, 그 자체가 전략적 강점으로 바뀌는 경우가 있었다. 즉 오퍼레이션(전술·전법)의 전략화이다. 쉽게 말해 힘이 센 장수가 작전 따위 필요 없다고 여기는 것과 흡사하다. 그러나 이 방법은 일정한 틀 안에서 적의 행동이 눈에 분명히 보이고, 아군의 행동을 고도로 통일시킬 필요가 없을 때에만 통했다. 이것은 근대전에서 통하지 않았다. 따라서 일미 해군 전력의 균형이 무너지기 시작하면서 자잘한 몇몇 잔재주를 훈련하는 것만으로는 미 해군에 대항할 수 없게 된다. 1944년 6월 19일 마리아나 해전에서 일본 해군의 최정예 부대 제1기동함대(사령관 오자와 지사부로 중장)는 265기에 달하는 제1차 공격대를 동원해 '아웃레인지 전법'이라 부르는 장거리 공격을 실시했다. 그러나 결과는 참패였다. 제1차 공격대는 괴멸에 가까운 손실을 입었다. 미군 측은 이 공격대가 240킬로미터 앞으로 접근할 무렵 이미 레이더로 포착하고, 거의 2배에 달하는 전투기(450기)를 동원해 반격에 나섰기 때문이었다. 또 미 함대는 고사포에 새롭게 개발한 VT신관(항공기에 명중하지 않더라도 목표물 근처에서 흩어져 폭발함)을 장착한 포탄을 사용해 일본군 제1차 공격대를 괴롭혔다. 기술에서 커다란 혁신이 있었기 때문에 단순한 전법 차원에서 대항하는 것은 충분한 효과를 기대할 수 없었다. 게다가 아웃레인지 전법은 높은 숙련도를 필요로 했는데, 탑승원들의 숙련도가 상대적으로 낮았다.

원래 전술의 실패는 전투로써 보충할 수 없고, 전략의 실패를 전술로써 보충할 수는 없다. 그렇다고 한다면 상황에 맞는 최적의 전략을 여러 대안들 가운데서 선택하는 일이 가장 중요한 과제가 된다. 그러나 육군에 비해 유연했던 해군의 전략 발상 역시 의외로 경직된 모습을 띠었다. 그 출발점 중 하나는 러일 전쟁 중 쓰시마 해협에서 벌어진 해전까지 거슬러 올라간다. 이 해전에서 일본은 대승을 거둔다. 그러나 이 바람에 대함거포주의와 함대결전주의는 해군의 유일하면서 최고의 전략 대안이 되었다. 이 사상은 도고 헤이하치로 연합함대 사령관의 동료이자 참모를 지냈던 아키야마 사네유키 소좌가 초안을 잡은 〈해전에 관한 강령〉과 함께 1901년에 제정된 〈해전요무령(海戰要務令)〉 이후 일본 해군의 전통으로 자리 잡았다.

〈해전요무령〉은 그 후 상황 변화에 맞게 다섯 차례나 개정되었지만, 전함 중심의 사상은 바뀌지 않았다.

"전투의 요지(要旨)는 공세를 취해 적을 빠르게 격멸하는 것이다. 전투의 요결(要訣)은 선제와 집중에 있다. 전함전대는 함대 전투의 주력으로서 적 주력 부대를 공격한다."

"잠수함전대는 다른 부대와 협동하여 단독으로 적 주력 부대의 공격에 나선다."

"항공대의 전투는 아군과 협력해 적 주력 부대를 공격하는 것으로 한다."

이 〈해전요무령〉의 조항에서 잘 드러나듯이 일본 해군의 단기결전과 기습 중시의 사상, 함대결전주의 사상은 교조적이라고도 할 수 있을 정도로 시종일관 유지되었다. 잠수함이나 항공기는 태평양을 넘어오는 적 주력 부대를 도중에서 포착해 점감공격을 감행했다. 미국과 일본의 주력 함대 전력이 10대 6으로 미군이 우세했기 때문에 함대결전을 벌일 때까지 가능한 한 그 숫자를 줄일 필요가 있기 때문이었다. 다른 나라에서는 제1차 세계대전의 교훈을 바탕으로 잠수함은 상선을 공격하는 데 이용하는 것이 가장 적절하다고 여기고 있었다. 사실 일본의 수송선은 미 잠수함의 공격을 받아 셀 수 없이 격침당했다. 그러나 일본군은 잠수함을 종래의 용도로만 사용했고, 게다가 미군의 구축함과 항공기 등의 공격을 받아 피해 또한 컸다.

이렇게 경직된 전략 발상을 두고 아키야마 사네유키마저 "〈해전요무령〉이 비법이라도 되는 양 떠받들고 있다"고 한탄하였으나, 1934년 개정한 이후 결국 단 한 차례도 수정하지 않아, 항공 전력을 주력으로 하는 사상이 해군 내부에서 정식으로 다뤄질 기회를 놓쳐 버렸다. 연합함대 참모로서 실전 경험도 풍부했던 지하야 마사타카는 "〈해전요무령〉에서 지시한 것이 실제 전투에서 일어난 적은 한 번도 없었다고 해도 무방하다"고 말했다. 무릇 모든 상황에 적용할 수 있는 전략상의 공리(公理)란 존재할 수 없다. 일본 해군의 〈해전요무령〉도 처음에는 아키야마 사네유키가 면밀한 상황 판단과 합리적 사고로 만들어 낸 전략으로, 쓰시마 해전에서 실제로 응용되어 그 유효성을 증명했었다. 따라서 그 이후의 일본 해군 역시 시시각각 변하는 상황에 대응해 〈해전요무령〉을 고쳐야 했다. 이런 의미에서 본다면 전략은 진화하는 것이라고 볼 수 있다. 진화하기 위해서는 여러 가지 변이(variation)를 의식적으로 만들어내고 그 중에서 유효한 변이가 살아남아 생명을 이어가는, 이른바 진화의 사이클이 제대로 기능해야 한다. 〈해전요무령〉이 마치 경전처럼 숭상되고 경직 되어 감에 따라 변이의 발생(진화와 생명의 원동력)을 가로막는 현상이 나타났다. 이렇게 악순환이 계속되면 어느 샌가 그 누구도 감히 부정하지 못하는 절대 경전이 되어 버린다.

이와 달리 미 해군은 전략을 착실하게 진화시키는 데 성공했다. 미드웨이 해전 개시까지 1개월도 채 남지 않았던 시점에서 산호해 해전이 발발했는데 이때 미 해군은 뼈아픈 경험을 한다. 렉싱턴과 요크타운 두 항모를 중심으로 한 윤형진*이 일본군 공격기를 피하려는 사이 두 항모 사이의 거리가 벌어졌고, 넓어진 경계망의 빈틈을 일본기가 비집고 들어가 맹렬히 공격했다. 일본군도 개장 항모 1척 침몰, 1척 대파라는 피해를 입었지만, 미군은 주력 렉싱턴과 군수지원함 1척, 구축함 1척이 격침당하고, 요크타운 역시 크게 파괴되는 등 막심한 피해를 입었다. 그러나 미군은 이 쓰라린 경험을 교훈으로 삼는다. 즉 미드웨이 해전에서는 3척의 항모를 1척씩 나누어, 각각의 항모를 경계함들이 둘러싸는 복수 윤형진을 구축했다. 각각의 윤형진 사이의 거리가 10~20킬로미터 떨어져 있어, 일본군 정찰기가 그 전체 모습을 정확히 파악하기 힘들었다. 미 항모 부대를 뒤늦게 발견한 것이 미드웨이 해전의 승패를 가르는 중요한 요인이었

---

* **윤형진(輪形陣)** : 항공모함이나 전함을 중심에 두고 주위에 순양함이나 구축함을 배치하는 형태 - 역주

다는 것은 이미 아는 사실이다. 또 상륙작전을 개발한 미 해병대는 1775년 창설 이후 오늘날까지 수많은 환경 변화에 대응해 전략 개념을 바꾸고 진화해 왔다. 이뿐 아니라, 새로운 전략을 뒷받침하는 기술 체계와 조직 구조, 관리 시스템, 조직 행동을 종합적으로 개발해 조직 전체가 환경에 적응하고 진화해 왔다고 할 수 있다.

일본군의 전략 대안이 진화하지 못하고 미군에 비해 그 선택의 폭이 좁았던 점은 전쟁 전체를 아우르는 전략의 커다란 밑그림이라는 차원에서 볼 때 눈에 띄게 두드러졌으며 또한 결정적이기까지 했다. 야마모토 이소로쿠는 "대세에 밀려 어쩔 수 없이 나서야 하는 상황이라면, 함대 담당자로서 보통의 평범한 작전으론 전망이 보이지 않음. 결국 오케하자마**와 히요도리고에, 그리고 가와나카지마***를 모두 동원하지 않으면 안 되는 상황에 몰릴 것이다(시마다 시게타로 앞으로 보낸 편지)"라고 말했다. 〈제국 국방 방침〉이 나온 1907년 이래 장기간에 걸쳐 미국을 가상 적국으로 설정해 장비를 갖추고 전투력을 길러왔던 해군이었지만, 개전 시의 연합함대 작전 계획은 결국 전통의 함대결전과 야마모토 사령관의 진주만 기습 공격의 타협안이었으며, 또 남방 요충지를 점령·확보(제1단계 작전)한 이후

** **오케하자마(桶狹間)** : 1560년 6월에 일어난 일본 전국시대의 유명한 오케하자마 전투에서 따온 말로 소수의 병력으로 다수의 병력을 굴복시키는 전략을 일컫는 말 - 역주

*** **가와나카지마(川中島)** : 1550년대부터 1560년대까지 5번에 걸쳐 다케다 신겐과 우에스기 겐신 간에 벌어진 전국시대의 전투. 오랜 기간 준비한 전략·전술을 강조할 때 쓰는 말 - 역주

의 제2, 3단계 작전은 실질적으로 없는 것이나 마찬가지였다.

육군의 전략 대안 역시 선택의 폭이 좁았다. 노몬한에서 야습 전법이 통하지 않았던 이유는, 그전에 있었던 장고봉 사건에서 일본군 전통의 야습이 성공했기 때문이다. 아이러니하게도 일본군은 이를 통해 야습이 유효하다고 확신하고, 반면 소련군은 야습 전법을 속속들이 알게 된다. 일본군은 과달카날 이후 우회 작전을 추가하여 결국 야습과 우회 작전을 반복하는, 다시 말해 히요도리고에의 사상을 벗어나지 못하는 행태를 보였다. 일본군의 작전 패턴은 시간이 지나도 여전히 똑같았다.

대응 작전(컨틴전시 플랜)을 경시했다는 점에서도 전략 대안 부족을 쉽게 발견할 수 있다. 즉 어떤 작전 계획의 중요한 전제가 실전에서 성립되지 않거나 상황이 바뀔 경우를 대비해 대응 작전을 짜야 하는데 일본군은 이를 가볍게 여겼다. 제15군은 전략 급습을 전제로 '우고 작전(임팔 작전)'을 구상했다. 그러나 급습이 효과를 거두지 못하면 어떻게 해야 하는가? 이를 가정하여 확실한 방위선을 구축하고 후퇴 작전을 감행한다는 컨틴전시 플랜을 사전에 검토했어야 했다. 그러나 적 전력을 과소평가하고 아군 전력은 과대평가하는 바람에 대응 작전이 필요하다는 생각을 하지 못했다. 무타구치 사령관은 실패를 가정하는 것은 필승 신념에 모순된다고 주장했다. 이 때문에 영국·인도군의 후퇴 작전으로 아무런 기습 효과를 거두지 못한 일본군은, 당면한 위기를 넘기기에 급급했다. 컨틴전시 플랜은 수립하는 것만으로도 충분히 값어치가 있다. 그러나 컨틴전시 플랜을 세우지 않으면 그 어떤 부대도 유연하게 상황에 대처할 수 없게 되며 결과적으로 작전의 견실성을 떨어뜨린다.

일본 육군의 '필승 신념'은 정신주의, 보병중심주의, 백병주의를 구체적으로 표현한 것이라고 생각되지만, 〈보병조전(步兵操典)〉의 강령에는 "필승의 신념이란 주로 군의 빛나는 역사에서 유래해 주도면밀한 훈련을 통해 스스로를 배양하고 탁월한 지휘 통수에 충실히 따르는 것"이라고 정의되어 있다. 또 사단급 이하의 전투 방침을 정한 〈작전요무령(作戰要務令)〉에는 "군대의 주된 임무는 전투"이며, "전투의 목적은 적을 압도 섬멸하여 신속하게 전장을 장악하는 것이다"라는 전투 중시, 단기결전 지향을 명확하게 내세웠다. 나아가 방면군과 군 이상 단위의 고급 통수 방침을 담은 〈통수강령(統帥綱領)〉에도 "작전 지도(指導)의 중심은 공세를 통해 신속하게 적군의 전력을 격멸하는 것이다"라고 명시하면서 동시에 작전 방침이나 계획은 일단 결정한 이상 반드시 관철시킬 것을 요구하고 있다. 오카자키 히사히코는, 고급 지휘관의 행동을 세밀하게 규제하는 〈통수강령〉 같은 지침은, 앵글로색슨의 전략이나 독일의 군사학에서도 찾아볼 수 없는 일본군의 독특한 점이라고 지적한 바 있다. 아무튼 이런 일련의 강령들이 존재했고, 이것들을 경전과 같이 떠받드는 과정에서 전쟁 전체를 보는 시각이 좁아지고, 상상력이 빈약해졌으며, 사고가 경직되는 병리 현상이 진행되어, 결국 전략이 진화되는 것을 방해하고 선택할 수 있는 전략 대안의 숫자를 눈에 띄게 줄어들게 했다.

균형이 맞지 않는 전투 기술 체계

육군에는 '후(ふ)' 병기라는 이름의 비밀 병기가 있었다. 1935년 경부터 과학연구소에서 이 병기의 연구 개발에 착수한다. 잠시 연구가 중단되기도 했지만 전황이 심상치 않게 돌아가자 다시 개발이 진행되었다. 1943년 11월에 실험 제1호가 완성되었고, 다음해 2, 3월에 테스트가 실시되었다. 테스트 결과는 밝혀지지 않았지만, 1944년 11월부터 1945년 4월까지 약 9,300개가 실제로 사용되었다. 이 비밀 병기의 목적에 대해 대본영은 다음과 같이 말하고 있다.

미국을 혼란에 빠뜨리기 위해 미국 본토에 특수 공격을 실시한다 (대륙지2253호*).

이것이 세상에 알려진 '풍선 폭탄'이다. 일본 재래식 종이에 곤냐쿠** 풀을 붙여서 만든 풍선(수소 가스 주입, 직경 10미터)이어서 '곤냐쿠 폭탄'으로 불리기도 했다. 풍선 폭탄 작전을 위해서 참모총장 직속의 기구 연대가 신설되었고, 태평양과 인접한 일본 3개 지역에 기구 진지가 만들어졌다. 하나의 기구에는 스무 개의 소이탄이 장착되었다. 미국까지는 고도 10킬로미터 상공을 날아 평균 60시간이면 도달할 수 있을 것이라 보았다. 실제 전과는 미 본토 및 주변에 약

---

* **대륙지** : 대본영육군지령 - 역주

** **곤냐쿠** : 구약나물의 땅속줄기로 만든 두부류 식품. 곤약(菎蒻)이라고 하는데 '곤냐쿠'는 일본식 발음이다 - 역주

285개가 도달했는데 이 중 28개가 폭발하고, 85개는 폭발 여부를 알 수 없었다. 미국이 입은 인명 피해는 6명, 재산 피해는 작은 규모의 산불이 2건, 배전선 차단 1건 뿐이었다. 도달률 3퍼센트에 폭발률은 1퍼센트 미만. 그사이 일본 국내에서는 식용 곤냐쿠를 밥상에서 거의 찾아볼 수 없었다.

육군의 주력이었던 보병의 기본 장비는 1905년에 제정된 38식 보병총이었다. 이 총은 명중률은 높았지만 위력이 그렇게 센 편이 아니었다(구경 6.5밀리미터). 1939년에 제정된 99식 보병총은 구경 7.7밀리미터로 38식보다 총신이 짧았지만, 결국 전군에 보급되지 못했다.

노몬한에서 소련군 전차 부대에 대패한 일본군 전차는 육군 병기 체계의 가장 큰 결함이기도 했다. 유럽에서는 전차를 중심으로 한 전략 단위 전격전(電擊戰)이 새로운 육지 전술 개념으로 등장하고 있었으나 일본군은 대(對)전차 전용 전차포 개발이 늦어져 결국 시시각각 변하는 전황을 따라잡지 못했다.

대공 무기도 레이더의 연구 개발이 늦어지는 바람에 사격 정밀도가 그리 높지 못했다. 또 대공 포탄도 미군이 개발한 VT신관이 아니라 재래식 신관이었던 관계로 그다지 큰 효과를 보지 못했다.

다수의 포탄을 한 곳에 집중시키기 위한 측지(測地) 기술은, 당시에도 이미 시대에 뒤떨어진 방법이었을 뿐 아니라 대소련전을 염두에 둔 것으로 태평양의 밀림 지대에는 적합하지 않았다.

이상의 몇 가지 예에서 살펴본 것처럼, 일본 육군의 무기와 전투

기술 수준은 러일 전쟁이나 제1차 세계대전에서 멈추어버린 것들이 상당수 있었다. 그러나 한편으로는 미군의 수준을 훨씬 뛰어넘는 고성능 무기도 있었다. 물론 그 대다수는 해군의 기술과 무기였지만, 육군 기술진의 성과도 무시할 수 없다. 육군이 개발한, 노몬한 사건에서 소련 공군을 압도한 국산 군용기 97식 전투기는 세계적 수준의 성능을 자랑했다. 또 97식 전투기의 기술을 이어받아 탄생한 1식 전투기 '하야부사'는 해군이 자랑했던 0식 전투기(제로센)와 우열을 가리기 힘들 정도의 고성능 명기(名器)였다.

해군의 전투는 조직의 전투이면서 동시에 기술 체계의 전투이다. 전함, 순양함, 구축함, 잠수함 등의 함정과 더불어 전투기, 폭격기, 정찰기 같은 항공기가 긴밀하게 연락하면서 전투를 전개하지 않으면 안 된다. 그러기 위해서는 무선, 전화, 레이더 등의 통신·수색 시스템이 유효하고 정확하게 작동될 필요가 있다. 이런 종합적인 기술 체계라는 관점에서 볼 때 일본군의 기술 체계는 전체적으로 균형이 좋았다고 말하기 힘들다. 어떤 부분은 아낌없이 돈을 쏟아 부은 관계로 매우 우수했지만, 다른 부분은 돈을 아끼는 바람에 그야말로 절망적이었다. 평균적으로 볼 때 구식 기술 체계가 더 많았다. 그 전형적인 예가 바로 야마토와 제로센이다.

전함 야마토는 레이테 작전에서 처음으로 해전에 참가해 직경 46센티미터의 초대형 주포에서 뿜어져 나오는 위력적인 포격 능력을 자랑했음에도 결국 그 위력을 발휘하지 못한 채 레이테 만 입구에서 반전했고, 오키나와전에서 전함 특공의 임무를 띠고 출동하던 도중에 격침당했던, 일본군의 균형이 맞지 않는 기술 체계의 상징이었다. 당시 일본은 워싱턴조약과 런던조약에 따라 전함의 보유비율을 미국과 영국의 60퍼센트 수준으로 억제해야 했다. 따라서 미국과의 함대결전에서 승리하기 위해서는 무엇보다 적보다 사정거리가 긴 대포가 필요했다. 즉 적의 포탄이 미치지 못하는 위치에서 장거리 포 공격을 가해 적 함대의 숫자를 줄인 후, 양쪽의 세력이 동등해졌을 때 단번에 함대결전에 돌입, 격멸한다는 전략을 세웠었다. 이를 위해서는 세계 최대의 46센티미터(18인치) 포를 장착한 초대형 전함을 건조할 필요가 있었다. 야마토는 바로 이런 대함거포사상의 정수로서 탄생했다. 그 완성시의 제원은 다음과 같다.

(1) 기준 배수량 : 64,000톤
(2) 속력 : 27노트
(3) 항속 거리* : 16노트 - 7,200마일
(4) 무장 : 46센티미터 포 9문, 15.5센티미터 포 12문, 12.7센티미터 고사포 12문, 25밀리미터 기관총 24정, 13밀리미터 기관총 4정, 해상정찰기 6기, 사출기(캐터펄트) 2기

주포의 최대 사정거리는 40킬로미터. 이 거리는 도쿄-오후나(大船) 간의 직선거리에 가깝다. 그야말로 일본 건함 기술의 모든 것을

----

* **항속 거리(航續距離)** : 항공기나 선박이 주어진 속도로 한 번 실은 연료를 전부 사용할 때까지 갈 수 있는 거리 - 역주

결집시킨 거함이다. 당시 미국의 전함은 대서양 연안의 도크에서 건조되어 파나마 운하를 거쳐 오기 때문에, 최대 함폭(33미터)과 배수량(35,000톤)의 제한으로 40센티미터(16인치) 함포까지만 탑재할 수 있었다. 야마토 건조 비용은 히류형 항공모함 3척의 건조 비용보다 높았다. 이를 걱정한 오니시 다키지로 대좌(당시 요코스카 항공대 부장, 후에 중장) 등은 다른 항모나 전투기의 예산에 그 비용을 돌려야 한다고 역설했다. 1937년 11월부터 1941년 12월까지 4년에 걸친 시간을 투자해 완성한 야마토는, 우선 그 방어력이 뛰어났다. 야마토는 적 전함의 포격, 이를테면 20킬로미터의 거리에서 날아온 46센티미터 91식 철갑탄에 명중돼도 견딜 수 있는 갑판에, 어뢰 1발을 맞아도 끄떡없었으며, 설령 같은 쪽에 어뢰 2발을 동시에 맞아도 긴급 보수를 하면 전투 능력을 유지할 수 있을 정도였다.

그러나 항공 공격에 대한 방어, 즉 대공 화기에는 약점을 노출시켰다. 이 때문에 완성 후에도 몇 번에 걸쳐 총기와 레이더 등을 증설하였다. 그러나 레이테 해전에서 볼 수 있듯이, 야마토는 주포 위력을 충분히 발휘하지 못한 채 최후를 맞았다. 원거리 포격에 필요한 레이더 성능이 나빴고, 그와 연결된 사격 통제 체계도 뒤떨어졌다. 또한 일본 해군이 자랑하던 포격술도 훈련 부족으로 신통치 못했다. 결국 야마토는 그 잠재 능력을 발휘하지 못한 채 바다 속으로 가라앉아 버린 것이다(같은 급의 무사시 역시 마찬가지였다). 여기서 우리는 일본 해군의 기술 체계의 불균형을 확인할 수 있다.

제로센의 경우도 그 장대한 항속 거리, 속도, 전투 능력은 세계 최고 수준이었다. 특히 제로센은 일본 기술진의 독창적인 개발이라기보다 그때까지 개발된 고유 기술을 극한까지 추구해서 태어난 혁신의 산물이었다. 방어 능력을 희생하는 대신 전투기로서의 공격력을 한 단계 높이기 위해 무게를 가볍게 했다. 그런데 매우 가벼운 두랄루민* 소재를 사용하였기 때문에, 소재의 구입 및 가공이 매우 곤란해 대량 소진에 걸맞은 대량생산체제를 갖출 수 없었다. 미군은 제로센에 대항하는 전투기로 그루만 F6F 헬켓을 개발했다. 이 전투기는 제로센의 두 배가 넘는 마력을 지녔고 최대 시속도 604킬로미터(제로센 540킬로미터)에 달했다. 특히 철저한 표준화로 대량 생산이 가능했다. 게다가 2기가 한 조를 형성해 제로센 1기에 대항하는 방법(Thach Weave)으로 작전에 나섰다. 이로서 제로센은 급속하게 소모되어 갔고, 그 보충은 여의치 않았다.

그렇다면 미군의 기술 체계 특성은 어떠했는가. 미군의 주력 전차 M4 셔먼은 제2차 세계대전 동안 50,000대 이상이 생산된 대(對)전차 전용 전차로, 장갑의 두께가 최대 75밀리미터에 달하고 75밀리미터 포를 탑재했다. 이에 대응하는 일본군의 1식 중전차는 최대 장갑두께가 50밀리미터, 포가 47밀리미터로 성능에서도 열세였으며 그 생산 대수 역시 570여 대에 불과했다. 그 외 미국과 일본의 구축함, 전함, 잠수함 등의 건조량을 비교하면 표 3-1과 같다.

표를 보면 해방함의 숫자만 우위를 보이는데, 해방함이란 기준

---

* **두랄루민(duralumin)** : 알루미늄 경합금 - 역주

구분 \ 국가	미국	일본
구축함	397	31
호위함	505	32
해방함(海防艦)	96	171
잠수함	223	134
전함	10	2
순양함	49	5
항공모함	31	9
소형 항공모함	89	9

표 3-1 미국과 일본의 건조량 비교(1940~1945년, 단위 : 척)

배수량 740~940톤, 최고 속력 20노트 미만의 소형 경비 및 호위함이었다. 그 대부분은 1944년 후반에서 1945년에 걸쳐 건조된 것으로 본토 방위와 해상 호위를 위해 급히 배치된 것이다. 이들을 제외한 주력 전함과 함정의 건조수만 따지면 일본 190척, 미국 799척이 된다. 비율로 따져보면, 일본군의 주력 해상 전력은 미군의 23.8퍼센트, 즉 미국의 4분의 1에도 미치지 못했다.

또 미일전의 주요 전력이었던 항공기의 생산 대수는 표 3-2와 같다.

여기서 일본의 항공기 생산량도 미국의 13~34퍼센트에 불과했다는 사실을 알 수 있다. 1944년 6월 이후 미국의 항공기 생산 대수가 감소한 것은 항공기의 대형화가 진행되었기 때문이다. 이것을 감안한 중량비로 비교한다면 일본의 생산력은 미국의 10퍼센트 정도에 지나지 않았다.

구분 \ 년/월	'41/12	'42/6	'42/12	'43/10	'44/6	'44/11	'45/5
미 국	2,500	5,000	5,400	8,400	8,100	6,700	6,400
일 본	550	650	1,040	1,620	2,800	2,100	1,800
미국대비(퍼센트)	22.0	13.0	19.3	19.3	34.6	31.3	28.1

표 3-2 미국과 일본의 항공기 생산대수

육해공 주요 무기의 생산량이 이렇게 차이가 나는 이유는 무엇인 가? 물론 미국으로서는 대서양과 태평양 양쪽에서 싸워야 하는 사 정도 있었다. 그러나 동시에 자원 및 에너지의 조달 · 보유량과, 생 산 설비의 규모 차이가 반영되었기 때문이기도 하다. 제로센에 대 해서 헬켓이 2대 1 전법을 펼 수 있었던 것도 공급에 자신이 있었기 때문인 것으로 풀이된다.

그러나 무기 생산량이 차이가 나는 이유를 단순히 국력 차이로 설명하는 것은 옳지 않다. 무엇보다 미국과 일본의 생산 시스템이 달랐고, 시스템이 만들어내는 생산품(무기)을 바라보는 시각 또한 달랐다는 점을 간과해서는 안 된다.

미국의 제품 및 생산 기술 체계는 과학적 관리법을 따르고 있었 으며 따라서 철저한 표준화가 기본이었다. 예를 들면 잠수함의 경 우, 미국은 대량 생산에 초점을 맞추고, 가급적 잠수함의 종류를 줄 였다. 즉 같은 종류의 잠수함을 될 수 있는 한 오랫동안 설계를 바 꾸지 않고 대량 생산하는 데 힘을 기울였다. 잠수함의 목적은 수송 선단 파괴였기 때문에 이를 위해 레이더도 갖추었다. 그러나 미군은 잠수함의 성능이 특별히 강할 필요는 없다고 판단했다. 반면 일본 해군은 제2차 세계대전에 투입된 잠수함만 보더라도 종류가 정말 다양했다.

(1) 일등 잠수함(이고) 27함형 합계 113척

　일등형 평균 건조함 수 4.2척 (최소 1~최대 20)

(2) 이등 잠수함(료고) 7함형 합계 57척

　이등형 평균 건조함 수 8.1척 (최소 1~최대 12)

(3) 삼등 잠수함(하고) 3함형 합계 21척

　삼등형 평균 건조함 수 7척 (최소 1~최대 10)

가장 많이 건조된 이고 잠수함은 27개의 함형이 개발되어 평균 1함형당 약 4.2척이 생산되었다. 그 중에 1척만 만들어진 함형이 4개, 5척 미만의 함형은 20개나 된다. 그야말로 일품요리를 하나하나 공들여 만드는 모양새다. 물론 이렇게 만드는 동안 성능 향상에 따른 함형 전환도 있었기 때문에 이를 급속한 기술 진보의 결과로 볼 수도 있다. 특히 일본군은 잠수함의 임무를 함대결전을 위해 적 함대의 숫자를 줄이는 선발 부대로 설정했기 때문에 전함과 구축함을 공격할 수 있는 능력(예를 들어 해상 속력이 24노트)이 필요했다. 그러나 보잘것없는 기능 개량을 위해 함형을 바꿔버리는 경우도 있어 결과적으로 표준화가 늦어지고 대량 생산도 어려워졌다.

이런 사정은 항공기, 항공모함, 수송선 등의 생산 과정에서도 똑

같이 발생한다. 항공기에 대해서는 이미 제로센의 생산 기술에서 다루었듯이, 어느 하나만을 최고로 만들려는 태도(경향) 때문에 미국과 달리 대량 생산이 불가능했다. 미국은 항공모함도 표준화와 대량 생산을 꾀했다. 에식스형(배수량 25,000톤)을 정규 항공모함의 표준(나중에 샹그릴라형을 추가)으로 설정하고 상선을 개조한 호송 항모를 대량 건조했다. 미군은 현재 진행 중인 전쟁이 소모전이며 승리를 쟁취하기 위해서는 수많은 종류의 무기를 지속적으로 생산할 필요가 있음을 정확히 인식하고 있었다. 이를 위해 무기 개발을 철저히 표준화해 대량 생산하면 제작 기간을 단축하고 단위생산비용을 줄일 수 있음을, 자동차를 대량 생산했던 경험을 통해 충분히 알고 있었다.

물론 일본도 표준화의 효용을 완전히 무시했던 것은 아니다. 우세한 적 잠수함과 항공기 공격으로 소모가 극심했던 수송선(화물선이나 군수지원함 등)은 표준선형을 채용해 1943년 이후 건조량을 급속히 늘리는 데 성공했다. 또 앞서 언급한 해상방위함도 전시 표준형에 의한 대량건조방식을 채용, 공정을 대폭 단축했다. 그러나 이러한 표준화를 주요 함정을 만드는 공정에 도입하지 못한 채 전쟁이 끝나고 말았다. 제품과 기술에 대한 개념 차이가 제약으로 작용했다고 말할 수 있을 것이다.

미군은 고도의 기술을 개발해도 그 조작만큼은 누구나 쉽게 할 수 있도록 만들어왔다. 반면 일본군은 어느 한 부분이나 기종만을 최고로 만드는 일점호화주의(一點豪華主義)를 추구했고, 따라서 그런 무기를 조작하는 데는 장인의 솜씨가 필요했다. 이처럼 일본은 무기를 바라보는 방식이 미군과 본질적으로 달랐다.

또 일본군은 기술 체계에서 하드웨어에 비해 소프트웨어의 개발이 약했다. 이런 약점에서 비롯된 결과 중 하나가 정보 시스템의 경시였다. 레이테 해전 당시 일본의 4개 함대는 왜 서로 긴밀히 협조하면서 대응하지 못한 것인가? 왜 결국 하나씩 격파되고 말았던 것인가? 이 비참한 패배의 원인 중 하나로, 각 함대와 연합함대 사령부가 정확한 상황 판단을 내리지 못했다는 것이 지적되고 있는데 이는 통신 기능이 약했기 때문이다. 또 미드웨이에서 선제공격을 받아 순식간에 항공모함과 함재기를 잃은 데에는, 미군의 암호 해독이 큰 연관이 있다. 즉 미군은 일본군이 어떻게 작전을 전개할지 미리 알고 있었다. 해군이 야간 전투에 자신 있었던 이유는 레이더가 없었던 것과 연관이 있으며, 항공기 역시 레이더를 제때 장착하지 못했다. 미군 항공기가 꽤 이른 시기부터 레이더를 달았던 것에 비해, 일본 해군의 경우 1944년에도 겨우 수십여 기의 전투기만 레이더를 장착했다. 또한 대(對)잠수함 음파탐지기(소나)를 갖춘 미 함정은 일본군 잠수함의 움직임을 손쉽게 감지했다.

병참 시스템을 늦게 도입한 것도 개별 작전의 승패를 크게 좌우했다. 아니, 일본군에 보급이라는 개념이 확립되어 있었는지조차 의문스럽다. 선제기습 공격에 의한 단기결전사상 때문에 그다지 필요를 느끼지 못했던 것은 아닌가 생각된다. 우리는 이 전쟁에서 무기가 있어도 탄약이 없다거나, 함정은 있어도 석유가 확보되지 못한

광경을 몇 번이고 목격했다. '현지 조달'이라는 말이 자주 사용되었
지만, 이건 병참 시스템을 경시한 일본다운 표현에 불과했다.

③

조직상의 실패 요인 분석

인맥 편중의 조직 구조

일본군은, 특히 육군의 경우, 갈수록 참모가 모든 것을 통제하려는 경향이 강해지면서 이것이 조직 실패로 이어지는 경우가 많았다. 노몬한 사건은 가장 전형적인 예이다.

노몬한 사건을 관통하는 특징이 있다. 현지의 관동군이 여러 중요한 장면에서 중앙부의 지휘를 무시하거나 또는 현저히 경시했다는 사실이다. 나아가 관동군 내부에서는 제1과(작전)반장 핫토리 다쿠시로 중좌와 쓰지 마사노부 소좌를 중심으로 하는 작전참모가 주도권을 잡고 있었다. 이는 현지군이나 그 참모들의 잘못된 판단, 또는 하극상이라고도 말할 수 있지만, 다른 각도에서 본다면 최고 통수부(육군 참모본부)와 관동군 지휘관이 왜 이런 행동을 저지하거나 교정할 수 없었는가라는 문제가 된다. 여기서 다시 한 번 노몬한 사건을 둘러싼 육군 참모본부와 관동군 사령관 및 작전과의 상호 움직임을 검토해보자.

중앙부는 현지 관동군에게 제1차 노몬한 사건에 대한 자신들의 의사를 정식으로 표시하지 않고, 단지 적절한 조치를 바란다고 말한다. 즉 실질적으로 지시를 내리지 않았다. 제2차 노몬한 사건 이후 촉발된 중앙부와 관동군의 대립은 바로 이 모호함에서 비롯되었다.

1939년 5월 말 대본영 작전과는 사건이 확대되는 것을 막기 위해 〈노몬한 국경 사건 처리 요강〉을 작성하지만, 관동군은 이 요강을 구경조차 하지 못했다. 관동군에서는 적극파에 속하는 쓰지 참모가 중심이 되어 새로운 작전 요령을 작성했다. 규정대로 한다면 대본영의 사전 허가가 필요했다. 그러나 쓰지 참모는 중앙부가 허가하지 않을 것으로 예상해 일단 작전 준비 과정에서는 입을 다물고 있다가 실시 직전에서야 중앙부에 보고했다.

참모본부 제2과장(작전)과 육군대신은 "1개 사단 정도(의 작전)는 현지에서 알아서 해도 괜찮다"라는 판단을 내리고, 현지의 독단을 추인했다.

관동군은 6월 23일 항공 공격을 계획한다. 그러나 이 역시도 중앙부의 반대가 명백할 것이라고 판단, 일체의 작전을 비밀리에 준비했다. 그러나 나중에 관동군의 한 참모가 이 계획을 대본영에 알리는 바람에 대본영은 참모차장 명의로 자발적 중지를 요구하는 의견을 보낸다. 그러나 이때도 명확한 명령 지시는 없었다. 관동군은 대본영의 전보가 명령이 아니라는 이유로 작전 강행을 결정, 27일 작전을 실시한다.

참모본부 작전과장은 이에 대해 "대본영 명령으로 중지를 요구하지 않았던 이유는, 관동군의 지위를 존중했기 때문으로 그러한 의견을 내면 스스로 중지할 것이라고 생각했다. 그러나 관동군은 중앙부의 의중을 무시하고 강행해 끝내 관동군을 신뢰했던 우리를 배신했다"며 당시의 느낌을 회고했다. 물론 중앙과 현지가 지리상으로 떨어져 있었고 의사소통이 원활하지 못했던 측면이 있었지만, 명확한 지시를 내리지 않은 것은 통수의 실무 책임자로서 적절한 판단이라 볼 수 없다.

7월 20일이 되어서야 비로소 대본영은 관동군 참모장에 중앙부의 방침인 〈사건 처리 요강〉을 설명한다. 그러나 이때도 관동군을 자극하지 않으려고 (말로만 설명했을 뿐) 따로 문서로 보내지는 않았다. 그리고 8월, 소련군의 대공세가 펼쳐지고 관동군의 패배가 명백해지자, 대본영은 30일이 돼서야 비로소 작전을 종결하라는 명령을 내렸다. 그러나 이때도 그 표현이 불분명했다. 관동군은 이 명령을 작전 중지 요구로 받아들이지 않았다. 대본영은 참모차장을 파견하여 직접 명령을 전달하려고 했지만, 결국 여기서도 중앙부의 의도는 전달되지 않았고, 오히려 관동군은 전세를 만회하기 위한 공세 준비에 더더욱 몰두하는 상황이 발생했다. 이에 놀란 대본영은, 9월

3일에, 이번에는 명확한 공격 중지를 요구하는 명령을 내리게 되고, 간신히 작전이 중지될 수 있었다.

8월 30일의 첫 번째 공격 중지 명령이 제대로 전달되지 않은 이유는, 실제 작전 운용은 현지군인 관동군에 맡겨야 한다는 대본영의 판단 때문이었다. 즉 대본영으로서는 작전 종결 의사가 있었으나 이를 직접 표현하지 못하고, 사용 병력을 제한하라는 등의 미묘한 표현으로 그 뜻을 전달하려고 했다. 대본영은 작전 종결이라는 중대한 국면을 맞이해서도 명확한 의사 전달 방법을 택하지 않았다고 말할 수 있다.

임팔 작전의 중지에서도 같은 일이 되풀이된다. 제15군이 임팔 작전을 개시한 지 한 달이 지났을 무렵이다. 누가 보더라도 패색이 짙던 4월 말부터 5월 초까지 현지를 시찰한 하타 히코사부로 참모차장은, 남방군 총참모장과 버마 방면군 사령관에게 작전 중지를 시사했지만 적극 나서지는 않았다. 왜냐하면 두 명 모두 하타가 암시한 작전 중지에 동의한 것처럼 보였기 때문이다. 하타는 어떤 형태로든지 현지로부터 작전 중지 요청이 들어오리라 생각했다.

6월 초에 가와베 방면군 사령관은 제15군의 무타구치 사령관을 방문했다. 둘 다 작전 중지는 불가피하다는 생각을 하고 있었지만, 결국 '중지'라는 단어를 입 밖으로 내뱉지 않았다. 무타구치는 "내 안색을 보고 눈치채주길 바랐다"고 아쉬워했으며, 가와베 역시 무타구치가 먼저 말하지 않는 한 그의 체면을 생각해 중지 명령을 내릴 수 없었다.

이상과 같은 사실은 무엇을 말하고 있는가? 일본군은 전쟁 발발 전만 하더라도 관료제를 높은 수준으로 받아들여 가장 합리적인 조직이라고 평가되었다. 그러나 실제로는 관료제 안에 인정을 혼재시켜 인맥이 강력한 기능을 하는 특이한 조직이었다.

인맥 측면을 조금 더 살펴보자. 노몬한 사건 당시 관동군 참모였던 핫토리와 쓰지 콤비는, 1941년 7월에 핫토리가 육군 참모본부 작전과장으로 영전하고 다시 쓰지가 1942년 3월 그 밑의 작전반장으로 발령을 받으면서 화려하게 부활했다. 그 후 이들은 과달카날을 시작으로 몇몇 중요한 작전의 주무 참모로서 전쟁 지도에 나섰다.

육군에서는 육군사관학교 출신의 정규 장교 중에서 특출하게 우수한 자를 선발해 고등교육기관인 육군대학교에 입학시키는 것이 관례였다. 육대(육군대학교)의 교육 방침 "장교에게 필요한 고등 용병에 관한 학술을 습득하고, 아울러 군사 연구에 필수 불가결한 학식의 증진과 고등 용병의 학술을 연구한다"에서 드러나듯이 육대는 고급참모를 양성하는 기관이었다. 육대는 참모총장이 총괄했기 때문에, 학생 및 졸업생들의 인사는 육군대신이 아니라 참모총장이 단행했다. 졸업생은 육군 내의 초(超)엘리트로서 대부분이 참모로 임명되어 나아가 그 대다수가 장군까지 진급했다. 실제로 1902년의 제16기 졸업생을 살펴보면, 장군에 오르지 못한 사람은 전체의 7퍼센트에 불과했다.

육대 출신자를 중심으로 모인 초엘리트 집단은 참모라는 직무를 통해 지휘권에 강력히 개입하며 지극히 강고하고 끈끈한 인맥을 형성했다. 이 때문에 조직 내부의 리더십은 때때로 현지 부대의 장이나 지휘관이 발휘하기보다는 참모들이 발휘하였다. 이른바 참모통수였다.

육군대학교에서는 논의에 능숙하고 강고한 의지를 장려했기 때문에, 육대 출신의 참모는 쓰지와 같이 지휘관을 보좌하기보다 오히려 지휘관을 선도하며, 때로는 제1선의 지휘관마저 지휘하는 듯한 행동을 하는 참모도 적지 않았다.

일본군 조직 구조의 특이한 점은, 군사 조직으로서 아주 명확한 관료제 조직 계층이 있음에도 불구하고 감정과 강하게 결합해 하극상 같은 개인의 돌출 행위를 허용하는 시스템이 공존했다는 것이다. 원래 관료제란 수직 계층 분화를 통해 공식 권한을 행사하는 조직 체계를 말한다. 따라서 관료제 조직은 전쟁과 같이 촉박하고 특수한 국면에 처할수록 계층에 따른 의사 결정 시스템을 효율적으로 작동시켜야 위기에 대처할 수 있다. 그러나 일본군의 경우, 이런 합리적 시스템의 가동 방식은 내팽개치고, "서로 얼굴 안 붉히고 좋은 게 좋은 거"라는 식의 의사 결정을 하고 말았다. 임팔에서는 상급 지휘관이나 중앙의 참모가 작전을 중지할 필요가 있다고 인식했음에도 실제 중지까지 1개월이라는 시간이 걸렸으며, 과달카날에서도 대본영의 작전 담당자가 철수를 생각했을 때부터 천황의 재가를 받기까지 무려 2개월 반을 허비하고 말았다.

해군의 상황은 약간 달랐다. 해군 참모는 지휘관을 보좌하는 임무를 띠고 있으며, 만일 그 지휘권에 간섭하거나 개입하면 징계를 받았다. 하와이를 기습 공격하려고 했을 때, 처음에 군령부(참모진)가 강하게 반대했음에도 불구하고 야마모토 연합함대 사령관(현지 지휘관)이 이를 적극 주장해 결국 기습 공격을 감행하게 된다. 미드웨이 작전 때도 군령부는 피지와 사모아 섬을 진공하는 게 적절하다고 판단했으나, 야마모토 사령관은 미 항공모함을 유인하기 위해서는 미드웨이를 공격해야 한다는 생각을 굽히지 않았다. 레이테 해전 역시 구리타 함대 측이 군령부와 연합함대 작전참모에게 적 주력과 함대결전을 벌일 수 있다는 가능성을 인식시켜 주는 등 지휘권을 확립하려는 흔적이 군데군데 드러난다.

해군의 고급 교육기관이었던 해군대학교의 방침과 제도 역시 육군대학교와 상당한 차이가 있었다. 육군대학교가 주로 고급참모를 육성하는 커리큘럼에다 참모를 경험하지 않으면 고급 지휘관이 되기 힘든 구조였던 것에 비해 해군대학교는 입학 자격도 대위나 소좌 등 일선 지휘관을 경험했던 사람이 많았고(육대는 주로 중위나 대위), 교육 방침은 참모가 아닌 장성을 육성하는 것이었다. 또 해군은 해군대학교 출신자는 물론 그 외의 장교 인사권을 모두 해군대신이 갖고 있었다. 즉 인사에서 육군처럼 참모(육대 출신)와 그 외의 장교를 구별하지 않았다. 따라서 초엘리트 그룹이 만들어진다거나 그들이 중요한 작전을 좌지우지하는 형태는 별로 없었다.

그러나 해군에도 하극상이 완전히 없었다고는 말할 수 없다. 개전 전에는 해군 내부에도 젊은 장교들을 중심으로 친(親)독일 경향이 퍼져 있었고, 그들은 때때로 육군의 청년 장교들 이상으로 강경

한 하극상 움직임을 보이기도 했다. 이에 대응해 상급 지휘관이나 군정의 고관(대신, 차관, 군무국장)들이 적절한 리더십을 충분히 발휘했다고는 말하기 힘들다.

이상에서 본 것과 같이 일본군 조직 구조의 특성은 '집단주의'라고 할 수 있다. 여기서 말하는 집단주의란 개인의 존재를 부정하고 집단을 위해 봉사, 희생하는 것을 최고의 가치로 여긴다는 의미가 아니다. 개인과 조직을 두고 둘 중 하나를 선택한다는 관점이 아니라, 조직과 그 조직의 구성원이 함께 살아가려면 사람과 사람 사이의 관계(대인 관계)에 가치를 두어야 한다는 지극히 '일본다운 집단주의'이다. 이 집단주의는 조직 목표와 그 목표 달성 수단을 합리적이고도 체계적으로 만들어내는 것 보다는 조직 구성원간의 관계를 더욱 중시한다. 노몬한 사건에서 드러난 중앙부와 관동군 수뇌부의 관계, 과달카날 섬 철수 결정을 늦춘 육군과 해군의 관계, 그리고 임팔 전투에서 가와베 방면군 사령관과 무타구치 제15군 사령관이 보여준 관계, 이 모든 것들이 '집단주의'와 관련이 있고, 또 이것은 조직의 의사 결정 과정에 큰 영향을 끼쳤다. 일본군의 집단주의 원리는, 이렇게 때로는 작전 전개와 종결에 관한 의사 결정을 결정적으로 늦추어 버려 중대한 실패를 불렀다.

이에 비해 미군의 작전 속도는 엄청나게 빨라, 일본군이 고심해서 만든 결과물들이 최후 단계에서 단번에 산산조각 나는 장면도 허다했다. 과달카날 섬에서 비행장을 건설하고 있던 일본군은 완공을 눈앞에 둔 시점(1942년 8월 7일)에서 미 해병대의 기습 공격을 받고 하루 만에 비행장을 뺏겼다. 2주 후인 8월 21일에 라바울의 제6항공대 전투기 부대와 미사와항공대 육상 공격대 제1진이 비행장에 도착할 예정이었던 것을 생각해 볼 때, 미군의 작전 전개 속도는 일본군보다 훨씬 빨랐다고 할 수 있다. 레이테 해전에서도 비슷한 일이 되풀이되었다. 당시 일본군 주력 제1항공함대는 마리아나 전투에서 전 항공기의 약 70퍼센트를 잃었다. 그런데 일본군이 항공 전력을 재건하려던 찰나에 미군이 레이테 섬에 상륙하고 말았다. 원래 맥아더 대장은, 1945년 2월에 필리핀을 공격하겠다는 계획을 세웠지만, 일정을 2개월 앞당겨 12월 20일로 다시 설정했다. 그런데 일본군의 준비가 허술하다는 최신 정보를 얻자마자 이 계획마저 다시 2개월 앞당겨, 10월 20일 레이테 섬 공략을 결정했다. 이런 속도전은 나중에 오키나와전에서 재현된다. 레이테 섬의 육군 결전(육군 쇼이치고 작전)을 위해 타이완에서 2개 사단이 전용되는 바람에 타이완의 방위가 약해졌다. 이를 보충하기 위해 오키나와전에서 중핵을 담당할 예정이던 최정예 제9사단이 차출되어 전용된다. 그 후 제9사단의 빈자리를 어떻게 메울 것인지 뚜렷한 계획이 없던 상황에서 오키나와전이 시작된 것이다.

미군이 작전을 빠르게 전개할 수 있었던 데는 풍부한 생산력, 보급력, 우수한 항공기 요원의 대량 공급이라는 물적·인적 자원의 압도적인 우위에서 비롯된 바가 크다. 그러나 작전의 수립과 준비, 실시의 각 단계에서 의사 결정이 신속하고 효과적으로 이루어졌다는 사실을 간과해서는 안 된다. 대표적인 예가 니미츠 태평양 함대 사령관이 보여준 지휘관 교체 시스템이다. 항모 부대 지휘관으로 홀시와 스프루언스라는 두 명의 제독을 일정 기간 교체해 함대를 맡아보게 한 것이다. 그리고 함대 이름도 지휘관이 누구냐에 따라 달라졌다. 똑같은 함대지만 홀시가 지휘할 때는 제3함대, 스프루언스일 경우에는 제5함대로 불렸다. 유능한 부하 제독의 능력을 최대한 발휘시킨다는 목적이 있었으며 동시에 한 자리에 오래 머무르게 하여 그 지식 에너지를 고갈시켜서는 안 된다는 노림수도 있었다. 교체 인사 시스템은 지휘관뿐만 아니라 참모급에서도 실시되었다. 가령 미 해군 참모총장 어니스트 킹 원수는 참모본부의 인원을 최대한 줄이려고 노력했다. 그 이유는 조직이 활발하게 움직이기 위해서는 각자가 온 힘을 다해 맡은 바 임무를 수행하는 것이 중요한데, 그러기 위해서는 유능한 소수의 인재들에게 가능한 한 많은 일거리를 맡기는 것이 좋다고 생각했기 때문이다. 하지만 사람인지라 많은 일을 하면 피곤해지고, 또 언제까지나 같은 일을 시키는 건 좋지 않다. 개개인이 지닌 능력을 가장 잘 발휘할 수 있는 곳에 활용하는 것이 중요하다. 이렇게 생각한 킹 원수는 특정 분야의 담당자를 제외한 나머지 참모본부의 요원을 전선의 요원들과 1년 주기로 한 번씩 교체했다. 이런 방식으로 우수한 부원을 선발하였음은 물론 전선의 긴장감을 지속적으로 유지할 수 있었다. 또 작전 수립 단계에서 특정 개인의 색깔이 스며드는 것도 방지할 수 있었으며, 그와 동시에 의사 결정의 속도도 높일 수 있었다.

미 해군의 역동적인 인사 시스템은 장성 임명 제도에도 잘 나타난다. 미 해군에서는 일반적인 진급은 소장까지만 하고 그 이상의 계급, 예를 들어 중장과 대장은 작전 전개의 필요에 따라 임명되며 임무가 종료되면 다시 원래의 계급으로 돌아오기 때문에 상당히 유연한 인사 배치가 가능했다. 반면 일본 해군은 미군보다 경직된 조직이었다. 즉 일본 해군은 〈군령승행령(軍令承行令)〉 제도에 따라, 지휘권에 있어서 선후임은 엄격히 질서를 유지해야 한다는 원칙을 완고히 지켰다. 미군의 인사 배치 시스템은, 상황이 변하면 적응력이 떨어진다는 관료제의 약점을 보완하는 것으로, 이로써 미군 조직은 역동적인 관료제로 거듭나는 데 성공했다. 미군의 조직 구조는 개인 또는 그 관계를 중시했던 일본군의 집단주의와는 전혀 다른 원리로 구성되었다. 이것은 모든 것이 시스템을 중심으로 운영되면서 동시에 엘리트의 선별과 평가를 통해 그 시스템에 활력을 불어넣고, 필요에 따라서 시스템을 바꿀 수 있다는 의미에서 '역동적 구조주의'라고 부를 수 있다.

개인 중심의 조직 통합

근대적인 대규모 작전을 실시하기 위해서는 군 전체의 일관성과 정합성을 확보하여 육해공 전력을 통합해야 한다. 개별 전투에서도 보병과 포병의 총포화기와, 항공기·전차 등 대량 전력을 통합할 수 있는 조직과 시스템을 개발하지 않으면 안 된다. 이 점에서도 미군은 월등한 통합 능력을 발휘해 일본군을 압도했다.

합동 작전을 수립하기 위해서는 참모조직의 상부 기구에 통합 시스템이 구축되어 있어야 한다. 미군의 상급 참모조직으로는, 육군과 해군에 참모총장을 수장으로 하는 참모본부가 있었다. 이 점에서는 일본군과 같다. 그러나 루즈벨트 대통령의 명령으로, 미군에서는 개전과 함께 육해군 두 개의 참모조직을 통합하는 합동참모본부 (Joint Chiefs of Staff)가 조직되었다. 3명의 구성원은 각각 육군 참모총장 조지 마셜 대장, 해군 참모총장 어니스트 킹 대장, 육군 항공대 사령관 헨리 아널드 대장이다. 미국 대통령은 육해군 최고사령관이며 합동참모본부는 대통령의 결정권에 종속하는 입장이었다. 따라서 육해군의 작전은 먼저 합동참모본부에서 검토하고, 필요한 조정을 거치면서 작전 체계를 통일하여 합동 작전으로 수립되면, 마지막으로 대통령의 결재를 거쳐 실행에 옮겨졌다.

사이판을 공략한 미군은 어느 진로로 일본 본토를 공격하러 갈지를 결정해야 했다. 이 중대한 결정을 내리는 과정에서 합동참모본부는 그 진면목을 발휘한다. 당시 해군의 니미츠 제독은 오가사와라 제도로부터 마치 사다리를 타고 올라가듯 B-29 폭격기로 차례대로 폭격하며 올라가면서 타이완과 중국 해안의 일본군 기지를 점령하는 두 갈래 진공이 최선이라고 생각했다. 반면 육군의 맥아더 대장은 필리핀을 탈환한 뒤 곧바로 일본 본토를 공격하는 것이 최선이라고 믿었다. 니미츠와 맥아더는, 자신의 방법이 전쟁을 빨리 끝낼 수 있을 뿐 아니라 미군의 희생을 최소한으로 줄일 수 있다고 주장하며 첨예하게 대립했다. 합동참모본부는 두 사람의 주장을 검토한 후 루즈벨트 대통령의 방침에 따라 필리핀 진공을 (맥아더의)

남서 태평양 부대에 지시하기로 결정했다. 이때 합동참모본부에는 1942년 7월에 취임한 윌리엄 리히 예비역 해군 대장이 합참의장으로 활약하고 있었다. 이 자리는 군사와 정치에 정신없이 바빴던 대통령을 보좌하기 위해 만들어진 것으로 합동참모본부 회의를 주재함과 동시에 대통령과 본부 사이의 가교 역할을 하는 아주 중요한 자리였다.

미 해병대의 상륙작전은 전투 차원의 합동 작전이었다. 상륙전은 보통의 지상전과 공통되는 부분도 많지만, 부대(해병대)가 모함에 승선해 상당한 거리를 항해한 뒤 상륙 지점에 도착해 다시 상륙용 주정으로 갈아탄 뒤 포병 지원이 없는 상태에서 경(輕)장비로 적지에 상륙한다는 점에서 지상전과 명백히 다르다. 게다가 이 모든 것을 목적지의 탈취 및 점령 공격을 하기 전에 수행하지 않으면 안 되었다. 상륙작전을 수행하기 위해서는 지휘 계통과 함포사격, 항공지원, 상륙행동, 해안 교두보 확보, 병참 등 각자 독자적인 전투 특성을 지닌 구성 요소들을 적절히 조합, 정해진 시간과 공간 내에 통합할 필요가 있었다. 미 해병대는 고도로 통합된 상륙작전을 1922년부터 1935년까지 13년간 발전시켰고, 또 태평양에서 펼쳐진 미일전에서 상당한 개선을 이뤄냈다.

군대의 전력은 무엇인가라는 기본 인식에서도 미군은 통합 전력이라는 견해를 중시했다. 미 해군 태평양 전선의 최고 사령관이었던 니미츠 대장은 "해군력은 모든 무기, 모든 기술의 통합력이다. 전함이나 항공기, 상륙 부대, 상선들은 물론 항구나 철도, 심지어 농가의 소마저 해군력에 포함된다"고 말한 바 있다.

이에 비해 일본군은 육해공 삼위일체 작전에 대한 육군과 해군의 공동 연구 따위는 거의 이뤄지지 않았다. 1907년에 나온 〈제국 국방 방침〉 이후 40년이나 지났건만 육군은 소련, 해군은 미국을 가상 적국으로 설정하고 이들에 대적하기 위한 전력, 전비, 전술을 발전시켜 왔다. 즉 합동 작전을 실시하려면 목적이 같아야 하는데 이미 적국 설정부터 달랐기 때문에 합동 작전 자체가 실현되기 힘들었다. 또 평상시의 군령(통수)기관은, 육군이 참모본부, 해군은 군령부로 각각 독립되어 있었지만, 전시 또는 그에 준하는 사변이 발생했을 시에는 전시 기관으로 대본영이 설치되었다. 육군과 해군의 통수 기관도 각각 대본영 육군부와 대본영 해군부로 바뀌었다. 대본영은 육해군의 협동을 도모, 즉 양자의 통합을 중요한 임무로 설정했다.

대본영 육·해군부는 1940년 말부터 서로 연락을 취해 가며 작전 계획을 수립했다. 그러나 이것은 어디까지나 육군과 해군의 독자적인 작전 계획으로 합동 작전을 위한 것은 아니었다. 육해군의 협동 부분에 대해서는 〈육해군 중앙 협정〉과 〈육해군 현지 협정〉 등에 규정되어 있다.

육군과 해군은 전략 사상이 다르고, 기구가 분립되어 있으며, 조직의 사고와 행동 양식이 다르다는 근본적인 대립이 존재했기 때문에 이를 일치시키기란 쉽게 될 일이 아니었다. 1942년 3월 7일, 대본영 정부 연락 회의에서 결정된 〈지금부터 취해야 할 전쟁 지도의 대강〉에는 육해군의 통수를 양자의 타협에 맡긴다고 기술되어 있었다. 이런 점을 생각한다면, 육해군 합동 작전은 역시 일관성과 정합성을 지니지 못했다는 것을 알 수 있다. 그 제1항은 다음과 같이 되어 있다.

"영국을 굴복시키고, 미국의 전의를 상실시키기 위해서 이미 얻은 전과를 계속 확충해 나가는 장기 불패의 전략 태세를 갖추며, 동시에 기회를 노려 적극적인 방책을 강구한다."

해군은 전과를 계속 확충하고 선제공격을 적극 해야 한다고 줄곧 주장해 왔었고, 육군은 남방의 자원을 확보하여 장기 지구전 태세를 확립해야 한다고 역설했었다. 이 안은 그야말로 둘의 타협이 절묘하게 버무려진 절충안으로서 도조 총리는 이 문구를 보고 "도대체 무슨 말인지 모르겠다"며 불만을 털어 놓았다고 한다.

과달카날 전투나 레이테 해전에서도 육해군 합동 작전은 결실을 보지 못했다. 과달카날 섬에서는 결실은커녕, 육해군의 생각이 서로 달라 공격을 중지하는 시점마저 어긋나는 상황이 빚어져 수많은 희생을 낳았다. 레이테 해전은 본격적인 육해공 합동 작전이 진행될 예정이었으나, 육해군은 고사하고 해군 내부의 합동 작전조차 탁상공론으로 끝났다.

육해군 합동 작전을 위해 마련된 대본영이 제대로 기능하지 못한 이유는, 정비되지 못한 조직 기구 때문이다. 대본영의 육군부와 해군부는 각자 독자적인 기구와 참모를 지닌 독립 기구였다. 대본영령에 따라 양군은 공동으로 대응하고 협동하기로 되어 있었지만, 실제로는 마찰과 대립이 끊이질 않았다. 또 양군이 타협을 일궈내지 못할 경우, 옳고 그름을 가려줄 사람은 오직 천황밖에 없었다. 그러나 천황은 개개의 문제에 대해 스스로 나서서 지휘하거나 조정하지 않았다. 천황은 육해군 사이에 통수나 군정상의 대립이 발생하면 양자가 서로 합의할 때까지 기다린 뒤 그 집행을 명할 뿐이었다. 그렇기 때문에 실제로 육해군이 합동 작전을 전개하기란 정말로 어려웠다.

대본영에서는 양군의 대립 문제를 해결하기 위해 몇몇 시도를 하기도 했다. '대본영회의'는 대본영 부내 회의로 육군대신, 해군대신, 참모총장, 군령부 총장, 참모차장, 군령부 차장, 참모본부 제1부장(작전부장), 군령부 제1부장으로 구성되어 '육군부와 해군부 서로가 관련된 중요한' 안건에 대해 양쪽이 협의하여 대본영의 방책을 수립하기 위해 열렸다. 실무 협의를 위해 참모차장, 군령부 차장 이하의 작전 관계 부서장으로 구성된 '대본영 참모회의'도 동시에 열렸다. 그러나 이런 회의에서도 대립을 해소하지 못했을 때 이를 최종적으로 결정해줄 상부 기관이 존재하지 않았다. 또 정부와 대본영 사이의 문제, 즉 국무와 통수의 조정을 위해 설치된 '대본영 정부 연락 회의'도 똑같은 결함을 지니고 있었다.

육해군 양쪽을 통합하기 위해 보다 직접적인 조직 대체안이 검토된 적도 있었다. 구체적인 안은 다음과 같다.

(1) 양군 총장(참모총장과 군령부 총장)을 폐지하고 별도로 하나의 막료장 자리를 만들어 그 밑에 육해군 혼합 참모를 둔다.

(2) 양군 총장 위에 막료총장을 1명 둔다.

(3) 양군 총장과 동등한 별도의 막료장을 1명 두어 오로지 육해군의 상호 협동에만 전념한다.

(4) 양군 총장 밑에 육해군의 강력한 연락 기관을 둔다.

(5) 해군부의 참모진에 육군 장교를 포함시킨다.

(6) 육 · 해군부 참모가 같은 장소에서 근무하고 연락을 긴밀히 가져 협동을 용이하게 한다.

사이판 함락 전후로 육해군 합동 작전의 필요성이 점점 커지면서 1944년 이후 양군 사이에는 위와 같은 대체안이 검토되었다. 하지만 양쪽이 끝내 의견을 조정하지 못하고, 군정을 담당했던 육군성과 해군성이 반대했던 관계로 이렇다 할 대안을 찾지 못했다.

결국 일본군의 작전 통합은 조직 구조나 시스템이 아니라 개인을 통해 이뤄졌다. 일본군은 작전 목적이 애매하고 귀납적 축적 방식(인크리멘털리즘)에 기초해 전략을 수립했다는 것은 이미 지적하였다. 그렇기 때문에 그런 애매한 작전을 현장에서 직접 실시할 때는 끊임없이 세부 사항을 조정할 필요가 있었고, 애매한 판단을 극복하기 위해서는 개인을 중심으로 통합할 필요가 있다. 인맥을 기반으로 하는 집단주의 조직 구조는 이를 가능케 하는 전제 조건이 되었다. 예를 들어, 도조 히데키는 1941년 10월에 총리와 육군대신을 겸직하게 되면서 국정의 기본 방침과 전쟁 지도를 통합하려고 했고, 나아가 1944년 2월에는 참모총장까지 겸해 군정(軍政)과 군령(軍令)의 대립을 극복하려고 했다. 해군에서도 이때 시마다 시게타로 해군대신이 군령부 총장을 겸직했다. 또 육군의 경우에는 참모가 종종 작전 수행을 위해 전선을 방문하기도 했다. 게다가 육해군 가릴 것 없이 중앙의 참모와 현지군의 참모가 작전을 확인하고 조정하기 위해 빈번히 회의를 가졌다. 이를 통해 세부 사항을 조정하고 현지와의 견해차를 좁힐 수 있었지만, 한편으로는 개인적인 교섭이나 거래를 허용하는 결과를 낳는 경우가 많아 작전의 통일성과 일관성을 저해하는 요인으로 작용했다.

이처럼 개인에 의한 통합은 어떤 측면에서는 융통성 있게 행동할 수 있도록 여지를 준다. 그러나 원리나 원칙을 무시하도록 만들 뿐 아니라 계획적이고 체계적인 통합을 불가능하게 만들기 쉽다.

결국 일본군이 육해군 공통의 작전 계획을 수립한 것은 1945년 1월 20일에 결정한 〈제국 육해군 작전 대강〉이 처음이었다. 그렇지만 이 작전 대강은 본토 외곽 지대(남서 제도, 오가사와라 방면)로 진공한 미군에 맞서 출혈 지구전을 수행하면서 본토 최종 결전을 대비하라는 내용으로 구성되어 있어, 거의 최후의 상황을 염두에 둔 마지막 국면의 작전 대강이 되고 만다. 그러나 이 공통의 작전을 실시하는 것조차 육해군은 일치된 행동을 보이지 않았다. 그로부터 만 7개월이 지나지 않아 일본은 패전을 맞게 된다.

학습을 경시한 조직

일본군에는 실패를 축적하고 전파할 만한 조직적인 리더십 시스템이 없었다. 그래서 같은 실패가 되풀이된다. 노몬한 사건은, 근대 육지전에 대해 배울 수 있는 기회였다. 이 전투에서 결정적인 위력을 발휘한 것은 전차나 중포였다. 그러나 일본 육군은 무기의 근대화보다는 병력을 늘리는 데 중점을 두고 대처했다. 보충해야 할 것은 장비인데도 일본군은 병력을 늘리고 정신력의 우위를 강조하면 다 해결되리라고 믿었던 것이다. 이런 정신주의는 두 가지 점에서 일본군의 조직 학습을 방해하였다. 하나는 적 전력의 과소평가이다. 특히 상대의 장비가 우세하다는 것을 인정하면서도 정신력은 열세하다고 평가했다. 적도 아군과 같은 수준의 정신력이 있다는 것을 아예 잊고 있었다고 해도 과언이 아니다. 정신주의의 또 다른 문제점은 자신의 전력을 과대평가하는 것이다. "백발백중의 포 1문이 백발일중의 포 100문을 제압한다(쓰시마 해전 직후 도고 사령관의 훈시)"는 식의 정신론은 해군 역시 예외가 아니었다. 일본군은 하와이 기습 작전에도 성공하고, 말레이시아 해전에서도 영국이 자랑하는 전함 프린스 오브 웨일스와 리펄스를 항공 공격으로 격침시켰다. 그러나 이 두 개의 패배에서 학습한 쪽은 일본군이 아니라 미군이었다. 미군은 대형 전함 건조 계획을 중지하고 항공모함과 항공기의 생산에 전력을 기울여 우세한 기동부대를 만들었다.

과달카날 섬에서는 정면에서 일제돌격이라는 러일 전쟁 이후 줄곧 이어 내려온 전법이 사용되었다. 이 일제돌격은 그다지 효과가 없었음에도 불구하고 그 후에도 몇 번이고 반복되었다. 또 그 후의 다른 전장에서도 일본군은 일제돌격만을 되풀이했다. 실패한 전법, 전술, 전략을 분석하여 그 개선책을 탐구해 조직의 다른 부분에 전파하는 학습 행위는 아주 놀라울 정도로 이루어지지 않았다. 이것은 사물을 과학적·객관적으로 보는 기본자세가 결정적으로 부족했다는 것을 의미한다.

또 조직 학습에서 없어서는 안 되는 정보의 공유 시스템도 제대로 갖추어지지 못했다. 일본군 안에서는 자유롭고 활달한 논의가 허용되지 않았기 때문에 개인이나 소수의 사람들만이 정보를 소유할 수 있었다. 따라서 조직 전체로 어떤 지식이나 경험이 전달되고 공유되는 일이 드물었다. 작전을 세우는 엘리트 참모는 현장으로부터 멀리 떨어져 있었기 때문에, 현지 사정을 잘 아는 사람의 의견이 반영되지 못했다. 그래서 틀에 박힌 전술 외에는 취할 것이 없었고, 결국 수많은 전장에서 똑같은 패턴의 작전이 실시되었고, 똑같은 패배를 맛보았다. 과달카날의 실패는 일본군의 전략·전술을 돌이켜 볼 수 있는 최초의 기회였지만, 일본군은 이 기회를 놓치고 말았다.

성공의 축적 역시 불충분했다. 앞에서 말했듯이, 여러 승리한 전투에서 그 승리 원인을 추출해 전략·전술의 새로운 개념을 만들고 이론화하는 시도가 없었다. 레이테 해전에 이를 때까지도 일본군은 여전히 함대결전사상에 빠져 있었고, 오키나와에서도 중앙부의 발상은 본토 최전선에서의 결전, 그리고 기동반격이라는 종래의 전략·전술에서 단 한 발짝도 벗어나지 못했다. 태평양 전쟁 전체를 통틀어 보더라도 일본군은 시종일관 학습을 게을리 한 조직이었다.

이에 비해 미군은 이론을 존중하고 학습을 중시했다. 홀시 예하의 미 제3함대 참모장 로버트 B. 커니 소장은 레이테 섬 공략을 앞두고 다음과 같이 말했다.

"그 어떤 계획이라도 이론이 없으면 안 된다. 이론과 사상에 기반을 두지 않는 계획이나 작전은 히스테리에 걸린 사람이 내는 목소리처럼 공기를 약간 진동시키는 것 외에는 아무런 구체적 효과를 거두지 못한다."

이렇게 이론을 존중하는 태도는 자연히 학습을 중시하도록 만든다. 미군에게 이론이란 다른 데서 주어지는 것이 아니라 스스로 만들어내는 것이었다. 미군은 1942년 말까지 과달카날에서 해병대가 저지른 실수를 분석하여, 어떤 공격이 효과적이었는지 어떤 방법이 실수였는지 완전히 파악했다. 실제 과달카날은, 미군이 1898년 이후 처음 감행한 상륙작전으로, 실험의 성격도 띠고 있었다. 이후 과달카날 작전은 다른 수많은 상륙작전의 지표가 되었으며, 미군은 다양한 전투를 동시에 또 다차원으로 전개하는 방법을 바로 이 과달카날에서 학습했던 것이다.

미군이 사실을 냉정하게 직시하고 정보와 전력을 중시하며 조직 학습을 촉진한 데 비해, 일본군은 때로 사실보다는 머릿속에서 그려낸 상황을 전제로 삼았다. 이런 이유로 일본군은 정보를 경시했을 뿐 아니라 전략상의 합리성도 확보할 수 없었다. 예를 들면, 미드웨이 섬 공략을 위한 도상연습을 실시했을 때 항공모함 아카기에 포탄 9발 명중이라는 결과가 나왔다. 그러나 연합함대 참모장 우가키 소장은 "지금 명중된 건 (9발의) 3분의 1인 3발로 한다"라고 선언, 단순한 소규모 피해로 처리한다. 그러나 항공모함 가가는 수차례에 걸친 공격을 받아 어쩔 수 없이 침몰이라고 판정할 수밖에 없었다. 그런데 미드웨이 작전의 뒤를 잇는 제2기 피지, 사모아 작전의 도상연습에서 침몰했던 가가가 다시 등장했다.

우가키 참모장의 이런 조치는 도상연습 참가자들의 사기 저하를 걱정했기 때문이라는 말이 있다. 즉 미일의 기동 함대결전이라는 전쟁의 중대 국면을 눈앞에 두고 막대한 피해 또는 패배를 시사하는 도상연습의 결과가 참모나 일선 지휘관의 자신감 상실로 이어지지 않을까 걱정했다는 것이다. 이런 배려 자체가 무의미한 것은 아니다. 하지만 도상연습은 작전 계획의 실행 가능성을 검증하고 문제점이나 개선책을 종합적으로 검토하기 위한 예습이었다. 미드웨이 해전의 결과는, 일본군 입장에서 본다면 도상연습의 결과보다 더욱 나빴지만, 작전 종료 후 통상 열렸던 작전 교훈 연구회도 이때는 열리지 않았다. 작전 담당 구로시마 선임참모는 전쟁이 끝난 후 다음과 같이 말했다.

"보통이라면 관계자를 모아서 연구회를 열었어야 했으나, 그렇게 하지 않았다. 왜냐하면 추궁해 봐야 허점만 드러날 뿐이고, 다들 충분히 반성하고 있고 잘못 역시 인정하고 있었기 때문에 굳이 채찍으로 때릴 필요가 없다고 생각했다"(요시다 도시오 《4인의 연합함대 사령관》).

이런 증언만 보더라도 대인 관계나 인맥을 우선시한 나머지 실패의 경험에서 적극적으로 배우려는 자세가 없었음을 알 수 있다.

이런 일본 육해군의 학습 경시 태도는 사관학교, 병학교, 육군대학교, 해군대학교라는 여러 종류, 여러 수준의 교육 방법과도 관련이 있다.

육군장교는 육군사관학교에서 양성되었고, 해군장교는 해군병학교에서 배출되었다. 또 육군대학교와 해군대학교를 설치하여, 사관학교나 병학교를 우수한 성적으로 졸업한 장교에게 수준 높은 전략·전술을 가르치는 기회를 제공했다. 일본군의 고급 지휘관과 참모 대다수는 이 두 교육기관을 졸업했다고 보면 된다. 이런 의미에서 이들 학교·대학교의 교육 시스템과 그 내용은 일본군의 조직학습 방향과 방법에 결정적인 영향을 주었다고 할 수 있다.

아니, 오히려 일본군의 조직 체질이 사관학교나 병학교, 그리고 육·해군대학교의 성격을 결정했다고 볼 수 있으니, 일방적으로 교육기관이 일본군의 학습 시스템을 규정했다고 하는 것은 어폐가 있을 수 있다. 중요한 것은, 이 두 요인이 떼려야 뗄 수 없을 정도로 묶여 있어, 이것의 문제점을 인식한다 하더라도 그 수정이나 변혁이 어려웠다는 점이다.

교육을 중시했다는 점에서는, 일본군도 외국 군대와 비교해서 결코 뒤떨어지지 않았다. 일본이 메이지 유신 이후 공업화에 급속히 성공한 것도 교육 제도의 확충을 빼고 생각할 수 없듯이, 일본군이 군사력을 단기간에 강화해 서구 열강에 버금가는 지위를 획득할 수 있었던 것도 병, 부사관, 사관, 고급장교의 각 수준에 맞게 교육 및 훈련을 실시했기 때문이다. 이 점에서 사관학교나 육군대학교 등의 전문 양성 기관이 담당했던 역할이 결코 작지 않았다.

그러나 비중이 결코 작지 않았기 때문에, 교육기관이 안고 있는 문제점들 역시 고스란히 일본군의 조직 학습에 부정적인 영향을 끼칠 수밖에 없었다. 일본군은 청일 전쟁, 러일 전쟁을 치르면서 많은 것을 배웠다. 즉 성공의 인과 관계 구조를 이해하고 습득했다. 그런데 시간이 지나면서 일본군 각급 교육기관은 주어진 목적을 가장 효과적으로 수행할 수 있는 방법을 기존의 여러 수단 가운데서 고르는 쪽으로 교육의 중심을 옮겨갔다. 학생들은 교과서나 교관을 통해 문제 해결 방법을 배울 뿐, 그들 스스로 목적이나 목표를 설정한다거나 변혁하는 일은 거의 없었고, 이는 허용되지도 않았다.

학생들 스스로가 찾아야 하는 것은 대부분 방법과 수단이었다. 때로는 목적 · 목표뿐만 아니라 방법 · 수단마저 교관이나 조교에 의해 주어져, 교관이나 조교가 지시한 것들을 기계적으로 암기해 충실히 수행하는 것이 가장 좋은 평가를 받고 또 널리 장려되었다. 이를테면 '모범 답안'이 준비되어 그 해답에 얼마나 근접한가로 평가하기에 이른 것이다. 사병 훈련에 쓰였던, 이른바 '발에 군화를 맞추는 것이 아닌, 군화에 발을 맞추는' 식의 교육 방법이 장교 훈련에도 점점 비중이 커졌다.

그러나 해군이 경전처럼 떠받들었던 〈해전요무령〉의 내용이 실제 전투에서는 단 한 번도 일어나지 않았다고 한다. 해군 용어에 '전동속행(前動續行)'이라는 말이 있다. 이것은 작전 수행에서 이제껏 해온 행동을 계속한다는 전투상의 개념이지만, 일본군 전체가 상황 변화의 소용돌이 속에 있었음에도 불구하고 '전동속행'을 반복했다.

학습 이론의 관점에서 본다면 일본군의 조직 학습은, 목표와 문제구조를 주어진 것 또는 일정한 것으로 보고 최적 답안을 찾는 학습 과정, 즉 '단일고리학습(simple-loop learning)'이었다. 그러나 원래 학습이라는 것은 어느 일정한 단계에서 멈추는 것이 아니다. 필요에 따라 목표나 문제의 기본 구조를 재정의해 변혁해 나간다는 보다 역동적인 과정이 존재한다. 어떤 조직이 주어진 환경에 적응해 오랜 기간 살아남기 위해서는, 자신의 행동을 끊임없이 변하는 현실에 비추어 수정하고, 나아가 학습하는 조직으로 탈바꿈하는, 이른바 자기혁신적 또는 자기초월적 행동을 포함한 '이중고리학습(double-loop learning)'이 반드시 필요하다. 일본군은 이 점에서 결정적인 결함을 지녔다.

과정이나 동기를 중시한 평가

노몬한 사건이 종료된 후, 그 책임을 묻는 인사이동이 실시되었다. 중앙부에서는 참모차장과 제1부장, 관동군에서는 군사령관과 참모장, 그 외에 제6군 사령관, 제23사단장 등이 전역하게 되었다. 그러나 작전 지도의 실질적 책임자였던 관동군 사령부 작전반장 핫토리 중좌와 노몬한 사건의 주 담당자였던 쓰지 소좌는 전역이 아니라 해당 지위에서 물러나는 가벼운 징계를 받았다. 제6군 사령관은 쓰지 참모가 자기 마음대로 제1선의 부대를 직접 지휘한 것은 군기를 어지럽힌 행위라면서 그 책임을 물어 전역시켜야 한다고 강하게 주장했다. 육군성 인사국장 역시 이 견해를 지지했다. 그러나 당시 참모인사를 장악하고 있던 참모본부 총무부장은 쓰지가 장래에 유용하게 쓰일 수 있는 인재라고 생각해 현역에 남겨 두었다. 나중에 핫토리와 쓰지는 각각 중앙의 참모본부 작전과장과 작전반장이라는 육군 통수부의 요직을 맡게 된다. 1942년 4월, 일본군이 필리핀 바탄 반도를 총공격했을 때 항복한 미군과 필리핀 포로를 사살하라는 대본영 명령이 내려졌다. 이것은 대본영에서 파견한 쓰지 참모가 독단으로 내린 명령으로 명백한 월권행위였다. 쓰지는 같은 해 7월, 파견참모로서 포트모르즈비 공략 명령을 다시 독단으로 내렸고, 이 명령으로 일본군은 중대한 피해를 입었다. 쓰지는 이어 과달카날에서도 현지 사령부의 의향을 무시한 가와구치 소장의 공격 루트 변경(정면에서 좌측으로 우회하는 것)을 적극 지지했으나, 이는 결과적으로 가와구치 소장의 파면을 초래하고 말았다. 쓰지 참모는 과달카날 전투에서 시종일관 총공격을 주장했다. 물론 "일체의 책임은 적 화력을 경시하면서 아직도 야전진지의 관념에서 벗어나지 못한 채 작전을 지휘한 나한테 있다. 이 죄는 죽음으로도 씻을 수 없다"고 자신의 잘못을 인정하기는 했으나 그의 주장 때문에 장병 대부분이 죽음을 맞이한 괴멸에 가까운 타격을 입고 말았다.

물론 이 모든 것이 쓰지 참모 한 사람의 책임은 아니다. 그러나 동시에 참모로서의 책임, 그것도 월권행위와 독단 명령을 포함한 중대한 책임이 쓰지에게 있는 것도 명백한 사실이다. 그럼에도 불구하고 일본군은 그 책임을 묻지 않았다. 노몬한의 사례에서 볼 수 있듯이 전투 실패의 책임을 단순히 전근으로 끝내고 말았다.

"게다가 이들 전근자들은 어느새 중앙부의 요직을 꿰차고 앉았다. 개중에는 대본영 작전과의 주요 자리를 차지한 자들도 있었다. 말만 좌천이었던 셈이다. 이것이 육군의 인사 행정이었다. 신상필벌은 육군 내부에서는 공정하지 않았다. 적극론자가 과실을 범할 경우 인사 당국은 너그럽게 봐주었다. 처벌한다 해도 그 대부분이 말뿐인 처벌이었다. 반면 신중론자는 비겁자 취급을 당하기 일쑤였으며, 게다가 혹시라도 과실을 범했을 때는 엄하게 책임을 묻는 경우가 적지 않았다.

이 같은 육군 인사 행정은, 잇달아 평지에 파란을 불러일으키는 저돌성을 조장하는 결과를 낳았다"(하야시 사부로 《태평양전쟁육전개사[陸戰概史]》).

이 지적을 보더라도 일본군은 결과보다 과정을 높이 샀다. 개별 전투에서 결과보다 지휘관의 의도, 또는 전투에 임하는 마음가짐이나 의지를 더 비중 있게 본 것이다.

가와구치 소장이 과달카날에서 파면된 이유는, 항공 기지로 돌격하려는 결심이 부족했기 때문이라고 전해진다. 그러나 이것은 앞에서 지적한 바와 같이 쓰지 참모의 지도에 의한 것이었다.

임팔 전투에서는 점령지인 코히마를 사수하라는 명령에 대하여 보급이 부족하다는 이유로 무타구치 군사령관의 명령에 반항, 철수해 버린 제31사단장 사토 고토쿠 중장의 책임 문제가 거론되었다. 그러나 육군부는 항명 사건의 책임을 물으면서도 정식 군사 재판을 열지 않은 채 "미쳤다"는 이유로 사토 중장에게 퇴역 처분을 내린다. 동시에 작전 전체의 책임자였던 무타구치 사령관도 군사령관의 직위에서는 물러났다. 그러나 훗날 육군예과 사관학교장으로 임명되는 등 책임 추궁 자체가 애매하게 끝나고 말았다.

개인의 책임 소재를 명확하게 물을 수 없었고, 평가 자체가 애매하게 이루어졌기 때문에 조직의 학습 능력은 떨어졌고, 그 결과 논리보다는 힘 있는 개인이 돌출 행동을 하는 게 가능했다. 이런 경향은 작전 결과를 객관적으로 평가하고 그 결과를 축적하는 것을 방해해 관료제 조직에서는 있어서는 안 될 하극상을 초래하기도 했다.

일본군에서도 해군은 꽤 공정한 인사평가제도를 가지고 있었다. 자기신고제도와, 직속상관, 직속상관의 상급자, 해군성 인사국 3자가 평가하는 트리플체크는 지금도 통용되는 시스템이기도 하다. 그러나 작전이나 통수에 대해서는 그 책임 소재를 제대로 묻지 않았다. 미드웨이 전투가 끝난 후 기동부대 지휘관이었던 나구모 사령관과 직속 부하였던 구사카 참모장은 처벌을 받기는커녕 오히려 "복수하라"는 의미에서 차기 작전 책임자로 발탁되었다.

1944년 3월 31일, 후쿠도메 시게루 참모장이 고가 미네이치 연합함대 사령관을 수행, 해군 2호기에 탑승해 다바오로 향하고 있었다. 그런데 도중에 비행기가 조난을 당하게 되어 소지하고 있던 최고 기밀문서가 끝내 미군 손에 넘어갔다(해군오쓰[乙]사건으로 불린다). 그러나 해군은 이 사건의 진상 규명을 위해 그다지 노력하지 않았다. 결국 기밀문서는 바다 속으로 가라앉은 걸로 처리되었고, 그 이후 작전 계획도 변경하지 않았다. 게다가 당사자였던 후쿠도메 중장은 징계는커녕 제2항공함대 사령관으로 영전하였다.

레이테의 반전에 대해서도 구리타 사령관 이하 제2함대 사령부의 책임은 일절 거론하지 않았다(구리타 사령관은 그 후 해군병학교장으로 취임했다). 이처럼 해군도 명백하게 실패했던 수많은 작전 계획을 조직 차원에서 반성하거나 비판을 포함한 적절한 평가를 내리지 못했다.

해군에는 해먹넘머(hammock number)라고 부르는 장교의 서열·진급 제도가 있었지만, 이것 역시 성적을 만능으로 보는 경향이 강해 대좌나 장성급의 평가에는 그리 적절치 못했다. 실제 병학교의 성적 우수자가 해군대학교에 진학, 그 중 상위 성적자가 장성으로 진급하는 경우가 압도적으로 많았다.

해군의 경우에는 꽤 여러 종류의 인사평가제도가 확립되어 있었다. 그런데 이 평가 제도가 비교적 운용 측면을 중시했기 때문에 공정성 시비에 말려들지 않으려고 해먹넘버를 중심으로 실시하게 된다. 그 결과 시간이 지날수록 역동적인 평가가 점점 힘들어졌다. 반면 육군에서는 참모와 기타 그룹이라는 두 가지 인사가 존재하였고 하극상 풍토도 강했기 때문에 힘 있는 사람이 무조건 좋은 평가를 받는 결함이 있었다. 또 업적 평가가 애매했기 때문에 신상필벌에서 합리주의를 관철시키는 게 쉽지 않았다. 결과적으로 평가에 있어서도 인정이 짙게 반영되었고 신상필벌도 상에만 급급했지 벌은 소홀히 했다.

미군의 인사 평가에서 주목을 끄는 시스템은, 니미츠 제독이 고안해서 킹 참모총장에게 제안한 해군 지휘관 인사 제도이다. 이 제도는 대령들 중에서 누구를 사령관급 소장으로(당시 미 해군에는 준장이 없었음) 진급시킬 것인가에 관한 기준을 제시했다. 먼저 순양함 이상급 함정에서 6개월 이상 함장으로 근무한 대령들 중에서 해군성 인사국이 적격자를 선발한다. 다음으로 9명 또는 11명의 제독으로 구성된 진급위원회가 투표를 실시한다. 이 투표 결과를 해군장관, 참모총장, 참모차장, 인사국장, 항공국장, 기타의 사람들이 모여 회의를 열어 4분의 3 이상이 찬성하면 진급이 결정된다. 진급 심사에 인정이 들어갈 여지를 배제함으로써 선발된 자는 그 결과에 자부심을 가질 수 있고, 또 낙선된 자는 노력하고 준비하여 다음 기회에 다시 도전할 수 있도록 유도할 수 있다고 니미츠는 생각했다. 이 평가제도에도 관료제 조직을 토대로 하면서도 조직이 경직되지 않게끔 역동성을 주입하려는 미군의 조직 특성이 반영되어 있다.

4

요 약

　우리는 이 장에서 노몬한에서 오키나와까지 6개의 패전 속에 담긴 일본군의 실패 요인을 전략과 조직이라는 두 가지 차원에서 검토했다. 이를 요약하면 표 3-3과 같다.

　여기서 나타난 일본군과 미군의 차이는, 하나씩만 본다면 어떤 의미에서는 그냥 정도의 차이만 있다고 생각할지도 모른다. 그러나 여기서 주목해야 할 점은 이러한 전략과 조직의 다양한 특성들이 각각 아무런 관계가 없는 것이 아니라 서로 일정한 상호 관계가 있다는 것이다.

　일본군의 예에서 본다면, 불명확한 목적은 단기결전 지향과 관계가 있고 전략 수립의 귀납적 방법과도 관련성을 지니고 있다. 명확한 전략 밑그림이 없을 경우 전략 대안들도 한정될 수밖에 없다. 단기결전 지향, 그리고 전체의 전략 목적이 명확하지 않으면 균형 잡힌 무기 체계가 나올 수 없다.

이것은 또 조직 목표와 구조를 동시에 바꿀 수 있는 이중고리학습을 제약한다. 인맥 중심의 집단주의 조직 구조는 인관관계를 중시하는 개인 중심의 통합을 낳게 되어 업적을 평가할 때도 결과보다는 동기나 투지를 중시하게 된다.

그렇다면 일본군은 왜 일련의 실패를 초래한 이런 전략과 조직 특성을 가지게 되었을까? 일본군은 왜 환경 변화에 적응하지 못했을까? 그 근본 원인을 살펴보는 것이 우리가 다음에 검토할 과제이다.

분류	항목	미군	일본군
전략	1. 목적	명확	불명확
	2. 전략 지향	장기결전	단기결전
	3. 전략 수립	연역적 (커다란 전략 밑그림)	귀납적 (인크리멘털리즘)
	4. 전략 대안	넓다	좁다 (통합전략의 결여)
	5. 기술 체계	표준화	일점호화주의
조직	6. 구조	구조주의 (시스템)	집단주의 (인맥, 인적 프로세스)
	7. 통합	시스템에 의한 통합 (태스크포스)	개인 중심의 통합 (인간관계)
	8. 학습	이중고리	단일고리
	9. 평가	결과	동기, 과정

표 3-3 전략과 조직 차원에서 미군과 비교한 일본군의 실패 요인

제 4 장

실패의 **교훈**
— 일본군 실패의 **본질**과 오늘의 **과제**

군사 조직의 환경 적응

3장에서는 일본군의 실패 원인을 미군과 비교하여 분석했다. 일본군의 전략은, 작전 목적이 추상적이고 다의성을 띠고 있었으며, 그 전략 지향은 단기결전이며, 전략 수립의 방법론은 과학적 합리주의보다 독특한 주관적 인크리멘털리즘에 기대고 있었다. 전략 대안의 선택폭은 좁았으며 통합성이 결여되어 있었다. 자원으로서의 기술 체계 역시 특정 부분을 극대화하는 이른바 일점호화주의로 전체적인 균형이 부족했다. 또한 일본군 조직은 본래 합리적이어야 할 관료 조직이 인맥을 기반으로 하는 집단주의와 혼재했고, 시스템에 의한 통합보다도 개인에 의한 통합이 지배적이었다. 학습은 기존의 틀을 강화하는 고정적 방향으로 치달았으며 업적 평가는 결과보다 동기나 과정을 중시했다. 이러한 원인을 종합하면, 일본군은

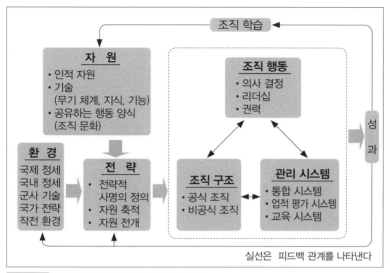

그림 4-1 군사 조직의 환경 적응 분석틀

자신들의 전략과 조직을 환경 변화에 맞게 바꾸지 못했다고 말할 수 있다. 따라서 이번 장에서는 일본군의 환경 적응 실패를, 그 근원에서부터 이론적으로 고찰해 보고자 한다.

일본군의 환경 적응 실패를 고찰하는 데 있어, 그림 4-1을 분석틀로 사용하려고 한다. 우리는 이 분석틀이 군사 조직의 환경 적응을 분석할 때 하나의 기준틀이 될 것이라고 생각한다. 여기에 나타난 군사 조직은 일본군 전체일 수도 있고, 육군 또는 해군을 나타낼 수도 있다. 아니, 육해군의 하위 조직으로 독립적인 전투 능력을 지닌 단위(사단 등)를 이 틀로 분석할 수도 있다. 즉 분석의 초점을 어디에 맞추느냐에 따라 여러 계층 차원의 분석이 가능해진다.

이 분석틀은 환경, 전략, 자원, 조직 구조, 관리 시스템, 조직 행동,

조직 학습이라는 7개의 개념으로 구성되어 있다.

먼저 환경이란 조직이 직면한 외부 환경을 말한다. 여기에는 국제 정세, 국내 정세, 군사 기술의 발전 단계, 국가 전략 등의 거시적이며 간접적인 환경에서부터 보다 직접적인 작전 환경 등이 모두 포함된다. 이 모든 환경 요인들은 조직에 기회와 위협을 가져다주어 조직으로 하여금 어떠한 의사 결정이나 조취를 취하도록 요구한다.

조직의 전략이란 외부 환경에서 오는 기회(opportunities)나 위협(threats)에 알맞게 대응할 수 있도록 조직의 자원을 축적하고 전개해 나가는 것을 말한다. 그러기 위해서 우선 조직의 전략적 사명(strategic mission)을 정의해야 한다. 즉 주어진 환경 요인이 군사 조직에게 어떠한 잠재적 기회와 위협이 되는지를 주체적으로 통찰하고 상대(적)와 나(아군)의 강점과 약점을 상대적으로 분석해 어떤 방향과 영역에서 아군의 자원을 가장 효과적으로 전개해야 하는지, 그에 관한 기본 밑그림을 그려야 한다. 둘째로 조직은 이런 밑그림에 기초해 필요한 자원을 축적하고, 이것을 운용할 수 있는 인재를 길러야 한다. 그리고 셋째로, 이런 과정을 거쳐 축적된 자원과 인재를 동원해 적의 약점을 찔러 아군이 우위에 설 수 있도록 전개할 필요가 있다. 일반적으로 전술은 전략보다 낮은 차원의 것으로 단기적이고 실전적인 측면을 띤다.

자원에는 수많은 종류가 있다. 일반적으로는 인적 자원과 물적 자원으로 양분되지만, 여기서는 기술과 조직 문화도 첨가하고자 한다. 기술에는 무기 체계라는 하드웨어뿐 아니라 조직이 축적한 지식이나 기능 등의 소프트웨어 체계도 있다. 조직의 지식이나 기능을 군사 조직에 대입하면 이는 전투 속에서 축적한 노하우에 해당할 것이다. 조직 문화는 조직 구성원이 공유하는 행동 양식의 체계이다. 조직 문화에 관해서는 뒤에 자세히 설명하겠지만, 조직이 과거에 환경에 적응하면서 보였던 행동의 결과로서 조직 구성원이 공유하는 규범적인 행동의 방법론을 의미한다. 군사 조직으로 따지면, 개별 전투에서 장교, 부사관, 병이 의식적 또는 무의식적으로 공유하고 있는 '전투 방법'이 조직 문화에 해당한다.

전략의 실행은 조직 구성, 관리 시스템, 조직 행동의 상호 작용을 통해 수행된다. 조직 구조는 조직의 분업이나 권한 관계의 안정적인 패턴이다. 이러한 것이 가장 잘 구현되어 있는 조직 구조가, 바로 관료제 조직이다. 조직 구조에는 공식적인 의사 결정 구조(예를 들면 참모본부나 사단 제도) 외에 비공식적으로 의사를 결정하는 인맥도 포함된다. 관리 시스템은 조직 구조 이외의 조직 통제 시스템으로써 통합 시스템(근접 항공지원 시스템, 병참 시스템 등), 업적 평가 시스템(진급 제도, 예산 제도 등), 교육 시스템(육사, 해군병학교 제도) 등 다양한 시스템이 존재한다. 조직 행동은 조직 내 구성원들이 서로 작용하는 과정으로서 의사 결정과 리더십, 파워(영향력 행사) 등이 끊임없이 일어나는 역동적인 조직 내 과정이다. 조직 구조나 관리 시스템 자체는 행동하지 않는다. 실제로 행동하는 것은 개인이며, 또 조직의 행동은 이 개인 간의 상호 작용에서 나온다. 그리고 조직 행동은 조직 구조나 관리 시스템의 영향을 받으면서 동시에 끊임없이 영향을 끼친다.

이들이 서로 작용하는 가운데 조직의 결과물이 생겨난다. 전략·전술이 의도한 것과 실제 결과 사이에 차이가 없다면 그 결과는 조직 문화를 더욱 강화하는 데 기여한다. 그러나 차이가 생겼다면, 전략과 그 실행이 주어진 환경이나 조건에 맞지 않았거나, 또는 늦었다는 것을 의미하므로 새로운 지식과 행동 양식을 탐색하여, 기존 지식과 행동 양식을 바꾸거나 혁신하는 작업이 요구된다. 참고로 기존 지식과 행동 양식을 버리는 것을 학습(learning)과 구분하기 위해 학습기각(unlearning)이라고 부른다. 이런 일련의 과정이 조직 학습인 것이다. 군사 조직은 이런 사이클을 반복하면서 환경에 적응한다.

조직의 환경적응이론은, 조직이 환경에 능숙하게 적응하려면 그 조직이 직면한 환경이 주는 기회와 위협을, 조직이 갖고 있는 전략과 자원, 조직 특성(구조, 시스템, 행동)과 서로 적합하게 맞추어야 한다고 지적한다. 이런 생각을 간단한 예로 설명하면 다음과 같다.

제국 육군의 전략·전술은 줄곧 대소련전을 대비한 것으로서, 자원(병력과 무기)과 조직 구조(부대 편성), 훈련, 연습지 등이 모두 북만주와 시베리아 환경을 가정하고 있었다. 그런데 제2차 세계대전이 발발하자 태평양 일대를 전장 삼아 미군과 싸우게 된다. 영하 30도의 기온에서도 작동할 수 있도록 제작된 대포와 장비는 고온 다습한 열대 지역에서는 충분히 기능하지 못했다. 그리고 조직 자체도 전장인 정글과 맞지 않았다(야마모토 시치헤이《한 명의 초급장교가

본 제국 육군》). 그리고 이렇게 전략과 자원, 조직, 환경이 서로 부적합하다는 것을 인식한 이후에도 제국 육군은 별다른 조치, 즉 자기 변혁을 위한 노력을 기울이지 않았다.

이렇게 생각하면, 조직의 환경 적응이란 조직의 전략, 자원, 구조의 일부 또는 전체가 환경에 부적합할지라도 이것들을 환경에 적합하도록 바꿀 수 있는 힘이 있는가가 핵심이 된다고 할 수 있다. 즉 어떤 조직이 환경에 계속 적응해 나가기 위해서는 조직 스스로가 변화하는 환경에 맞게 전략을 세우고 또 주체적으로 바꿔나가지 않으면 안 된다는 것이다. 이런 능력이 있는 조직이 바로 '자기혁신조직'이다. 일본군이라는 하나의 거대한 조직이 실패한 것은, 바로 자기 혁신에 실패했기 때문이다. 이렇게 말할 수 있으려면 보다 심도 있는 분석이 이루어져야 한다.

2

일본군의 환경 적응

앞장에서 우리는 일본군 실패의 원인을 6개의 사례를 통해 살펴보았다. 일본군의 전략과 자원, 조직이 작전 환경의 기회와 위협에 얼마나 적합하지 못했는지도 드러났다. 그러나 그 실패 원인들을 다각도로 분석하다보면, 그야말로 역설적이지만 "일본군은 주어진 환경에 너무나 잘 적응해 버리는 바람에 실패했다"는 결론에 이르게 된다.

진화론은 환경에 적응하지 못하는 것도 문제이지만, 지나치게 적응하는 것도 문제임을 지적한다. 공룡의 멸종 원인에 대한 설명 중 이런 것이 있다. 중생대의 공룡은 소나무, 삼나무, 소철 등의 포자식물을 먹기 위해 기능과 형태에서 환경에 철저히 적응했다. 그러나 너무 과도하게 적응해 버리는 바람에 기후나 수륙 분포, 식물이 조금만 변하더라도 다시 적응할 수 없었다는 것이다. 즉 "적응이 적응 능력을 방해한다(Adaption precludes adaptability)"는 말이다.

일본군에도 이와 똑같은 상황이 일어난 것은 아닐까? 이것을 우리의 분석틀을 이용해 밝혀보도록 하자.

전략 · 전술

원래 전략 · 전술(이하에서는 '전략'이라고 하겠다)이란 개별 작전에 따라 그 전략적 사명에 대한 정의가 달라진다. 그렇기 때문에 여기서는 각각의 작전에 쓰인 다양한 전략을 분석할 수는 없다. 대신 개별 작전들에서 공통으로 나타나는 전략의 원형을 살펴보려 한다.

일본군의 전략은 육해군 모두가 어떤 강력하고 일관된 '생각'에 지배당하고 있었다. 이런 전략의 생각이나 방법의 원형(본바탕)이라고 할 수 있는 것을 패러다임(paradigm)이라 부를 수 있다. 제국 육해군에는 각각의 강력한 전략 원형(패러다임)이 존재했다. 그리고 이 전략 원형이 언제나 전략적 사명에 영향을 끼쳤다. 제국 육군이 펼친 각각의 작전에서 공통된 표준이었던 전략 원형은, 육상 전투에서 승리를 거두기 위한 열쇠는 백병전에 의한 최후 총검돌격이라는 '생각'이었다. 이것이 바로 제국 육군의 '백병전사상'이다.

한편 그 기술 체계에서 알 수 있듯 근대적 합리성이 배어있던 제국 해군도 육상의 백병총검주의가 전투의 승패를 가른다는 것과 비슷한 종류의 사상, 즉 '함대결전'이라는 전략 원형을 가지고 있다. 그것은 해전에서 승패를 가르는 것은 함대끼리 벌이는 함포전이라고 보고, 해전의 승리는 결국 전함의 주포에 달려 있다고 보는 '생각'이었다. 각각의 전략 원형에 대해 구체적으로 살펴보자.

제국 육군은 세이난 전쟁'이나 청일 전쟁을 통해 우월한 화력이 승리를 좌우한다는 사실을 알았다. 또 현장 제1선에서는 일본군 화포의 사정거리나 위력이 부족하다는 불만의 목소리가 높았다. 그러나 이것들은 전쟁이 끝나면 언제 그랬냐는 식으로 잊혔고, 경포(輕砲)를 중시하는 일본군의 경향은 태평양 전쟁이 일어날 때까지 계속되었다. 근대전의 요소가 있었던 러일 전쟁을 경험했음에도 불구하고, 세이난 전쟁에 참전했던 지도자들은 반군의 돌격력이 매우 우수했다는 것과 러시아군도 보병의 근접 격투를 중시해 백병전 능력이 강했다는 것, 뤼순 전투에서 203고지의 최후 승리는 육탄돌격이었다는 것 등을 떠올려 결국 총검돌격주의로 기울었다.

백병전에 의한 총검돌격주의가 제국 육군의 전략 원형이었다는 사실은 1908년 5월 교육총감부가 발행한 〈전법 훈련의 기본〉 원칙에 명확히 나타나 있다. 이것은 일본 육군의 전법은 국력, 군의 편성, 민정, 예상 전장의 지형에 적합한 독특한 것이어야 한다는 것을 강조하면서 다음 네 가지 항목을 중시하고 있다(가네코 쓰네노리《병기와 기술의 세계사》).

---

* **세이난 전쟁(西南戰爭)** : 1877년 일본 서남부 가고시마에서 규슈 출신 지방 세력 사이고 다카모리가 메이지 정부를 향해 일으킨 내란. 영화 〈라스트 사무라이〉의 배경이 되는 전쟁 – 역주

(1) 무형의 정신적 요소가 최대의 전력임을 실제로 보여주었던 전쟁 모범 사례에 토대를 두고, 특히 군인 정신의 연마와 향상을 기할 것.

(2) 미래에도 전과 다름없이 예상되는 일본 육군의 물자 부족에 대비하기 위해, 특히 군대를 잘 단련할 것.

(3) 당분간 보병중심주의를 철저히 할 것.

(4) 보병 전투의 주안점은 공격 정신에 입각한 백병전이며, 사격은 적에 근접하기 위한 하나의 수단임을 명확히 할 것.

이와 같은 항목은 이후 비록 다소 수정은 있었지만 그 기본 원형은 전혀 바뀌지 않은 채 태평양 전쟁 말까지 유지되었다. 제국 육군으로서는 물적 자원보다 인적 자원을 구하는 데 돈도 적게 들 뿐만 아니라 더 쉽게 획득할 수 있었다. 또 인명을 존중하는 풍토가 상대적으로 희박했다. 그런 가운데 일본군은, 화력을 중시했던 미군에 맞서 백병전을 중시하는 패러다임을 정신주의 수준까지 높였다고 할 수 있다.

한편 해군의 함대결전주의는 일본 전래의 병법을 답습하고 쓰시마 해전에서 검증한 다음 체계를 갖추었다고 할 수 있다. 1905년의 쓰시마 해전은 세계 해전사에서 그 유례를 찾아보기 힘들 정도로 완벽한 승리를 거둔 전투였다.

일본 함대는 도고 사령관이 적 함대 바로 앞에서 유턴하고, 우에무라 사령관이 적 퇴로를 차단한 채 서쪽으로 방향을 틀어 발틱 함대를 동서 양쪽에서 집중 포격했다. 5월 27, 28일 이틀 동안 벌어진 해전에서 발틱 함대는 전함 8척 중 6척이 격침당하고 2척 나포, 순양함 9척 중 5척 격침, 1척 자침(스스로 침몰함), 3척 무장해제, 그리고 해상방위함 3척 중 1척 격침, 2척 항복이라는 대패를 경험했고 가장(假裝) 순양함 1척과 구축함 2척만이 목적지 블라디보스토크에 도착할 수 있었다. 적 함대의 전사자 수가 4,524명, 포로가 6,168명이었던 것에 비해 일본군 연합함대의 피해는 어뢰정 3척 격침, 전사자 116명, 부상자 570명에 불과했다. 그야말로 세계 해전사에 남을 완승이었다.

이 해전의 승리는 당연 일본 해군의 전략 원형에 큰 영향을 미쳤다. 즉 함대결전은 해군 작전의 진수이며, 함대결전에서 승리한다면 전쟁 그 자체의 승패에도 결정적인 영향을 줄 수 있다는, 함대결전주의가 쓰시마 해전의 완승에서 탄생했다고 해도 과언이 아니다.

그리고 쓰시마 해전 이후 제국 해군의 가상의 적이 미국 해군으로 바뀌었을 때에도, 쓰시마 해전의 함대결전을 재현하면 대미 해전에서도 쉽게 승리할 수 있다는 생각을 점점 강화해 나갔다.

이처럼 제국 육해군의 패러다임은 각각의 전략 구성 요소인 전략적 사명의 정의, 자원 축적, 자원 전개의 방법을 시종일관 규정했던 근원이었다.

자원

일본군은 자신들의 전략에 맞추어 자원을 축적해 나갔다. 자원에 따라 전략이 결정되기도 하지만, 전략이 잘 풀려 나가면 자원을 축적하고 전개하는 유형을 결정하기도 한다.

제국 육군은 백병총검주의에 적합하게 자원을 축적하는 데 힘썼다. 양적으로 충실한 인적 자원은 백병전을 수행하기 위한 기본 전제였을 뿐 아니라 물적 자원이 빈약한 국가 사정을 고려할 때 상대적으로 축적하기가 쉬웠다. 반면 총검 백병전을 높이 평가하는 바람에 근대식 무기와 장비를 축적하는 데에 충실하지 못했다.

제2차 세계대전에서 사용된 각국의 소총이나 기관총은 제1차 대전형(型)이거나 또는 이를 개량한 것이었다. 소총은 볼드 액션 형식의 수동연발총이 주류였으나, 오직 미군만이 1936년에 자동소총 M1을 제식 무기로 도입했다. 일본군은 1906년에 도입한 38식 보병총으로 태평양 전쟁에 나섰다. 38식 보병총은 러일 전쟁 때에 사용되었던 30연식 보병총을 개량한 것으로 만주의 모래가루에 견딜 수 있도록 노리쇠 덮개를 붙인 것이었다. 과달카날 탈환을 노린 이치키 지대가 밤중에 백병 총검돌격 전법으로 기습 공격을 펼쳐 단숨에 비행장에 돌입하기로 계획했을 때 장병들이 휴대했던 총도 바로 이 38식 보병총이었다. 제국 육군의 대미 전투는 38식 보병총과 더불어 시작되었다.

또 제국 육군은 1925년에 전차 부대를 창설하긴 했지만 전차의 쓸모에 대해서 줄곧 회의적이었다. 제2차 세계대전이 발발하기 전까지 서양 열강의 전차 운용 방식은 다음 3가지로 요약된다.

(1) 보병이 주력이고 전차로 보병전력을 강화한다(따라서 보병의 속도에 맞춘 보병직협전차[步兵直協戰車]를 개발한다).

(2) 전차를 주력으로 하며 여기에 보병, 포병, 공병 등이 지원 전력으로 참여해 파괴와 기동 작전을 수행하는 모든 병과를 통합한 전투단으로 기능한다(따라서 전투용 전차로 중 · 중[中 · 重]전차를 개발한다).

(3) 기병을 기계화하여 경쾌한 기동력을 살린다(따라서 경전차나 순항전차를 개발한다).

제국 육군은 프랑스의 전차 운용술을 모방해 경량소형 전차를 많이 만들어 보병을 지원하는(직협전차) 방침을 채택했다. 또 기병이 전통의 방식을 고집하는 등 다른 나라처럼 기계화 부대로 변신하려고 하지 않았기 때문에 1924년에 전차를 보병의 일부로 키워나가기로 결정했다. 1934년, 제국 육군은 모든 병과를 연합한 기계화 부대인 독립혼성 제1여단을 창설하지만, 제1여단은 불과 4년 만에 해산되어, 관동군은 독립 전차 부대에 모든 병과를 임시로 배속하는 편법으로 노몬한 전투에 나섰다(가도카와 고타로《제국 육군 기갑 부대》).

이처럼 보병이 펼치는 백병전을 제일 중시했던 발상에서 95식 경전차, 97식 중(中)전차 등이 개발되었다. 그러나 화력과 방호력이 낮아 제2차 세계대전 중의 열강 전차들과 경쟁이 되지 못했다. 예를 들어, 97식 중전차의 포탄은 57밀리미터 유탄포였는데 이 포로는 보병직협의 영역을 벗어나지 못해 전차끼리의 전투를 기대할 수 없었다. 전차의 위력이 약하다는 것은 그렇다 치더라도, 강력한 대(對)전차 장비(대전차 전차, 대전차 포, 대전차 지뢰 등)도 전혀 개발되지 못해, 결국 마지막에는 장병이 직접 지뢰나 폭약을 들고 전차로 뛰어드는 장면을 연출했다. 백병제일주의라는 전략 원형 때문에 제국 육군은 38식 보병총, 38식 야포와 95식 경전차, 97식 중전차를 중심 기술 자원으로 삼아 태평양 전쟁에 나선 것이다.

한편 해군은 적을 상대하기 전에 우선 자연 환경과 싸워야 했다. 자연과의 싸움에서 승리하기 위해서는 과학과 합리적 사고가 필요하다. 이런 특수한 환경 때문에 해군은 육군보다 훨씬 합리적일 가능성이 높았지만, 대함거포주의라는 전략 원형을 중심으로 각종 자원을 육군보다 더 철저하게 축적해 갔다. 〈해전요무령〉에 나온 것처럼 해군은 시종일관 전함 부대를 주체로 삼아 함대결전을 펼치고, 여기에 항공 부대와 잠수함 부대가 지원하도록 전략을 짜고 있었다. 따라서 기술 체계는 이런 생각을 축으로 전개되었다.

제국 해군은 워싱턴조약 및 런던조약 때문에 전력 숫자에서 열세를 면할 수 없었고, 이를 만회하기 위해 배를 건조하는 하드웨어 면에서는 개별 전함의 성능을 끌어올리는 정책을 구사했고, 소프트웨어 면에서는 소수 정예를 키우고 장인의 솜씨 같은 조작 기술을 익히도록 장려했다. 이 개별 전함 우선주의의 전형이 바로 야마토와 무사시였다.

이런 대함거포주의 전략을 보다 구체적으로 말한다면, 선제와 집중을 강조해 '공격이야말로 최고의 방어'라는 생각과 연결된다. 따라서 제국 해군은 이러한 패러다임에 맞지 않는 해상교통보호(구식 함정들로 임시 편성해 충당했다), 방공 및 함정 방어(피폭시 화재에 약했다), 항공기 방어(예를 들어, 제로센은 완전 무방비 상태였고, 1식 육상 공격기는 '1식 라이터'로 불릴 정도로 화염에 취약했다), 잠수함의 운용(상선 파괴보다 함정 공격에 동원되었다) 등에 자원을 축적하는 데 소홀했다.

조직 특성

조직 구조, 관리 시스템, 조직 행동으로 구성되는 조직 특성도 모두 일관성 있게 제국 육해군의 전략을 지원하도록 설계되었다. 일본군이 전략에 적합한 조직 특성을 어떻게 발달시켰는지 구체적으로 살펴보자.

(1) 조직 구조

일본군은 조직 통합이 약했다는 지적을 많이 받았는데, 이것 역시 조직의 전략 적합성이라는 것과 관련이 있다. 일본군은 미군처럼 육해공 기능을 하나로 관리했던 최고 군사 조직인 합동참모본부가 없었다. 대본영이 있긴 했지만, 육해군 작전을 통합 검토할 수 있는 곳이라기보다는 오히려 각자의 이익을 추구하는 협의체에 불과했다. 이것은 통수권 문제와도 관계가 있지만, 역시 일본군의 전략 원형에 영향을 받지 않았을까 생각된다.

백병총검주의와 대함거포주의 때문에 군사적 합리성을 추구하고 기술을 통합해야 할 필요가 크지 않았다. 처음부터 일본 육군과 해군의 가상 적국이 달랐다. 메이지 시대부터 육군은 줄곧 소련을 가상 적국으로 한정하다시피 해 북만주의 넓은 초원을 전장으로 예상하고 대륙 작전을 구상했다. 대륙에서 운용될 전략 · 전술을 연구하는 것을 기본으로 생각해, 미국을 상대로 태평양 제도에서 펼치는 공방전에 대한 연구는 거의 기대할 수 없었다. 물론 미국 본토에 대한 상륙작전도 생각지 못했다.

이에 비해 해군은 가상의 적을 미군으로 설정했다. 따라서 전함을 중심으로 한 윤형진을 펼쳐 태평양으로 건너오는 미 함대를 요격하는 것이 핵심이었다. 이런 전략을 생각하게 된 출발점은, 동쪽으로 항해하던 발틱 함대를 거의 전멸시킨 쓰시마 해전의 교훈이었다. 이는 미 주력 함대가 일본 근해에 가까워지기 전에 남태평양 섬들에서 출격한 항공기와 잠수함으로 선제기습을 감행해 적의 숫자를 줄인 뒤 최종적으로 연합함대의 함대결전을 통해 단번에 제해권을 획득한다는 단기결전사상이었다. 따라서 전진 기지의 중요성은 인식하면서도 태평양 섬들에서 펼쳐질 장기 육상전은 처음부터 고려하지 않았다.

이렇게 가상 적국(환경)을 서로 다르게 설정한 것은 조직의 성격에도 영향을 미쳤다. 예를 들면 다음과 같은 지적이다.

"육해군은 그 성질상 육군은 대륙에서, 해군은 해양에서 활동한다. 작전을 펼칠 때도 육군은 땅에 발을 딛고 태연했던 반면에, 해군은 해상을 가로 지르며 시시각각 변화해야 했다. 육군이 정(靜)적이라면 해군은 동(動)적이라고 할까, 육군은 심사숙고하는 경향도 있어 한번 방침을 정하면 거의 변경하지 않지만, 해군은 정세의 변화에 따라 쉽게 방침을 변경한다. 좋게 말하자면 육군은 심지가 굳은 듬직한 성격이었고, 해군은 융통성 있고 매우 유연했다. 하지만 나쁘게 말한다면 육군은 완고한 귀머거리였고, 해군은 줏대가 없었다"(다카야마 시노부《참모본부 작전과》).

조직의 환경적응이론에 의하면, 역동적인 환경에 유효하게 적응하려면 조직 내 기능을 세밀히 분화하면서 동시에 강력하게 통합하지 않으면 안 된다. 즉 '분화(differentiation)'와 '통합(integration)'이라는 상반된 상태를 동시에 극대화할 수 있는 조직이 환경 적응력이 뛰어나다. 분화라는 것은, 앞의 인용문에서 시사하고 있듯이, 환경 특성에 따라 조직 구성원의 목표, 시간, 인간관계에 대한 태도나 그 관점이 달라지는 것을 의미한다. 보다 구체적으로 말한다면, 조직 구성원의 목표지향성, 시간지향성, 대인지향성에 차이가 생긴다는 것이다. 일본군의 분화를 단순화시켜 본 것이 표 4-1이다.

여기에 공군을 대입해 본다면, 예컨대 그 시간지향성은 시속 300~400킬로미터이므로 분화는 보다 증대될 것이다. 환경이 복잡해질수록 그 복잡성에 대응하기 위해 조직은 보다 분화하지 않으면 안 된다. 문제는 이러한 분화를 어떻게 통합할 수 있느냐이다.

	환경(가상 적국)	목표지향성	시간지향성	대인지향성
육군	소련군	대륙에서 펼치는 백병전	시속 4~5킬로미터	감정적
해군	미군	태평양에서 펼치는 함대결전	20~30노트 (시속 40~60킬로미터)	합리적

표 4-1 단순화한 일본 육군과 해군의 분화

미군에는 합동참모본부라고 하는 통합 부서가 있었다. 이로서 육해군 부대의 전략과 운용을 하나로 통합할 수 있는 길이 확보되었고, 육해군 사이에 기본적인 갈등(conflict)이 있을 때는 대통령이 통합 역할을 맡아 갈등을 적극 해소했다. 반면 일본군은 대본영이라는 통합 부서가 있었음에도 강력한 통합 기능을 보유하지 못해 육군은 소련-백병총검주의, 해군은 미국-함대결전주의라는 목표지향성의 차이를 마지막까지 조정하지 못했다. 기본적인 갈등이 생겨났을 때에도 천황이라는 실체 없는 통합 기구에서 애매하게 처리되기 일쑤였다.

전투 조직에 대해서도 제국 해군은 기동부대를 만들어 항공을 우선시하는 조직 구조를 갖추기도 했지만, 태평양 전쟁이 끝날 때까지 전함 우위의 편제를 유지했다. 이에 비해 미 해군은 진주만 기습 이후, 처음에는 일본 해군의 나구모 기동부대를 흉내 내어 기동부대(Task Force)를 만들었지만, 나중에 일본 해군보다 훨씬 세련되게 만들었다. 예를 들어, 미 해군은 1척의 항공모함을 중심으로 반경 1,500미터 원둘레를 그려 그 위에 전함, 순양함, 구축함 등 모두 9척을 같은 간격으로 배치하는 윤형진 대공방위 시스템을 개발했다.

항공모함에 돌격해 들어오는 폭격기는 항모를 둘러싼 함정들에 의해 격추되었고, 뇌격기는 목표물인 항모에서 1,500미터 떨어진 곳에서 어뢰를 떨어뜨리기 위해 속도를 늦추어 저공비행하는 순간 격추되었다. 나구모 부대에서는 윤형진을 형성하는 경계함이 적었기 때문에 항모를 1척씩 나누는 것이 불가능했다. 따라서 항모 4척을 5킬로미터의 거리를 두고 정면으로 배치하고 그 바깥쪽 중간 거리에 경계함을 흩어 놓는 전법을 선택했으나, 레이더가 없었던 경계함이 고사포와 기총만으로 항모로 돌격하는 적기를 격추시킨다는 것은 무리였다. 일본군 항공모함은 자신들을 향해 돌격해 오는 적기를 스스로 방어할 수밖에 없었다(오다 슌이치 《제국 해군은 왜 패배했는가》).

일본 육군 역시 보병, 화포, 항공기의 유기적 통합이 이루질 만한 조직이 아니었다. 백병전을 전개하는 보병이 중심인 조직이었고, 보병과 포병이 서로 분리된 채 전투에 나서기도 했다. 1934년에 모든 병과를 연합한 기계화 부대가 창설되었으나 겨우 4년 만에 해체되었다.

이에 비해 태평양 전쟁에 나섰던 미군은 상륙작전이라는 원리와 그 방법을 개발했다. 이를 위해 미군은 특수한 군대, 즉 해병대를 발전시켜 육해공을 유기적으로 통합한 독특한 조직을 만들어냈다.

(2) 관리 시스템

일본군의 주요 관리 시스템으로는 인사 승진 시스템, 업적 평가 시스템, 교육 훈련 시스템 등이 있었는데, 이들 시스템 역시 전략 사상과 마찬가지로 러일 전쟁에서 비롯되었다. 일본군은 기본적으로 연공서열의 인사 승진 시스템이었다. 따라서 육군의 수뇌부는 보병과(科) 출신의 장군이 독점하고 있었고, 해군 역시 포술과(砲術科) 출신의 제독이 주요 요직을 점하고 있었다. 예를 든다면, 개전 시의 연합함대 10명의 사령관 중에서 포술계(砲術係)는 야마모토 이소로쿠, 다카스 시로, 곤도 노부다케, 다카하시 이보의 4명, 수뢰계(水雷係)가 나구모 주이치, 호소가야 보시로, 시미즈 미쓰미, 오자와 지사부로의 4명, 항해계(航海係)는 이노우에 시게요시 1명, 마지막으로 쓰카하라 니시조는 유일한 항공계였다.

전시에도 일본군은 미군과 같은 능력 위주의 발탁 인사가 없었다. 장성 인사는 평시의 진급 순서를 기준으로 실시되었다. 따라서 인사 승진 시스템은 기존의 가치를 강화하는 측면이 있었고, 이 시스템을 바꾼다는 것은 상상하기 어려웠다.

교육 시스템으로는 대표적으로 앞에서 언급한 바와 같이 육군사관학교, 해군병학교, 그리고 그 위에 육군대학교, 해군대학교가 있었다.

교육 내용에 관해서는, 해군병학교에서는 이학과 수학 과목을 중시했고, 또 성적에 따라 서열이 매겨졌기 때문에 태평양 전쟁 당시의 해군 제독 대부분은 이학과 수학 능력을 평가받아 진급했다. 육군사관학교에서는 이·수학보다도 전술을 중심으로 한 군무(軍務) 중시형 교육이 실시되었다. 이해력이나 기억력이 좋고(이것은 이·수학 중시형 교육에도 필요한 것이지만), 거기에 행동력 있는 생도가 좋은 성적을 거두었다. 그러나 육군의 경우에는 해군과 다르게 육사의 성적보다 육대의 성적이 진급을 결정했다. 육대 졸업자는 기억력, 데이터 처리, 문서 작성 능력이 뛰어나 사무 관료로서 그 능력을 발휘했다. 메모광이며, 엄청난 기억력으로 사람들을 놀랜 도조 대장이 좋은 예가 될 것이다(구마가이 고히사《태평양 전쟁 장수론》).

이러한 교육 시스템을 배경으로 실무 스타일의 육군 장교와 이학과 수리에 강한 해군 장교가 태평양 전쟁의 리더로 배출된 것이다. 그러나 어느 쪽에도 공통되었던 것은, 이들 인재들이 독창성보다는 암기와 기억력을 강조하는 교육 시스템 속에서 길러졌다는 점이다.

이런 획일화된 교육에서는 성적이 진급을 좌우하는 바람에(특히 연공서열을 중시한 조직에서는 학교 성적이 가장 동의를 얻기 쉬운 업적 평가 기준이 되므로), 어떤 업무든 조리 있게 정리하고 기억하는 사람이 경력 관리를 잘하는 사람이었다. 이런 교육을 받아 생긴 행동 양식은 전투가 평시의 훈련처럼 정해진 시나리오대로 전개되면 아무런 문제가 없다. 그러나 언제 비상사태(컨틴전시)가 일어날지 모르는, 불확실성이 높은 상황에서는 스스로 판단을 내리지 못해 제 기능을 충분히 발휘하지 못할 것이다. 함대결전주의나 백병총검주의를 고수했던 것도 이런 교육 시스템의 산물이었다.

(3) 조직 행동

조직 행동에서는 리더십의 문제를 다루어 보고자 한다. 여기서는 평소의 리더십 행동 특성을 분석할 수는 없지만, 그 행동 주체인 리더에 대해서 고찰하는 것은 가능하다. 일본군에는 조직 구성원이 평소 생활에서 관찰할 수 있고, 또한 행동의 모범으로 삼았던 리더나 영웅들이 존재했다. 영웅이란 조직의 수많은 구성원들이 생각과 행동의 표준으로 삼는, 다시 말해 조직의 가치를 몸소 실현하는 사람을 의미한다. 이러한 영웅은 보통 그 조직을 만들어낸 창시자에서부터 특정 성공을 거둔 장군이나 병사에 이르기까지 다양하게 존재한다.

제국 육해군의 백병총검주의나 대함거포주의라는 패러다임을 구현한 리더나 영웅은 아마도 노기 마레스케와 도고 헤이하치로까지 거슬러 올라갈 것이다. 태평양 전쟁의 여러 전투에서 주목을 받았던 장병들은 아마도 어떤 형태로든 이들의 전략 원형을 몸소 실현하거나 계승했던 사람들이었다.

예를 들어 과달카날에 투입되었던 이치키 기요나오 대좌는 1937년 7월 루거우차오 사건 당시 대대장이었으며, 태평양 전쟁에서는 연대장급 중에서 야전 경험이 가장 풍부한 선임 연대장이었다. 과달카날 섬 제2차 총공격의 주력 부대였던 센다이 제2사단 역시 야습에 강한 전통의 사단으로, 1904년 8월 26일의 요양회전*에서 적

---

* **요양회전(遼陽會戰)** : 러일 전쟁 당시 중국의 요양(랴오양)에서 벌어진 전투
  - 역주

주요 진지 '궁장령(弓張嶺)'을 밤중에 대규모 기습 공격을 펼쳐 탈환한 역사가 있었다. 쇼지 도시오나리 대좌는 그 휘하의 용맹했던 와카마츠 마노리 소좌가 결사 돌진을 감행해 인도네시아 반둥 요새를 맨 처음 점령한 전력이 있었다.

임팔 작전의 무타구치 렌야 중장은 루거우차오 사건 당시 베이징 연대장이었다. 태평양 전쟁이 시작되자 제18사단장으로서 싱가포르 공략의 제1선에서 싸운 뒤 곧바로 버마 공략전에 참가해, '귀신처럼 빠르다(神速)'는 별명이 붙을 정도였다. 다나카 노부오 중장은 만주 사변 당시 마점산을 토벌해 명성을 얻었고, 임팔 작전에서는 '비센푸르 70일 포위전'을 전개하면서 (러일 전쟁 당시) 뤼순 요새를 육탄으로 공략했던 노기 마레스케 장군의 고사를 본따 반복 돌격으로 뚫으려고 했다. 미야자키 시게사부로 소장은 노몬한 사건의 유일한 '불패 연대장'으로서, 임팔 작전에서는 우측 돌격대장으로 "산 정상에는 시원한 바람, 계곡에는 맑은 물줄기(山頂凉風, 溪谷淸流)"를 노래 부르면서 돌진해 히요도리고에 작전의 일환이었던 코히마를 점령했다. 오키나와전의 조 이사무 중장은 1938년 7월 장고봉 사건 당시 연대장으로서 호탕하고 대담한 행동으로 적의 간담을 서늘케 했다.

야마모토 이소로쿠 (연합함대) 사령관은 일본 해군의 현역 제독 중에서 러일 전쟁에 참전해 부상당한 경험이 있는 유일한 사람이었지만, 대함거포주의를 비판하며 항공 전력을 중시했던 우수한 전략가였다. 그렇지만 그 전략 구상은 진주만 공격과 미드웨이 작전에서 볼 수 있듯이 단기결전사상의 영향을 강하게 받았다. 즉 그의 전략은, 해상 작전의 미래를 철저히 규명한 뒤에 구상한 작전이 아니었다(지하야 마사타카《일본 해군의 전략 발상》). "대세에 밀려 어쩔 수 없이 나서야 하는 상황이라면, 함대 담당자로서 판단하기에 평범한 작전으론 안 될 것 같음. 결국 오케하자마와 히요도리고에, 그리고 가와나카지마를 모두 동원하지 않으면 안 되는 상황이다"라고 말했던 것처럼 개전 시의 연합함대 작전 계획은 전통의 함대결전사상과 야마모토 사령관의 생각이 뒤섞인 타협안이었다. 이것은 비록 제국 해군의 전투 지속 능력을 냉철하게 분석해 만든 것이었지만, 이노우에 시게요시 중장이 주장했던 지구전도 고려한 항공 전력 중시 구상과는 달랐다. 이러한 점에서 "러일 전쟁의 교훈으로 태평양 전쟁에 임했다"고 지적되고 있는 것이다.

나구모 주이치 중장은 수뢰계 출신으로 진주만 작전에 소극적이었으며, 기습이 성공한 뒤에도 제2차 공격을 실행에 옮기지 않은 채 귀환하였다. 그는 미드웨이 해전에서도 항공기를 이용한 전투 방식을 이해하지 못했던 함대결전의 신봉자였다. 미카와 군이치 중장은 제1차 솔로몬 해전에서 어뢰 공격을 동원한 야간 대기습 공격에 성공해 전과를 올렸지만, 양륙 중이던 적 수송선단 30여척은 보고도 그냥 지나갔다. 레이테 해전의 구리타 다케오 중장도 나구모 중장과 같은 수뢰계 출신이었다. 그는 1942년 9월 과달카날 섬 포격을 지휘한 실전파 지휘관이었지만, 처음의 임무였던 레이테 만의 수송선단을 공격하지 않은 채, 미 함대와의 화려한 함대결전을 위해 레이테 만 입구에서 반전해 버리고 말았다.

일본군 조직 구성원들이 매일같이 보고 배우는 리더들 대부분은 백병전과 함대결전이라는 전략 원형을 어떤 형태로든 구현한 사람들이었다. 조직의 전략 원형이 말단까지 침투하기 위해서는 조직 구성원이 특정한 의미나 행동을 매개로 하여 새로운 관점이나 행동 양식을 내면화하는 것이 필요하다. 이렇게 패러다임을 침투시키는 데에는 무엇보다 조직 리더의 언행이 큰 영향력을 끼친다. 이들 리더는 일상에서 의식적 또는 무의식적으로 부하들에게 자신들이 경험한 여러 체험들을 전투와 직결되는 언어와 비유를 사용해 설명한다. 즉 조직의 패러다임이 스승이 매일 보여주는 리더십 행동을 통해 전해지는 것이다. 연공서열형의 조직은 인간관계가 형성되기 쉬우며 또 리더의 과거 성공 체험이 조직의 상부 구조에 계속 축적되기 때문에 가치의 계승은 일부러 노력하지 않아도 매일의 생활에서 이루어진다.

이렇게 리더십을 축적함으로서 전략·전술의 패러다임은 조직 구성원들이 공유하는 행동 규범, 즉 조직 문화로까지 발전한다. 결국 조직 문화는 눈길을 끌고자 하는 이벤트가 아니라 아주 평범하면서도 조그마한 일상에서 벌어지는 여러 상호 작용이 축적되어 형성되는 경우가 많다.

조직 학습

조직은 학습하면서 진화한다. 즉 조직은 그 성과를 통해 기존 지식을 강화하고 수정하거나 또는 폐기하면서 새로운 지식을 획득한다. 조직 학습(organizational learning)이란 조직의 행동과 결과 사이에 있는 인과 관계에 관한 지식을 강화하거나 바꾸는 조직 내부의 과정이라고 할 수 있다. 그렇지만 조직은 개인의 두뇌에 견줄 만한 두뇌를 갖고 있지 않으며, 또 그 자체로 학습하지 못한다. 학습하는 것은 어디까지나 조직 구성원 한 사람 한 사람이다. 따라서 조직 학습은 조직 구성원이 하는 학습이 서로 공유, 평가, 통합되는 과정을 거쳐 비로소 생겨난다. 조직은 이러한 학습이 일어나도록 개별 구성원을 자극하고 그 학습 성과를 축적해 전달하는 하나의 학습 시스템이 되어야 한다. 조직은 마치 배우 한명 한명이 드라마의 레퍼토리를 연기하는 무대라고 할 수 있다.

일본군은 기존 지식을 강화한다는 면에서는 정말 잘 학습했다고 할 수 있다. 그리고 실제로 제국 육군의 백병총검주의는 성과가 결코 나쁘지 않았다. 만주 사변, 중일 전쟁 등에서는 근대식 육군이라고 말하기 힘든 중국군과 대결해 충분히 그 기능을 발휘했다. 또 태평양 전쟁에서는 처음에는 그야말로 연전연승이었다.

태평양 전쟁에서 제국 육군이 처음으로 경험한 대전투는 홍콩 공략전이었다. 당시 영국군의 경계가 허술한 틈을 노려, 제국 육군 제1선의 보병 1개 대대가 주요 진지선이었던 진 드링커스 라인의 핵심 지점을 기습 점령했는데 이것이 전투를 승리로 이끈 계기가 되었다. 말레이시아 반도의 코타바하루 상륙전에서도 준비 포격 없이 다쿠미 소장의 사단 약 5,000명이 기습 상륙해 사단장 스스로 선두에 나서 제1선을 뚫고, 그 후에도 번개와 폭우를 뚫고 야습을 감행해 비행장과 주변 일대를 제압했다. 게다가 태국 싱고라에 상륙한 제5사단의 선봉 사하쿠 수색 연대는 불과 581명임에도 불구하고 제5사단 주력의 공격로를 열기 위해 어둠 속을 돌진해 6,000명의 영국군이 지키고 있던 견고한 지트라 진지 라인을 불과 하루 만에 돌파하는 용맹성을 보였다. 이러한 속공 성과는 전술적으로 설명하기 힘든 것이었다. 그 후에도 쾌속 진격을 계속했던 제1선 부대는 자전거를 이용한, 이른바 '은륜 부대'로 연대장 이하 전원이 자전거를 타고 달려 영국·인도군의 속도를 초월해 돌진을 감행했던 것으로 유명했다.

만주, 중국에 이어 홍콩과 싱가포르에서도 백병총검으로 연승을 거두자, 일본군은 화력에 기대지 않고도 충분히 승리할 수 있다는 자신감을 갖게 되었고 당연 백병총검주의를 더욱 강화하는 계기가 되었다.

제국 해군은 성과보다는 오히려 전함 중심의 무기 체계, 연합함대 중심의 조직 편성, 포격·수뢰 중심의 엘리트 진급 시스템, 함대 결전의 전략 원형을 철저히 교육시킨 해군대학교, '월화수목금금'의 맹훈련을 반복한 교육 훈련 시스템 등을 통해 학습을 강화했다.

성과라는 점에서 본다면 제국 해군은 스스로의 힘으로 항공 공격을 펼쳐 미군 전함을 격파했기 때문에 대함거포주의에서 빠져나올 수도 있었다. 그러나 앞에서 언급했던 것처럼 야마모토 연합함대 사령관이 해전의 양상이 함대 중심에서 항모 중심으로 바뀌고 있다는 것을 진정으로 알아차렸는지에 관해서는 꼭 그렇다고는 말할 수 없다. 진주만 공격 후 연합함대가 항공을 우선시하는 정책을 구체적으로 실시한 적이 없었고, 여전히 전함 부대 중심의 함대결전사상을 지향했기 때문이다.

사정이 어떠하든, 제국 육해군은 전략, 자원, 조직 특성, 성과의 일관성을 통하여 각각의 전략 원형을 강화했다. 이 점만 보면, 조직 학습을 철저히 이행했다고 볼 수 있다. 그렇지만 조직 학습에서는 조직의 행위와 성과 사이에 차이가 발생했을 경우, 기존의 지식을 의심하면서 새로운 지식을 획득하기 위해 부단히 노력해야 한다고 지적한다. 이 경우 기본이 되는 것이, 조직이 기존의 지식을 버리는 학습기각(unlearning), 즉 자기 부정의 학습이 가능하냐는 점이다.

이런 점을 고려해 볼 때, 제국 육해군은 기존의 지식을 더욱더 강화했으므로 학습기각은 실패했다고 말할 수 있다. 제국 육군은 과달카날 전투 이후 화력을 중시할 필요가 있음을 인식했으면서도 결국 총검돌격주의에 의한 백병전술에서 벗어나지 못했다. 제국 해군 역시 미드웨이 패전 이후 항공모함의 증강을 꾀하면서도, 대함거포주의를 구현한 야마토와 무사시의 46센티미터 대포가 위력을 발휘할 때가 반드시 올 것이라고 끝까지 믿고 있었다.

조직 문화

부족 문화(culture)란, 부족 구성원들 사이에 가치나 행동 규범이 되었던 토템이나 터부를 가리키는 말인 것처럼, 조직의 문화도 해당 조직 구성원의 생각과 행동을 직접 또는 간접적으로 규정하는 것을 말한다. 문화인류학에서는 문화를 '상징에 의해 획득되고 전승되는 명시적·묵시적 행동' 또는 '가르침 또는 모방에 의해 획득되고 공유되는 모든 개념, 조건부 정서 반응, 습관적 행동의 형태를 지닌 모든 것' 등으로 정의한다. 여기서는 조직 문화(organizational cultures)를 조직이 환경에 적응한 결과 조직 구성원이 명확하게 또는 암묵적으로 공유하는 행동 양식의 체계로 정의하고자 한다. 조직이 새로운 환경 변화에 직면했을 때 가장 난감한 과제는 지금까지 축적해 온 조직 문화를 어떻게 하면 바꿀 수 있을까 하는 점이다. 조직 문화는 조직의 전략과 행동을 밑바탕에서부터 규정하기 때문이다.

조직 문화는 구성원들이 공유하는 행동 양식이기 때문에 조직 학습과 밀접한 관계가 있다. 이것은 바꾸어 말하면, 구성원들이 서로 공유하기 때문에 행동과 강하게 결합하는 지식이라고 말할 수 있다. 조직 문화는 1) 가치, 2) 영웅, 3) 리더십, 4) 조직·관리 시스템, 5) 의식(儀式) 등이 서로 일관되게 상호 작용 하며 만들어진다.

조직이 공유하는 행동 양식 체계를 문화라고 한다면, 이것의 가장 근간이 되는 것은 그 조직이 가지고 있는 가치이다. 일본군에는 가장 범위가 넓은 '대동아공영권', '오족협화', '팔굉일우'* 등과 같은

---

* **팔굉일우(八紘一宇)** : 태평양 전쟁 당시 일본 제국의 국시(國是). 팔굉이란《일본서기》에서 유래한 말로서 '온 세상'이라는 뜻. 팔굉일우란 '온 세상이 한집'이라는 뜻으로 일본의 해외 침략을 정당화하는 말로 쓰였다 – 역주

정치적 가치가 있었다. 그러나 이런 추상적이고 애매한 정치적 가치는 전투의 행동 양식이 될 수 없다. 따라서 제국 육해군이 개별 전투에서 가장 강조한 것이 결국 육군의 백병총검주의, 해군의 함대 결전주의라고 할 수 있다.

영웅이라는 것은 조직 구성원들이 사고나 행동의 표준으로 생각하는 조직의 가치를 몸소 실현한 사람을 말한다. 이런 영웅은 보통 그 조직을 만든 창시자나 특정한 전투에서 성공을 거둔 장군이나 병사에까지 다양하게 존재한다. 가치는 보통 상징이기 때문에 눈으로 볼 수 있는 실체가 없으면 조직에 스며드는 것도 불가능하다. 제국 육해군의 백병총검주의와 대함거포주의 가치를 몸소 구현한 가장 위대한 영웅은 각각 (러일 전쟁의) 노기 마레스케와 도고 헤이하치로였지만, 태평양 전쟁의 여러 전투에 참전하여 주목을 받았던 군인들도 어떤 형태로든 영웅의 가치를 몸소 실현했다고 말할 수 있다.

조직의 가치가 머리에서 발끝까지 문화로서 스며들게 하기 위해서는 조직 구성원이 특정 지식이나 행위를 매개로 특정 기준이나 견해, 행동 양식을 내면화해 가는 과정이 필요하다. 이런 가치의 제도화에는 특히 조직 리더의 언행이 큰 영향력을 발휘한다. 즉 조직 가치가 지도자의 평소 리더십 행동을 통해 전승되어 가는 것이다. 육군에는 백병전에서 이름을 드높인 장교들이 많았고, 해군에는 포술계 또는 수뢰계의 장교가 리더십을 발휘했다. 이들 리더가 의식적, 무의식적으로 평소 생활에서 자신의 체험을 전투와 직결된 언어나 비유를 통해 그 가치를 설명한다.

조직의 가치는 또한 조직 구성원이 서로 잘 아는 동료라 하더라도 끊임없이 해석하고 확인하는 작업을 통해 학습된다. 제국 육군의 소집단 조직 속에서 선배가 후배를 지도·육성하거나 (심지어) 뺨을 때리는 행위 등도 조직 가치를 전승하는 데 공헌했다고 생각한다.

조직의 가치를 조직 속에 구현하기 위해서는 조직의 구조나 시스템의 지원이 필요하다. 백병총검주의나 함대결전주의를 지원하는 조직 시스템에 대해서는 이미 설명했다.

군사 조직과 가톨릭교회는 자신들의 가치를 반복하고 전승하기 위해 가장 빈번하게 의식을 거행하는 조직이다. 의식이란 조직 내의 일상생활에서 프로그램으로 자리 잡은 행사를 말한다. 의식은 회의는 물론 행진, 운동, 행사 등 다양한 프로그램을 포함한다. 예를 들어 일본 해군은 5월 27일을 해군기념일로 지정해 매년 이날이 되면 쓰시마 해전의 승리를 회고하고 칭찬함으로써 함대결전의 출발점을 되돌아보면서 장병들의 사상 통일을 꾀했다.

이렇게 가치, 영웅, 리더십, 조직·관리 시스템, 의식, 환경 특성 등이 일관되게 서로 작용하여 '총검백병주의'나 '함대결전주의' 같은 단어로 표현되는 행동 양식이 되어 제국 육해군 속에 확립되어 갔다. 예를 들어 다음의 글은, 제국 해군이 쓰시마 해전의 함대결전을 재현하는 것을 행동 양식으로 삼았음을 시사하는 것으로 대단히 흥미롭다.

"그것은 해군이 가장 중요하게 여기는 기본 인식이며 모든 것의 출발점이었다. 병술 사상, 조직, 군비, 교육 훈련, 인사 행정 등 해군의 모든 것이 거기서 출발했다. 하나의 커다란 조직이 이렇게 같은 원리와 특징으로 똘똘 뭉친 예는 그리 많지 않을 것이다.

조금 더 구체적으로 이야기해보자.

쓰시마 해전과 같이 양쪽 주력 부대가 온힘을 다해 싸운 격돌, 즉 함대결전에서 승리를 거두기 위해 도고 사령관이 실행해서 성공했던 맹훈련, 러시아 함대보다 월등히 우수했던 주포의 사격 명중률과 빠른 사격 속도, 우수한 포탄 위력, 그리고 동급 적함보다 뛰어난 성능의 전함, 또 함대는 단 한 순간도 주저하지 않고 적진까지 돌진해 적에게 전력을 최대로 쏟아 붓는 작전 지휘법과 그 조함술, 강한 파도를 견뎌내고 빠르게 기동하는 함정을 설계하고 건조하는 기술 등.

바꿔 말하면 서태평양에서 미 주력 함대를 맞아 격돌할 함대결전을 대비해 작전을 연구하고, 사상을 통일하며, 반드시 승리하도록 무기를 확충하고, 조직을 구성하며, 인사를 단행하고, 하루도 쉬지 않고 맹훈련을 반복해 마침내 주포 사격도 어뢰 발사도 항공기에서 투하하는 어뢰와 폭탄도 전대미문의 높은 명중률을 보이게 되었다. 함대를 운용하고 함정을 조종하는 데도 숙련된 결과 '신의 기술이다'라고 부를 만한 경지에 도달했다"(요시다 도시오《제국 해군은 무엇이었던가》).

즉 제국 육해군은 전략·전술의 원형을 조직의 행동 양식으로 만

들어 조직 구성원이 철저히 공유하도록 했다. 일본군은 이 점에서
는 매우 적응을 잘한 특수한 조직이었다.

③

자기혁신조직의 원칙과 일본군의 실패

조직이 계속 환경에 적응하기 위해서는 스스로 그 전략과 조직을 환경의 변화에 따라 바꾸지 않으면 안 된다. 이렇게 주체적으로 진화할 수 있는 능력을 갖춘 조직이 바로 자기혁신조직이다. 최근 진화론의 유력한 생각 중 하나는, 진화의 보편적인 원칙을 이 자기 혁신에서 찾으려고 하는 발상이다. 조직은 스스로 혁신하려고 행동함으로써 일상의 진화를 이루어낸다. 군사 조직도 예외가 아니다.

여기서 일본군의 환경 적응 실패를 보다 논리적으로 고찰하기 위해 조직이 스스로 혁신하기 위해 필요한 보편적 원칙을 제시하고, 이 원칙에 비추어 보았을 때 일본군이 왜 자기 혁신에 실패했는지를 밝혀보려고 한다. 즉 조직이 자신을 혁신할 수 있으려면 다음 조건들을 충족해야 한다.

불균형의 창조

적응력 있는 조직은 환경을 이용해 조직 내에서 끊임없이 변이, 긴장, 위기감을 발생시킨다. 이 원칙은, 조직은 진화하기 위해 스스로를 계속 불균형 상태로 만들어 놓는다고도 할 수 있다. 불균형이란 조직과 환경이 서로 정보와 에너지를 주고받을 수 있도록 연결해놓은 일종의 파이프라인, 다시 말해 개방 체제(open system)를 유지하기 위한 필요조건이다. 완전한 균형 상태란 적응의 마지막 상태이므로 이는 곧 조직의 죽음을 의미한다. 역설적이게도 적응은 적응 능력을 저해한다. 물론 우리의 분석틀에서도 분명하게 드러난 것처럼 조직은 어떤 시점에서는 모든 구성 요소가 환경과 적합(fit)한 모습을 띄는 것이 바람직하다. 그러나 환경이 변했을 경우에는 여러 요소들 사이의 균형 관계를 무너뜨려 조직을 불균형한 상태로 만들지 않으면 안 된다.

균형 상태가 무너진 조직은 조직의 구성 요소 사이에 상호 작용이 활발해지고 조직 안에 다양성이 새롭게 태어난다. 상호 작용이 활발해지고 다양성이 창조되면, 조직 속에서 시공간적 균형 상태에 대한 점검, 의문, 파괴가 자연스레 생겨나고 진화가 시작된다.

군사 조직은 다른 조직에 비해 조직 안팎에서 긴장이 끊임없이 발생하기에 불안정한 조직일 것이라고 여겨지지만 이는 전시에 한정된 얘기이다. 기업 조직은 항상 시장과 연결되어, 거기서 서로 경쟁하고 결과에 대한 피드백을 빈번하게 받아들이는 개방 체제이나, 군 조직은 전혀 그렇지 못하다. 그러나 바로 그렇기 때문에 군사 조직은 평시에 조직 속에서 긴장을 만들어내 다양성을 유지하면서 언제 일어날지 모르는, 극도로 불확실한 전시를 대비해야 하는 과제를 안고 있다.

일본군은 역설적이게도 지극히 안정된 조직이었다.

"그들(육해군인)은 사색은 물론 독서도 하지 않았으며, 계급이 올라갈수록 반박하는 사람도 비판받을 기회도 사려졌다. 식장에서는 숭배의 대상물이 되었고, 권위의 우상이 되어 따뜻한 온실 속에서 보호받았다. 평시에는 상관이 내리는 말 한마디 한마디가 아무런 저항 없이 실현되지만, 일단 전투가 시작되면 상황은 달라진다. 적군은 최후의 단계에서 자신의 의사를 실력 행사를 통해 보여줌으로써 맹렬히 저항한다. 정치가가 정권을 잡기 위해 싸우고, 기업가가 피터지게 경쟁하는 것과 비슷한 수준의 전투 훈련은 전혀 없었다"(다카기 소키치《태평양해전사》).

심지어 일본 해군에 대해서는 다음과 같은 지적이 있다.

"일본 해군은 단일 민족과 대가족주의라는 기반 위에 조직된 생활 공동체였다. 질병으로 근무할 수 없거나 엄청난 실수를 저지르지 않는 한 누구라도 대좌까지는 진급했다. 평시에는 복지에도 상당히 주의를 기울였다. 육지에서 떨어진 별천지였다.

창설 이후 75년, 2세대 3세대가 지나면서 매우 안정되고 일본인다운 장로 체제가 완성되었다. 능력에 따른 인사는 대좌 진급까지며, 일단 장성이 되면 서열은 계속 바뀌지 않았다. 원래 해상에서 근무하는 장성은 소장이 40세, 대장이 50세가 이상적이었으나, 워낙 편해서인지 몰라도 신진대사가 왕성하지 못했다. 나카자와 인사국장에 따르면, 개전 당시 대부분이 평균보다 5~8살 정도 나이가 많았다(개전 시 야마모토 사령관은 57세, 나가노 군령부 총장은 61세).

일은 정해진 것만 반복해, 장로는 머리에 얹는 모자쯤으로 여기면 된다는 것은 평시에나 가능하다. 전시에는 최고 지도자야말로 풍부한 경험과 지혜 위에 상상력과 창조력을 발휘해 강건한 신체와 건전한 균형 감각으로 정확하게 결정을 내리지 않으면 안 된다.

(연합함대 사령관) 야마모토 이소로쿠가 스스로 독자적인 대미 작전 구상을 연마하고 그 구상에 기초해 지도해 갔다는 사실은 이런 평화로운 배경을 염두에 둔다면 너무나 튀어 보였다. 해군은 연합함대를 포함해 완전히 꼬여 있었다"(요시다 도시오 《4인의 연합함대 사령관》).

이처럼 조직 안에서 긴장을 창조하려면, 리더가 객관적 환경을 주관적으로 재구성하거나 연출할 줄 아는 통찰력이 있어야 하며, 성질이 서로 다른 정보와 지식을 교류하며, 적절한 인재를 발탁해 권력 구조의 균형을 지속적으로 파괴하는 일이 관건이 된다.

일본군 안에서 대미 전쟁에 가장 위기감을 느끼고 있었던 사람은 야마모토 이소로쿠를 중심으로 한 일부 제독들뿐이었다. 제국 해군은 워싱턴 군축회의에서 미국 해군의 60퍼센트에 해당하는 해군력만을 보유하게 되었다. 따라서 수의 열세를 인적 자원의 질로 보완하기 위해 '월화수목금금'의 맹훈련을 실시했다. 그럼에도 당시의 일본 국민과 신문들은 '무적해군'이라고 추켜세웠고, 쓰시마 해전 '대승리'로부터 세월이 흐르면서 조직은 자연스레 경직되었고 처음의 헝그리정신은 사라져갔다.

한편 육군의 상황은 더욱 나빴다. 해군보다 인간관계가 끈끈했던 육군은 위기의식을 통찰하는 지도자도 없었고, 중일 전쟁에서 벌이는 전투마다 승리를 거두는 바람에 아무도 말리지 못할 만큼 조직 전체가 거만해지고 말았다.

군사 조직은 평시에서 전시로 순간 전환할 수 있는 시스템을 갖추고 있어야 한다. 일본군에는 고급 지휘관을 발탁하는 데 깜짝 놀랄 만한 인사가 없었다. 장군 인사는 평시의 진급 순서를 기준으로 했다. 연공서열을 기준으로 한 진급 제도에서 가장 무난하며 납득할 수 있는 기준은 육사와 해군병학교의 졸업 성적과 육군 · 해군대학교의 졸업자 성적 순위였다.

일본 해군은 상당히 세련된 인사평가제도를 만들었지만 학력주의를 부정할 수는 없었다. 앞서 말한 바와 같이, 해군병학교의 졸업 석차는 가르치는 과목이 모두 이학과 수학 계통의 실학이었기 때문에 이학과 수리에 강한 학교수재형 학생이 유리했다. 그러나 예측할 수 없는 상황이 발생했을 경우에 곧바로 임기응변으로 대응할 수 있는 인물은, 주입된 지식을 잘 기억하는 학교 수재 중에서는 나오기 힘들다(이케다 기요시《해군과 일본》).

이에 비해 미군은 남북 전쟁에서 얻은 체험을 바탕으로 제2차 세계대전에서는 능력주의를 철저히 관철했다. 아이젠하워와 니미츠라는 최고 지휘관의 인사를 보더라도 능력 위주의 발탁 인사는 당연한 것으로 받아들여졌다. 일본군도 러일 전쟁 개전 3개월 전에, 당시 해군대신 야마모토 곤베 대장이 상비함대 사령관 히다카 소노조 중장을 마이즈루 진수부* 사령관이었던 도고 헤이하치로 중장으로 교체해 평시에서 전시로의 인사 교체를 단행한 사례가 있긴 하지만, 태평양 전쟁 시의 일본군은 안정과 균형을 지향했던 평시 조직 그대로 전쟁에 돌입했다.

자율성의 확보

자율성을 확보하면서 전체로서 적응하려면 조직은 구성 요소들이 자율성을 확보할 수 있도록 조직 단위를 유연하게 설정해야 한다. 자율성이 있는 유연한 구조의 조직, 즉 루스 커플링(loose coupling) 형태의 조직은 다음과 같은 특색이 있다.

(1) 각 조직 단위가 자율성을 가질 수 있고, 스스로 환경을 세밀하게 관찰해 적응하므로 조그마한 환경 변화에도 민감하게 적응할 수 있으며, 또 그것이 다양한 루트를 통해 여러 단위들로

---

* **마이즈루 진수부(舞鶴鎭守部)** : 교토의 마이즈루(舞鶴)에 있던 진수부라는 의미. 진수부는 일본 해군의 해역 방어 사령부 – 역주

전달되기 때문에 상호 작용이 활발하게 일어나 조직 전체도 환경에 민감한 시스템이 된다.

(2) 각 조직 단위는 스스로 환경에 적응하기 때문에 서로 다른 독창적인 적응 방법을 확보할 수 있으며, 그런 과정 속에서 창조적인 해답을 찾아낼 가능성이 높아진다.

(3) 관료제처럼 빈틈없이 연결된 조직과 비교할 때 조직 단위들 사이에 서로 영향을 주고받는 정도가 가볍고, 서로 자유로우므로 예측하지 못한 환경 변화에 취약하지 않다.

군사 조직은 기업 조직과 비교할 때 단단한 구조의 타이트 커플링(tight coupling) 형태에 가깝다. 그러나 조직 구성 요소들이 서로 성질이 다른 다양한 작전을 동시에 전개하기 때문에, 최소한의 자율성을 조직 안에 집어넣지(built-in) 않으면 안 된다. 그러나 일본군 조직은, 현장 제1선 전투 단위의 자율성을 제약하고, 참모본부에 권력을 극도로 집중시켰다.

또한 일본군 제1선 고급 지휘관은 인사권이 없었다. 그가 갖고 있는 인사권이란 무능한 지휘관을 교체해달라고 육군성에 의견을 물을 수 있을 뿐이었으며, 또 중앙으로부터 인사 명령이 떨어지기 전에는 (무능한 지휘관의) 지휘권을 빼앗을 수 없었다. 반면 미군의 제1선 지휘관에게는, 예하 지휘관이 요구되는 성과를 거두지 못할 경우 언제든지 해임할 수 있는 인사권이 있었다. 그 전형적인 예로, 미 해병대 홀랜드 스미스 소장은 육군 제27보병 사단장 랠프 스미스 소장을 사이판 섬 전투에서 싸우려는 의지가 부족하다는 이유로 전투 중에 해임했다.

그러나 미군은 자율성을 부여한 대신 업적 평가를 명확히 하였다. 진주만에서 일본 해군의 기습으로 큰 피해를 입은 미 태평양 함대 사령관 킴멜 대장은 그 책임을 물어 즉시 해임되어 군사 재판에 회부되었다.

일본군은 결과보다 과정이나 동기를 높게 평가했다. 개별 전투에서도 전투 결과보다 지휘관의 의도나 의욕이 좋은 평가를 받았다. 이러한 경향 때문에 작전 결과를 객관적으로 평가하고 그 사실이나 경험을 축적하는 일을 경시하게 되었으며, 나중에는 관료제 조직 안에서는 일어나서는 안 될 하극상마저 허용하는 분위기로 흘러갔다. 업적 평가가 애매하면 신상필벌의 합리주의를 관철하기 어렵게 된다. 인정주의는 신상필벌 중에서도 신상에만 신경 쓰고 필벌은 그냥 넘어가 버리는 경향을 낳았다. 야마모토 사령관마저도 미드웨이 패전 후 "복수의 기회를 주십시오"라고 말하는 구사카 참모장의 청원에 넘어가, 결국 나구모와 구사카를 새롭게 편성한 제3함대에 유임시키고 만다. 레이테 해전을 지휘했던 구리타 제2함대 사령관도 그 책임을 전혀 추궁당하지 않았다. 임팔 작전의 무타구치 중장 역시 나중에 육군예과 사관학교장에 임명되었다.

일본군 현지군은 책임은 크지만 권한은 없다고 불렸다. 책임과 권한이 애매한 조직일수록 중앙이 군사적 합리성을 잃어 버렸을 때의 책임을 전부 현지군이 져야만 했다. "결사 임무를 수행하여 성지에 따를 것", "천우신조", "성패를 초월하여 국운을 걸고 단행할 것"
등의 추상적이고 허무맹랑한 명령이 내려올수록 현지군의 책임과
의무는 더욱더 무거워졌고, 그 결과 혹시나 잘못되었을 때의 책임
이 무서워 눈치를 보는 등 자율성을 잃어갔다.

창조적 파괴에 의한 돌출

조직이 끊임없이 내부 진통을 겪고, 그 진통이 점점 증폭되다가
임계점을 넘게 되면, 시스템은 불안정한 영역을 초월해 새로운 구
조로 변모하게 된다. 이를 위해서는 점진적 변화만으로는 불충분하
며, 때로는 돌연변이처럼 돌발적인 변화가 필요하다. 따라서 진화는
창조적 파괴를 수반하는 '자기초월' 현상이기도 하다. 즉 자기혁신
조직은 시스템의 한계를 초월하기 위해 끊임없이 자기 부정을 거듭
한다. 진화는 창조적인 것으로 단순한 적응은 진화라 부르지 않는
다. 자기혁신조직은 현재 상황을 창조적으로 부단히 파괴하면서, 본
질적으로 물리적 · 정신적 경계를 초월한 곳으로 그 시스템을 끌어
올리려고 한다.

일본군이 진정 불행했던 것은 제1차 세계대전이라는 근대전 또
는 소모전을 조직 전체가 제대로 경험하지 못했다는 것이다. 일본
군은 전차나 항공기처럼, 군사 조직이 추구하는 전략이나 조직 자
체를 밑바닥부터 바꾸었던 기술 혁신을 실감하기는커녕 관심조차
두지 않았다. 외부 환경에서 오는 위협을 지렛대로 활용해 과거의
전략이나 조직, 행동 양식을 혁신할 수 있는 기회를 스스로 차버린

것이다.

미군이 불행 중 다행이었던 것은, 개전 시 진주만에서 저속(低速) 전함을 깡그리 잃었다는 것이다. 이 때문에 미군은 대함거포주의에서 항공기를 주력으로 하는 항공모함 기동부대로 쉽게 혁신할 수 있었다. 참고로 침몰된 전함들 중에서 인양해서 수리할 수 있었던 것들은 사이판이나 오키나와 상륙 시 함포 지원 사격 전문으로 운용되었다. 그리고 과달카날에서의 공방이나 항모 기동부대의 윤형진을 지원한 고속 전함들은 대공포를 충실하게 갖춘 새로 건조된 전함들이었다.

창조적 파괴는 사람과 기술을 통해서 가장 철저하게 실현된다. 사람과 기술이 중요한 이유는 이들이 전략 발상의 열쇠를 쥐고 있기 때문이다. 미군은 지휘관과 참모의 인사를 역동적으로 단행함으로써 전략 발상의 혁신을 실현했다. 또 F4F, F6F, F8F 등의 전투기와 B17에서 B29에 이르기까지 장거리 전략 폭격기가 연속 개발되었다. 이런 일련의 기술 혁신이, 미군이 대함거포에서 항공 주력으로 바뀌는 기반이 되었다. 미군의 이런 사람과 기술의 '돌출'은, 단순히 돌발적인 사건에 그치는 것이 아니라 전략 체계 전체의 혁신을 유도해 서로 가지런히 접합되었던 것이다.

이에 비해 일본군은 사람을 전략 발상을 전환하는 축으로 생각하지 않았다. 장로 지배 체제와 청년 장교에 의한 하극상이 빈번히 발생하는 가운데 사람을 자원으로서 전략적으로 활용하지 못한 채 종전을 맞이했다.

제로센의 우수성은 누구라도 인정하는 것이다. 전후에도 전투기로서의 커다란 기술 혁신이라 평가받고 있다. 그러나 이 제로센마저도 기술 개발진이라는 인적 자원이 부족했다는 요인도 있었지만, 그 후에도 땜질식 개량에만 몰두하는 바람에, 함대결전이라는 시대에 뒤떨어진 전략 발상을 근본적으로 뒤집을 만한 위력을 발휘하지 못했고, 함대결전의 틀 안에 머물고 말았다. 공격 능력을 극한까지 끌어올린 명기 제로센은 베테랑 조종사의 숙련도 높은 조종을 통해서야 비로소 그 위력을 발휘했다. 반면 미군은 방어력이 강하고 조종하기 편한 헬켓을 대량 생산하여 대량의 신참 파일럿을 (대함거포주의와 반대되는) 항공기 중심의 전략에 필요한 인적 자원으로 활용했다. 일본군은 특출한 기술 혁신을, 전략 발상과 조직 체계의 혁신으로 연결시킨다는 명확한 시각을 갖고 있지 못했다.

일본군은 어떤 의미에서 자기초월을 끊임없이 강요했던 조직이었다. 하지만 일본군의 자기초월은 대부분 주체적이기보다는 그렇게 하지 않으면 안 된다고 몰아붙인 결과였다. 이 자기초월은 합리성을 넘어 정신력이 모든 것을 결정한다는 정신주의로까지 이어졌다. 이렇게 정신력을 극한까지 추구했던 태도는 처음부터 무리라는 것을 모두가 알고 있었기에 창조적 파괴와는 아무런 연관이 없었다.

일본군은 또 여유 없는 조직이었다. 앞만 보며 달려왔고, 태평양전쟁에 들어가서는 객관적으로 찬찬히 자신을 돌이켜 볼 여유가 없었다. 예를 들어, 일본 해군의 항공기 탑승원은 1직제로 끊임없이 단판 승부의 단기전에 출동해야만 했다. 이에 비해 미 해군은 제1그룹이 함상 근무, 제2그룹이 기지에서 훈련, 제3그룹은 휴식이라는 3직제를 채용했다. 게다가 자동차 면허 정도는 누구나 가지고 있어 아마추어 파일럿이나 엔진을 정비할 정도의 지식이 있는 잠재적 예비군도 많이 있었다. 과달카날 전투에서는 미 해병대원이 전쟁 중임에도 불구하고 테니스를 즐기는 것을 보고 쓰지 마사노부가 무척 놀랐다고 한다. 아무튼 미군의 전투 방식에는 무언가 여유가 있었다.

이에 비해 일본군은 늘 비장감에 잠겨 있었다. 이렇게 여유가 없었기 때문에 중대한 국면에서 적극적으로 행동하지 못했을지도 모른다. 나구모 함대가 진주만 공격에서 제2차 공격을 하지 않고 귀환한 것, 미카와 함대가 제1차 솔로몬 해전에서 미 수송선단을 그냥 지나친 것, 구리타 함대가 레이테 해전에서 미 수송선단을 공격하지 않고 반전해 버린 것은 "함정을 침몰시켜서는 안 된다"는 소극성을 드러낸 사례들이다. 아마 자원의 제약 때문에 그랬을지도 모르지만, 여유가 없었기 때문에 침몰시켜서는 안 된다는 것에만 집착한 나머지 그 다음 전략이나 생각은 하지 못했다. 또 그렇기 때문에 기존 노선을 추구하는 데는 능률적이었지만, 자기 혁신으로 연결될 만한 지식이나 두뇌, 행동 양식을 추구하는 것은 곤란하지 않았을까 한다.

이단과 우연의 공존

대개 혁신(이노베이션)은 서로 성질이 다른 사람, 정보, 우연을 받아들이는 것에서부터 시작한다. 관료제란 여러 이단과 우연의 요소를 철저하게 배제한 조직 구조이다. 일본군은 이단자를 싫어했다. 과달카날 섬 포기론의 후타미 아키사부로 참모장, 오키나와 지구전을 주장했던 야하라 히로미치 고급참모, 해군의 공군화라는 독창적인 전략론을 외쳤던 이노우에 시게요시 항공본부장 등의 이단아는 모두 조직의 요직을 차지할 수 없었다. 또 이단자들도 미 공군 독립론에 목숨을 걸었던 윌리엄 미첼 준장(일본의 진주만 공격을 예언하였음)처럼 절실한 행동을 취하지는 않았다. 야마모토 사령관처럼 권력을 장악했던 이들만, 혁신을 실현시킬 수 있었던 것이다. 밑바닥에서 올라오는 상향식(bottom-up)의 혁신은 기대하기 힘들었다.

일본군 조직은 조직 구성 요소들이 서로 교류하거나, 이질적인 정보·지식을 한데 섞는 일이 드물었다. 예를 들어 참모본부의 최대 결함은 작전과의 독선과 폐쇄성이었다. 이 점에 대해서 아리스에 세이조(종전 시 참모본부 제2부장)는 다음과 같이 말하고 있다.

"참모본부 제1부, 특히 작전과에는 일종의 독선적 분위기가 있었다. 작전 계획에 대해서 외부에 일체 흘리지 않고, 또 그 수립에서도 외부의 간섭을 배제했음은 물론 의견을 듣는 행위조차 거부감을 나타냈다.

내가 참모본부 제2부장이었을 때 제시했던 제1부와의 통합 역시 폐쇄적인 작전과 때문에 실현되지 못했다.

연습과에 있었을 때는 연습 계획을 수립하는 데 참고하기 위해 작전 계획을 보여 달라고 한 적이 있었는데, 무슨 말도 안 되는 소리냐는 핀잔만 들었다. 나의 상사인 반장도 볼 수 없었다. 연습과장도 보지 못했기 때문에 바로 과장끼리 얘기해서 보기는 하였으나, 과장이 하는 말이 '해당 부분의 앞뒤를 손으로 가려 본존불(本尊佛)은 한치팔푼*밖에 안 보이네. 이거 완전 아사쿠사의 관음상**이구먼'이라며 허탈해 했다.

이 정도로 참모본부 작전과는 폐쇄적이고 독선적이었다.

또 1923년 5월 린청 사건***이 일어났을 때 당시 제1부장 아라키 사다오 소장(제2부 러시아 정보과 출신)은 제1부의 부원(작전과, 요새과, 연습과)을 모두 모아 의견을 들었다. 나도 그때 그 자리에 불려갔는데, 나이가 가장 어려 첫 번째로 지명되어 말했던 기억이 난다. 그러나 그 자리에서 제2과(작전과) 부원들의 의견은 다른 부원들의 의견과 꽤나 거리가 있었고, 제2과는 이런 것을 싫어하는 것 같았다. 그 이후 이런 모임은 다시 열리지 않았다."

---

* **한치팔푼(一寸八分)** : 1치는 약 3.33센티미터고 8푼이란 약 2.64센티미터(1푼이 약 0.33센티미터)이다. 한마디로 아주 조금만 보여주었다는 말이다 - 역주

** **아사쿠사의 관음상** : 일본 도쿄 아사쿠사에 있는 센소지(淺草寺)라는 절에 있다는, 그 누구도 본 적이 없는 전설의 관음상. 즉 작전 계획을 손으로 가리는 바람에 제대로 보지 못했다는 뜻이다 - 역주

*** **린청 사건(臨城事件)** : 1923년 5월, 중국 장쑤 성 난징에 있는 푸커우(浦口)를 출발해 톈진(天津)으로 향하던 진푸철도(津浦鐵道) 급행열차를 중국 비적들이 산둥 성 린청(臨城)-사주(沙溝) 구간에서 습격해 중국인 71명과 외국인 승객 39명을 납치한 사건. 이 사건을 중국 정부가 효과적으로 처리하지 못하자 열강들은 중국 철도를 공동으로 관리하자는 안을 내었다. 일본은 이 안이 남만주철도에 대한 일본의 권리를 빼앗으려 한다고 여겨 반대했다 - 역주

정보과 출신 작전부장의 새로운 시도는 중단된 것으로 생각된다. "이렇게 참모본부 안에서 작전부가 정보부를 경시하고 독선적으로 질주했던 풍토는 작전통 또는 작전과 출신이라는 폐쇄 집단을 낳는 결과를 낳았다"(도이 유키오《하극상》).

일본군 최대의 특징은 "말을 빼앗긴 것이다"(야마모토 시치헤이)라는 지적에서 볼 수 있듯이 조직 말단에서 올라오는 정보나 문제 제기, 아이디어가 조직의 핵심으로 연결되고, 그런 과정을 촉진하는 이른바 '청년의 의논'이 허용되지 않았던 것이다.

군사 조직이라고는 하지만, 개별 전투에서 조직 구성원이 우연히 발견한 사실은 셀 수 없이 많을 것이다. 일본군은 이런 우연한 발견들을 받아들이는 시스템이나 관행이 없었다. 처음부터 전투에서 컨틴전시 플랜이 없었기 때문에 우연에 대처한다는 발상 자체를 하기가 어려웠을 것이다.

지식의 도태와 축적

조직이 진화하려면 새로운 정보를 조직의 것으로 만들지 않으면 안 된다. 즉 학습하는 조직만이 진화할 수 있다. 조직은 환경과의 상호 작용을 통해 생존에 필요한 지식을 선택하고 쓸모없는 지식은 버려야 한다. 이런 과정을 통해 조직은 지식을 축적해 나간다.

일본군은 실패를 축적·전파할 수 있는 조직적인 리더십도 시스템도 없었다. 과달카날의 실패는 일본군이 전략·전술을 쇄신할 수 있는 최초의 기회였지만 이를 놓치고 말았다. 성공의 축적 역시 철저하지 못했다. 항모항공 부대를 중심으로 성공시켰던 전법도 그 뒤일관되게 집중해서 운용하지 못했다. 일본군은 태평양 전쟁이 끝날 때까지 몸소 행동해 얻은 지식을 조직적으로 축적하지 않았다.

이에 비해 미군은 1942년 말까지 과달카날에서의 경험을 통해 무엇이 효과적이며, 어떤 것이 좋지 않은지를 완벽하게 파악하고 있었다. 실제로 과달카날 전투는 1898년 이후 이루어진 첫 상륙작전으로, 미군에게는 사실상 실험이었다. 따라서 과달카날은 그 후에 펼쳐질 상륙작전의 지표가 되었고, 이를 기반으로 그 뒤에 성공과 실패의 경험을 쌓아가며 학습해 갔다.

일본군은 개별 전투 결과를 객관적으로 평가하고 이를 다음 전투를 위한 지식으로 축적하는 데 서툴렀다. 이에 비해 미군은 일련의 작전에서 얻은 유용하고 새로운 정보를 능숙하게 조직화했다. 미 해병대는 상륙작전의 지식을 획득해 가는 과정에서 개별 전투의 결과, 특히 실패의 교훈을 다음 전투 계획에 반영했다. 예를 들어 1943년 11월 20일의 타라와 작전에서는 일본군이 해군육전대 2,619명을 포함해 4,800명이 전사했고, 미군은 해병대 전사 1,009명, 전상 2,296명으로 양쪽 모두 큰 피해를 입었다. 미 해병대는 이 작전으로부터 (1) 사전에 포·폭격의 효과를 확인할 것, (2) 암초를 극복할 수 있는 상륙용 장갑차가 필요하다는 것, (3) 해안에 도착하기 직전에 근거리 포격이 필요하다는 것, (4) 이것을 통제할 상륙용 지휘함이 필요하다는 것을 배웠다. 이로부터 1개월 뒤에 실시된 콰절린 상륙에서는 타라와 공략 때 쓰였던 포·폭격의 5배를 쏟아 부었고, 암초를 극복하는 상륙용 장갑차를 사용하였으며, 흘수(吃水)가 낮은 보병상륙정도 등장했다. 또 근거리 포격의 명중률을 높이기 위해 상륙 제1파가 해안에서 450미터 거리에 도달했을 때, 공중관측기가 조명탄을 떨어뜨려 함대에 보고했다. 그 결과 미군은 전사 372명, 전상자 1,582명에 그친 반면, 일본군은 타라와의 2배에 달하는 약 9,000명이 투항자 100명을 제외하고 모두 죽었다.

태평양 섬들의 작전에서 최대의 열쇠로 불렸던 상륙작전의 노하우는, 해병대가 과달카날에서 오키나와에 이르는 18회의 상륙작전을 거치면서 확립되었다. 제2차 세계대전 후 알렉산더. A. 밴더그리프트 대장은 해병대의 공헌에 대해 다음과 같이 말하고 있다.

"과거의 전쟁에서 전투 부대로서 세운 경이적인 기록들도 있지만, 해병대의 가장 큰 공헌은 교의(독트린)를 재설정했다는 데 있다. 즉 합중국 해병대는 정통 전략에서 무시되거나 회의적이라고 치부되었던 상륙작전이라는 교의의 기본을 1922년부터 1935년까지 13년에 걸쳐 만들어내, 제2차 세계대전에서 합중국 군대가 여러 해안에 상륙하는 데 활용했다."

해병대는 이러한 상륙작전의 원리를 해병대 학교를 중심으로 개발했다. 그렇다면 일본군의 교육기관에서는 어떠한 교육이 이루어졌던 것일까. 해군대학교의 학습에 대해 다음과 같은 지적이 있다.

"항공전술, 포격술, 수뢰전술, 잠수함전술 등으로 나누어 각각의 부분은 연구했지만, 그것을 통합한 작전 연구는 거의 없었다. 학생들 중에서는 지금까지의 작전이나 해전에 참가했던 이들도 적지 않았지만, 그들의 귀중한 전투 교훈을 중심으로 미드웨이, 과달카날, 또는 아투 섬 등의 실패 원인을 철저히 규명하는 연구는 거의 이루어지지 않았다. 서로의 전력이 앞으로 어떻게 될 것인가에 대한 전망도 거의 다루어지지 않았다"(지하야 마사타카《일본 해군의 전략 발상》).

또한 전략적 사고는 평소에 자유롭게 의견을 나누고, 실제로 체험하면서 축적되는 것이다. 미 해병대는 상륙작전의 원리를 개발할 때, 해병대 학교의 수업을 중단하고, 교관과 학생이 하나가 되어 자유롭게 토의하면서 사고를 쌓아갔다. 이런 전략 · 전술의 마인드를 매일의 생활을 통해 실천함으로써 비로소 전략적 사고가 몸에 배이게 된다. 메이지 시대의 군인들이 전략성을 발휘할 수 있었던 이유는, 무사로서 무도(武道)와 함께 병법을 날마다 연구했기 때문이었다. 그 후 일본군은 러일 전쟁에서 운 좋게도 승리를 거두는데, 이때 그 실체에 대해서는 연구하지 않은 채 오직 겉으로 드러난 결과만을 통수의 요령에 집약시켜, 전략 · 전술은 암기의 세계로 전락하고 말았다. 전략을 우습게 보는 순간, 정보의 경시는 필연적으로 뒤따라온다(오카자키 히사히코《전략적 사고란 무엇인가》).

통합적 가치의 공유

마지막으로, 자기혁신조직은 그 구성 요소들에게 나아갈 방향을 제시하고 서로 간의 협동을 이끌어내기 위해 통합적 가치 또는 비전을 갖고 있어야 한다. 자기혁신조직은 조직 구성 요소들이 자율적으로 행동하지만, 모래알처럼 흩어지지 않고 하나의 힘을 발휘하기 위해서는 전체 조직이 어떤 방향으로 나아갈지를 모두에게 이해시키지 않으면 안 된다. 조직 구성원들이 서로 가치를 공유하고, 서로 신뢰하는 관계가 확립되어 있을 때에는 비록 의견 차이가 있고 갈등이 있더라도 이를 긍정적으로 수용, 학습이나 자기 부정을 통해 보다 높은 수준에서 통합할 수 있다. 그러나 일본군은 육해군의 대립에서 전형적으로 드러났듯이 통합적 가치를 공유하는 데 실패했다.

일본군은 아시아 해방을 외친 '대동아공영권'이라는 이념을 갖고 있었지만, 그것을 개별 전투의 구체적인 행동 규범으로까지 논리적으로 연결시켜 조직 전체가 공유하도록 하지는 못했다. 이런 가치는 언행일치를 통해 비로소 조직 안으로 스며드는 것이지만, 일본군 지휘층은 이상파보다는 눈앞의 단기적 국익을 추구하는 현실파가 주도권을 잡고 있었다. 〈대동아 공동 선언〉의 1항은 "대동아 각국은 상호간 그 전통을 존중해 각 민족의 창조성을 신장시켜 대동아의 문화를 고양한다"라고 되어 있지만, 제1선의 장병들은 전장의 현실 속에서 얼마나 이런 이념을 믿고 전투에 임했을까 하는 의문이 든다.

4

일본군 실패의 본질과 그 연속성

　자기혁신조직이란 어떤 환경에 직면했을 때 목표와 구조를 스스
로 바꿀 수 있는 조직을 의미한다. 미군은 엘리트 지휘관이 자유롭
고 유연하게 일할 수 있는 기민한 인사 시스템과, 과학적 합리주의
에 기초한 조직 학습을 통해 조직의 목표와 구조를 주체적으로 변
혁해 나갔다.

　일본군은 미군이 보여준 것과 같이, 정적인 관료제에 역동성을
부여하기 위한 (1) 엘리트가 유연하게 사고할 수 있는 인사 교육 시
스템, (2) 우수한 자가 결단을 내릴 수 있는 분권적 시스템, (3) 강력
한 통합 시스템이 없었다. 그리고 일본군은 과거의 전략 원형에는
놀라울 정도로 잘 적응했지만, 환경이 구조적으로 바뀌었을 때 전

략과 조직을 스스로 바꾸기 위한 자기 부정의 학습을 하지 못했다.

일본군은 독창적이며 보편적인 조직 원리를 스스로 개발하지 않았다. 제국 육군이 본래의 관료제를 대군 운용과 관리에 제대로 적용했던 적은 태평양 전쟁 초기에 있었던 진공 작전들뿐이었다. 말레이시아 · 싱가포르 작전, 필리핀 작전, 자바섬 작전, 버마 작전 등에서는 작전의 본보기라고 할 수 있는 선제기습 작전을 성공시켰지만, 초기 작전 이후에는 정말 거짓말처럼 무기력해졌다. 성장기에는 비상한 능력을 발휘했던 것이 지구전으로 넘어가서는 패자부활조차 어려워졌다. 성장기에는 조직에 결함이 있더라도 전부 가려지지만, 쇠퇴기에는 이것이 한꺼번에 분출되기 때문이다.

그런 결함의 본질은 바로 일본군의 조직 원리에 있다. 육군은 유럽에서 관료제라는 고도의 합리적 · 계층적 조직을 들여왔지만, 그것은 관료제 조직이 원래 갖고 있던 장점을 충분히 살리는 형태로 도입된 것은 아니었다. 개전 전까지만 해도 일본군은 가장 진보한 관료제 조직이라고 사람들의 입에 오르내렸지만, 사실 일본군은 관료제와 집단주의가 기묘하게 혼합된 조직이었다. 계층이 존재했으면서도 감정적 인적 결합(집단주의)과 개인의 하극상을 허용하는 시스템이 공존했다. 이런 시스템이 기능할 경우란 (1) 제1선이 자유재량권을 갖고 세부 사항을 조정을 할 수 있고, (2) 우수한 개인을 중심으로 조직을 통합하며, (3) 구성원들이 저절로 동의할 수 있는 상황(전투 승리, 성공, 성장기) 등의 조건이 충족될 때뿐이다.

이상에서 살펴본 바와 같이, 일본군은 근대적 관료제와 집단주의를 혼합한 일본식 하이브리드 조직을 만들어냈다. 매우 불확실한 환경 속에서도 기능할 수 있는 역동성 있는 본래의 관료제와는 달랐던 것이다.

게다가 일본군 엘리트는 이런 일본식 관료제가 지니는 현장의 자유재량과 세부 조정을 허용하는 장점을 오히려 거꾸로 계층 구조를 이용해 압살해 버렸다. 그리고 앞서 언급한 바와 같이 일본군 실패의 최대 본질은, 특정한 전략 원형에 너무나 철저히 적응해 버리는 바람에 학습기각을 이루지 못해 자기 혁신 능력을 잃고 말았다는 것이다.

전후 일본군의 이러한 조직 특성은 완전히 사라진 것일까? 이것이 계속해서 현대의 일본 조직에 남아 있는지, 아니면 보다 나은 형태로 진화되어 있는 것일까? 이 물음에 명확하게 대답하려면 새로운 프로젝트를 시작해 실증연구를 축적해야 할 것이다. 그러나 우리는 지금도 계속해서 남아있는 면과, 그렇지 않고 진화되어 있는 두 가지 측면 모두가 존재한다고 생각한다.

일본의 정치 조직에 대해 말하자면 전략이 없었던 일본군의 특징을 그대로 계승한 것처럼 보인다. 그러나 일본 정부의 무원칙성이 역설적이게도 그나마 국제 사회에서 지금까지 임기응변으로 대응할 수 있었던 이유였다. 원칙을 고집하지 않았던 것이 오히려 격변하는 국제 정세 속에서 유연하게 적응할 수 있었던 의도치 않은 결과로 이어진 것이다. 그러나 경제 대국으로 성장한 지금에도 지금까지 해왔던 무원칙성에 머문다면 앞으로의 국제 환경에 적응할 수 있으리라는 보장은 없을 뿐더러, 오히려 최근에는 국가로서의 전략을 가질 것을 요청받고 있다.

일본군이 특정 패러다임을 고집한 나머지 환경에 적응하지 못한 점은 '혁신적'이라고 불리는 일부 정당이나 보도 기관에도 그대로 계승되고 있는 것처럼 보인다. 모든 사물이나 현상을 특정 패러다임의 틀로만 일원적으로 해석해 그 패러다임으로 설명할 수 없는 현상을 모조리 묵살해 버리는 것은, 그야말로 너무 적응을 잘해 특별해졌던 일본군을 보는 것 같은 느낌이 들기 때문이다. 게다가 행정 관청에 관해 말하자면 횡적인 연결이 미약하고, 상하 관계를 중심으로 움직였던 일본군과 마찬가지로 통합 기능이 부족하다. 이런 일본의 정치와 행정 조직은 앞으로 우리들이 해야 할 연구 과제이기도 하다.

일본군이 가지고 있었던 조직 특성을 어느 정도 창조적으로 파괴해 계승한 곳은 아마도 기업 조직일 것이다. 전후 일본 기업 조직에서 이뤄졌던 최대의 혁신은 재벌의 해체와 그와 동반된 일부 최고 경영진의 추방이었다. 구세대 경영진들이 하나둘씩 사라졌고, 그 자리를 젊은이들이 대체했다. 그 결과 관료제의 파괴와 조직 내 민주화가 눈에 띄게 진전되어 일본군에서 가장 우수한 인재들이었던 부사관과 병 집단을 연상시키는 활력 넘치는 조직이 탄생하기 시작했다.

일본식 경영은 개전 전에 이미 확립되어 있었는가, 아니면 전후에 확립되었는가라는 물음은 논의의 여지가 있다. 그러나 가장 큰 비연속적 진화는, 패전이라는 외부 요인에 의해 권위가 부정되기에 이르렀다는 것이다. 이것은 일본식 관료제 조직에서 벌어진 대단히 획기적인 가치관의 변화이기도 했다. 패전으로 군대라는 공직에서 추방된 뒤 어느 날 갑자기 경영자로 발탁된 (군대 출신) 젊은 경영자는, 전후의 재건 과정에서 일어난 극심한 노동 운동에 대처해 나가기 위해, 그리고 먹고살기 위해 냄비나 솥, 도시락 곽까지 만들어 팔면서 "우리는 같은 동료이지 않은가?", "함께 해보지 않겠는가?"를 외치며 평등주의를 정착시켜 나갔다. 경영자는 이렇게 권위를 부정하고 동료 의식을 부추기면서 부사관과 병이 강력했던 일본군의 장점을 최대한 살렸다. 권위적이었던 일본군이 민주주의라는 깃발 아래 자기를 부정하며 되살아났던 것이다.

실제로 전후 일본 경제의 기적을 이루었던 사람들은 전장에서 돌아온 장병들을 중심으로 한 세대였다. 이들이 '천황전사'에서 '산업전사'라는 자기 부정의 변신을 통해 일본식 경영 시스템을 만들어냈다는 지적도 있다(나카무라 주이치《전후 민주주의의 경영학》).

그러나 이들 상당수는 통제 경제와 군대를 오랫동안 경험했기 때문에 자유 경쟁이라는 새로운 기업 환경에 매우 당혹해했다. 또 복귀자를 포함한 많은 종업원을 통솔해야 하는 과제도 안고 있었다. 이를 위해 자신의 군대 경험을 활용했다. 솔선수범이나 일치단결 같은 행동 규범은 일본군이 가지고 있던, 좋은 의미에서의 특성이었다고 말할 수 있다. 의식했는지 아닌지는 모르겠지만, 일본군의 전략 발상과 조직 특성이 전후의 기업 경영에 상당 부분 이어졌다.

가고노 다다오를 비롯한 저자들이 저술한 미국과 일본 기업의 경영 비교를 살펴보면 일본 기업의 전략과 조직은 다음과 같은 강점이 있다(가고노 다다오 외《일·미 기업의 경영 비교》).

전략에 대하여

미국 기업은 전략 수립이 논리적·연역적인데 비해, 일본 기업은 귀납적 전략 수립에 익숙한 운용(오퍼레이션) 중심이다. 이것은 지속되는 변화에 적응할 수 있다는 장점이 있다. 변화에 귀납적이고 점진적(인크리멘털)으로 적응하는 전략은 환경이 돌발적으로 크게 바뀌는 것이 아니라 지속적으로 발생하는 상황에서 강점을 발휘한다. 전후 일본은 구미(歐美)를 모델 삼아 경제 성장을 실현해 갔지만, 그 과정에서 양이 늘어난 것에 비례해 종류도 다양한 여러 변화들이 계속 발생해 왔다. 이런 변화가 가져온 기회나 위협에 대응하기 위해서는 적응해야 할 타이밍을 놓치지 않도록 세부 사항을 조정하며 대응해야 한다.

귀납적 전략 수립은 획기적인 혁신(breakthrough)을 창조하기보다는 이미 있는 어떤 아이디어를 더 세련되게 만드는 데 적합하다. 일본 기업이, 제품수명주기*의 성장기 이후에 해당하는 제품에서 강

---

* **제품수명주기(Product Life Cycle)** : 제품의 탄생에서 소멸까지의 사이클을 나타내는 개념. 제품은 도입기-성장기-성숙기-쇠퇴기의 과정을 거친다. 도입기는 제품의 가치가 아직 시장에서 검증되지 않은 단계로, 고객의 입장에서는 생소하고 혁신적인 제품이다. 따라서 기업은 위험을 감수하고 혁신적인 제품을 만들어낸다. 그러나 고객이 이 혁신적인 제품을 구입하기 시작하면, 제품은 성장기로 들어가 대량 생산 대량 소비된다. 성장기에 들어서면 제품으로서의 시

점을 발휘할 수 있었던 것도 바로 이 때문이었다. 일본 기업이 가전 제품, 자동차, 반도체 등의 분야에 강한 것도 바로 여기서 유래한다.

조직에 대하여

일본 기업은 미국 기업처럼 공식 계층을 구축하여 규칙이나 계획을 통해 조직을 통합하고 환경에 대응하기보다는, 가치나 정보의 공유를 기반으로 삼아 집단 구성원이나 집단 사이에 빈번하게 상호 작용을 하면서 문제를 해결하는, 집단의 역동성을 살린 조직이다. 그 장점은 다음과 같다.

(1) 하위 조직 단위가 환경에 스스로 적응할 수 있다.
(2) 정형화되지 않은 애매한 정보를 능숙하게 전달·처리할 수 있다.
(3) 하위 조직이 학습하는 데 활력을 불어넣어 주어 현장의 지식이나 경험을 더욱 축적하게 만들고, 정보에 대한 감각을 높여 준다.
(4) 조직 구성원이 조직의 가치에 공감해 동기를 부여받기 때문에 큰 심리적 에너지를 이끌어 낼 수 있다.

장성이 검증된 것이다. 성장기에는 기존 제품을 개량하는 수준의 혁신은 이루어질지 몰라도, 기존 제품의 질서를 바꿔버리는 수준의 획기적인 혁신은 이루어지지 않는다 - 역주

그러나 단점도 있다. 우선 전략에 있어서는 (1) 명확한 전략 개념이 부족하고, (2) 구조를 동반하는 급격한 변화에 적응하기 어려우며, (3) 획기적인 혁신(breakthrough)을 만들어내기 힘들다. 조직에 있어서는 (1) 집단이 서로 통합하는 데 따르는 부담이 크고, (2) 결정하는 데 오랜 시간이 필요하며, (3) 집단사고 때문에 이단을 배제하는 경향이 있다.

오늘날 우리는 고도로 진행되는 정보화와 업종 구분 파괴, 그리고 이미 진출한 지역을 포함해 해외 생산과 판매 거점을 본격적으로 확대하는 등, 지금까지 해왔던 학습만으로는 예측할 수 없는 구조적인 변화에 직면해 있다. 상황은 성장기 전략이나 조직으로 잘 적응해 왔던 지금까지의 행태를 바꿀 것을 요구하고 있다. 특히 이질과 이단을 배제해 발상과 행동을 획일화했던 일본 기업의 특성이 역기능을 발휘할 우려 또한 존재한다.

전후 기업 경영에서 혁신을 발휘했던 이들도 거의 40년을 넘어 이제는 너무 나이가 들어버렸다. 개전 전의 일본군과 마찬가지로 장로 체제가 정착되어 가는 것은 아닐까? 미국의 최고 경영진과 비교해볼 때 일본은 나이가 너무 많다. 혹시 일본군처럼 조직의 상부가 과거의 성공 체험에 얽매여버려 학습기각을 할 수 없는 조직이 되어가고 있는 것은 아닐까?

일본식 기업 조직도 새로운 환경 변화에 대응하기 위한 자기 혁신 능력을 창조할 수 있는지 진지하게 물어봐야 할 때가 온 것이다.

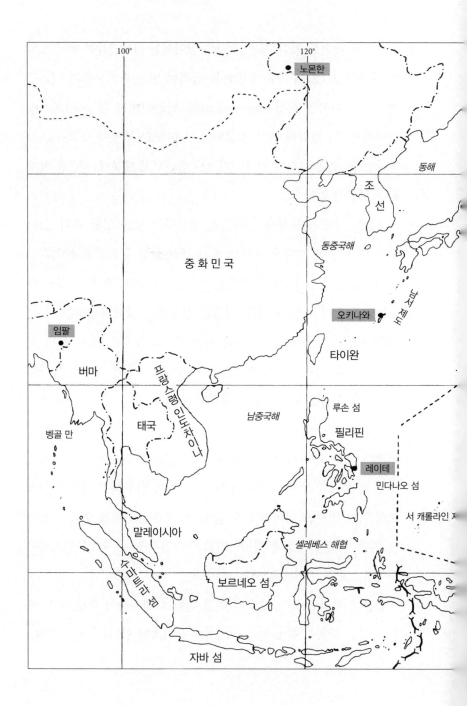

노몬한

동해

조
선

동중국해

중 화 민 국

오키나와

남서 제도

임팔

버마

타이완

프랑스령 인도차이나

남중국해

루손 섬

벵골 만

태국

필리핀

레이테

민다나오 섬

서 캐롤라인 저

말레이시아

셀레베스 해협

보르네오 섬

수마트라 섬

자바 섬

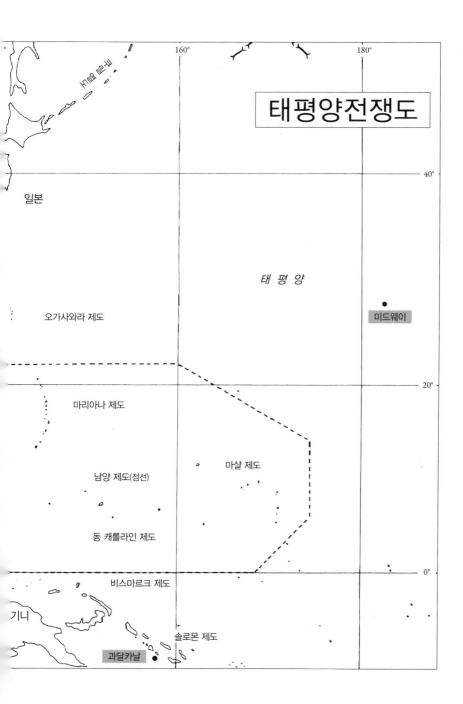

태평양전쟁도

180°

160°

40°

일본

태 평 양

오가사와라 제도

미드웨이

20°

마리아나 제도

마샬 제도

남양 제도(점선)

동 캐롤라인 제도

0°

비스마르크 제도

기니

솔로몬 제도

과달카날

한국어판을 펴내며

과거의 성공에 얽매인 조직에겐
미래가 없다

이 책의 발간을 결정하기까지 한국 출판사로서 고민하지 않을 수
없었다. 무엇보다 한국인에게는 일제 강점기라는 아물지 않은 상처
가 있고, 잊을 만하면 한 번씩 일본 정치인의 독도 망언이나 야스쿠
니 신사 참배 이야기가 들려오기 때문이다. 이런 배경에서 일제 강
점의 몸통이라고 할 수 있는 일본군 관련 책을 내려 하다니. 한국 독
자들의 거부감을 감수하면서까지 과연 이 책을 발간할 만한 값어치
가 있는 것일까?

그러나 상식적인 선에서 생각해 보더라도 독자 여러분이 이 책의
의도를 오해할 것 같지는 않았다. 이 책은 일본군을 옹호하는 책이
아니다. 저자들의 관심사는 전쟁이 아니다. 따라서 전쟁을 미화하려

는 의도가 없다. 그들은 오직 조직론에 입각하여 일본군의 실패를 고찰할 뿐이다.

일본군은 태평양 전쟁에서 패배하였다. 이 책의 저자들은 이를 조직의 실패로 규정한다. 즉 조직으로서의 일본군이 실패하였기 때문에 전쟁에서 졌다는 설명이다. 일본군의 실패를 통해 저자들은 '어떤 조직이 성공할 수 있는지' 그 비밀을 파헤친다. 그래서 이렇게 질문한다. "일본군이라는 조직은 왜 실패했는가?" 이 물음에 대한 답이 바로 이 책의 내용이다.

일본군은 왜 태평양 전쟁에서 졌을까? 가장 흔히 거론되는 이유 가운데 하나가 물량 부족이다. 즉 미국의 막대한 생산력을 도저히 따라갈 수 없어서 졌다는 말이다. 그러나 이 책의 저자들은 그 이면을 지적한다. '과연 물량 부족이 전부였을까?' 왜냐하면 일본군은 아쉽게 패배한 것이 아니라, 아주 무기력하고 무참하게 패배했기 때문이다. 물량 부족으로 치부하기에는 어딘지 설명하기 힘든 부분이 많다는 말이다.

저자들은 이 책에서 그 이유를 다각도로 심도 있게 분석한다. 그리고 최후에 내린 결론은 '일본군은 과거의 성공에 얽매인 나머지 자기 혁신을 이루지 못했기 때문에 실패했다'는 것이다.

　1905년 일본군은 초강대국이던 러시아와 벌인 전쟁에서 승리를 거둔다. 당시 일본 육군은 총검을 앞세운 무모한 돌격전을 펼쳐 승리했으며, 일본 해군은 전함끼리 싸우는 함대결전에서 거대한 함포를 앞세워 러시아 함대를 무찔렀다. 일본군에게 승리를 안겨준 이 두 가지 전투 방법은 하나의 사상으로 굳어져 1941년 태평양 전쟁 때까지 경전처럼 떠받들어진다.

　하지만 태평양 전쟁은 일본군으로서는 난생처음 경험하는 색다른 전쟁이었다. 적도 달랐고, 환경도 달랐다. 지상전은 육해공 합동 작전이었고, 해상전은 항공모함을 중심으로 한 항공전이었다. 그러나 일본군만은 그대로였다. 반자이 돌격전으로 일관했던 일본 육군은 미군의 기계화 화력에 몰살당하기 일쑤였고, 항공전에 미숙한 일본 해군은 함대결전에만 치중한 나머지 귀중한 항공모함을 허망하게 잃고 만다. 과거의 성공 비결에 얽매인 나머지 자기 혁신을 이룩하지 못한 것이 패배의 주요 요인이었다. 과거의 성공이 미래 성공의 발목을 잡은 것이다.

　일본군이 이렇게 자기 혁신을 이루지 못했던 이유는 바로 일본군의 조직 원리 때문이라고 저자들은 지적한다. 과거의 성공에서 일반적인 원리를 뽑아내 조직원 모두가 공유하는 시스템이 없었고,

새로운 것을 습득하고 쓸모없게 된 지식은 버리는 조직 학습의 과정이 없었으며, 새로운 생각을 받아들이지 못할 정도로 조직 문화가 경직되어 있었다.

태평양 전쟁의 종결과 동시에 일본군은 사라졌지만, 일본군의 조직 원리는 일본 사회에 고스란히 이어졌다. 전후 평화헌법에 따라 일본은 군대를 보유할 수 없게 되었다. 하루아침에 실업자가 된 군인들은 기업이나 공공 기관에서 새롭게 일자리를 갖게 된다. 그러면서 자연스럽게 군대의 조직 원리가 기업 경영에 도입된다. 그리고 일본은 전후 재건에 성공했다.

이 책의 저자들은 일본군의 조직 원리가 태평양 전쟁에서 유효하게 작동하지 못했던 것처럼, 그 조직 원리를 계승한 일본의 조직은 또 다시 실패할지도 모른다고 우려했다. 그때가 1984년이었고, 5년 뒤 그 우려는 현실이 되어 일본은 '잃어버린 10년'이라는 장기불황에 빠지게 된다.

일본군의 실패는 오늘날 우리에게도 많은 것을 시사한다. 우리도 다양한 분야에서 세계 최고 수준에 도달했다. 포춘 500에 오른 한국 기업도 있고, 스포츠와 문화에서도 강한 면모를 보이고 있다. 우리가 여러 분야에서 그만큼 성공한 데에는 나름대로 비결이 있을 것이다. 그러나 일본군의 사례처럼, 과거의 성공 비결이 미래의 성공을 가로막지는 않은지 진지하게 고민해야 한다. 기존의 전략과 조직 원리가 변하는 환경에 적합한지, 조직의 학습 능력은 충분한지, 상황에 맞지 않는 것은 버리고 새로운 것을 받아들일 수 있을 정도로 조직 문화가 유연한지 스스로 돌이켜 볼 때이다.

진화하지 않으면 도태한다. 그러나 과거의 진화 유형에 너무 적응해 버리면 적응 능력이 사라져 죽어버린다. 새로운 변화를 부단히 추구하지만, 동시에 새로운 상황에 맞지 않는 기존의 것은 과감하게 버린다. 일본군의 실패는 이런 간단하지만 매우 중요한 진리를 보여준다.

1984년 출간 이래 100쇄가 넘게 팔린 명저를 늦게나마 한국에 소개하게 되어 매우 기쁘다. 이 책이 일본에 대한 이해와, 아시아적 가치에 대한 이해와, 경영과 조직에 대한 이해의 폭을 넓혀주었으면 하는 바람이다.

2009년 6월
발행인 이은종